企业高技能人才职业培训系列教材　高职高专重点专业建设系列教材

五级
社会体育指导员
（体适能教练员）

编审委员会

主　　任　仇朝东　沈富麟
委　　员　顾卫东　葛恒双　葛　玮　朱学雷　孙兴旺　刘汉成
执行委员　孙兴旺　瞿伟洁　李　晔　夏　莹

主　　编　杨　涛　魏　勇
副 主 编　孙　鹏　吴卫兵
编　　者　何灵光　陈　蕴　赵华相　王爱斌　刘　正
主　　审　朱学雷
审　　稿　丁　敏　曹晓东

中国劳动社会保障出版社

图书在版编目(CIP)数据

社会体育指导员:体适能教练员.五级/上海市职业技能鉴定中心组织编写.—北京:中国劳动社会保障出版社,2013

企业高技能人才职业培训系列教材

ISBN 978-7-5167-0281-9

Ⅰ.①社… Ⅱ.①上… Ⅲ.①全民体育-体育工作者-中国-职业培训-教材 Ⅳ.①G812.4

中国版本图书馆 CIP 数据核字(2013)第 031128 号

中国劳动社会保障出版社出版发行

(北京市惠新东街1号 邮政编码:100029)

出 版 人:张梦欣

*

北京北苑印刷有限责任公司印刷装订 新华书店经销
787 毫米×1092 毫米 16 开本 16.25 印张 264 千字
2013 年 2 月第 1 版 2017 年 7 月第 2 次印刷

定价:36.00 元

读者服务部电话:(010) 64929211/64921644/84626437
营销部电话:(010) 64961894
出版社网址:http://www.class.com.cn

版权专有 侵权必究

如有印装差错,请与本社联系调换:(010) 50948191

我社将与版权执法机关配合,大力打击盗印、销售和使用盗版图书活动,敬请广大读者协助举报,经查实将给予举报者奖励。

举报电话:(010) 64954652

内容简介

本教材由人力资源和社会保障部教材办公室、中国就业培训技术指导中心上海分中心、上海市职业技能鉴定中心、上海体育职业学院、上海市体能协会依据社会体育指导员（体适能教练员）五级职业技能鉴定细目组织编写。教材从强化培养操作技能、掌握实用技术的角度出发，较好地体现了当前最新的实用知识与操作技术，对于提高从业人员基本素质，掌握社会体育指导员（体适能教练员）五级的核心知识与技能有直接的帮助和指导作用。

本教材在编写中根据本职业的工作特点，以能力培养为根本出发点，采用模块化的编写方式。本教材内容共分为 10 章，主要包括运动训练科学基础、运动营养基础、体适能教练员和体适能产品、客户健康评估、体适能教练员的沟通技巧与协议签订、测试与评价技术、体适能教练员训练技术、健身场所常见运动损伤的现场处理、运动方案设计、健身场所设计与管理。

本教材可作为社会体育指导员（体适能教练员）五级职业技能培训与鉴定考核教材，也可供本职业从业人员培训使用，全国中、高等职业技术院校相关专业师生也可以参考使用。

企业技能人才是我国人才队伍的重要组成部分,是推动经济社会发展的重要力量。加强企业技能人才队伍建设,是增强企业核心竞争力、推动产业转型升级和提升企业创新能力的内在要求,是加快经济发展方式转变、促进产业结构调整的有效手段,是劳动者实现素质就业、稳定就业、体面就业的重要途径,也是深入实施人才强国战略和科教兴国战略、建设人力资源强国的重要内容。

国务院办公厅在《关于加强企业技能人才队伍建设的意见》中指出,当前和今后一个时期,企业技能人才队伍建设的主要任务是:充分发挥企业主体作用,健全企业职工培训制度,完善企业技能人才培养、评价和激励的政策措施,建设技能精湛、素质优良、结构合理的企业技能人才队伍,在企业中初步形成初级、中级、高级技能劳动者队伍梯次发展和比例结构基本合理的格局,使技能人才规模、结构、素质更好地满足产业结构优化升级和企业发展需求。

高技能人才是企业技术工人队伍的核心骨干和优秀代表,在加快产业优化升级、推动技术创新和科技成果转化等方面具有不可替代的重要作用。为促进高技能人才培训、评价、使用、激励等各项工作的开展,上海市人力资源和社会保障局在推进企业高技能人才培训资源优化配置、完善高技能人才考核评价体系等方面做了积极的探索和尝试,积累了丰富而宝贵的经验。企业高技能人才培养的主要目标是三级(高级)、二级(技师)、一级(高级技师)等,考虑到企业高技能人才培养的实际情况,除一部分在岗培养并已达到高技能人才水平外,还有较大一批人员需要从基础技能水平培养起。为此,上海市将企业特有职业的五级(初级)、四级(中级)作为高技能人才培养的基础阶段一并列入企业高技能人才培养评价工作的总体框架内,以此进一步推进企业高技能人才培养工作力度和效果,更好地实现高技能人才培养的总体

目标。

　　为配合上海市开展的企业高技能人才工作的需要，人力资源和社会保障部教材办公室、中国就业培训技术指导中心上海分中心、上海市职业技能鉴定中心联合组织有关行业和企业的专家、技术人员共同编写了企业高技能人才职业培训系列教材。本教材是系列教材中的一种，由上海体育职业学院和上海市体能协会负责具体编写工作。

　　企业高技能人才职业培训系列教材聘请上海市相关行业和企业的专家参与教材编审工作，以"能力本位"为指导思想，以先进性、实用性、适用性为编写原则，内容涵盖该职业的职业功能、工作内容的技能要求和专业知识要求，并结合企业生产和技能人才培养的实际需求，充分反映了当前从事职业活动所需要的核心知识与技能。教材可为全国其他省市开展企业高技能人才培养工作，以及相关职业培训和鉴定考核提供借鉴或参考。

　　新教材的编写是一项探索性工作，由于时间紧迫，不足之处在所难免，欢迎各使用单位及个人对教材提出宝贵意见和建议，以便教材修订时补充更正。

企业高技能人才职业培训系列教材
编审委员会

上海体育职业学院、上海市体能协会是上海市唯一一所体育类高等职业院校和全国第一家体适能类专业性社会团体。上海体育职业学院于2009年成功开设了全国第一个体能训练专业方向。2010年，在上海市教育委员会的支持下，该专业成为了国家教育部、上海市教育委员会重点建设的高职高专专业。

为加快上海市体育行业体适能领域适用型人才培养的步伐，2010年起，上海体育职业学院、上海市体能协会经市体育局授权，在市人力资源和社会保障局有关部门和本市体育企事业单位的指导和支持下，根据上海市地方经济、社会和体育事业发展的需要以及本市体育行业发展的特点，依托重点专业建设优势，根据社会体育指导员国家职业标准的要求开发了社会体育指导员（体适能教练员）职业培训项目。社会体育指导员（体适能教练员）职业资格证书是我国体适能训练领域第一张国家职业资格证书。它的"诞生"对加快我国体适能人才的培养，提升我国体适能从业人员的工作水平，完善我国体育类国家职业资格认证体系和高等职业教育专业建设都有重要的意义。

体适能是人类自身生存和发展的基本身体能力，是一种满足生活需要和有足够的能量完成各种任务活动的能力，也是提高运动能力、提升运动成绩并避免运动伤害的基础，这早已得到世界广泛认同和重视。经过不断地探索、研究和发展，在20世纪60年代，体适能训练在国际上已经成为了一门独立的、基础的体育学科。20世纪90年代初，在国外体适能教练员已经成为正式工种，各类体适能专业组织、学院、团体、机构开展了各种类型的体适能教练员培训、认证和考试。

随着我国对外开放步伐进一步加快，老百姓生活水平和质量提高，对健康知识进一步加深，体育行业岗位也越来越细分。体适能已经成为普通大众健身和竞技体育的基础，而体适能教练员也早已从传统意义上的私人教练中划分出来，成为体育行业内涵盖大众健身和竞技体育的正式岗位，出现在各家体育企事业单位中。作为其他工种教练员执教的基础，体适能教练员正越来越受到重视。

上海体育职业学院、上海市体能协会根据国内体育行业对体适能教练员的要求和国际体适能发展的方向，充分吸收、引进、综合目前世界上最新研究成果，依托美国体能协会、香港体育学院、澳大利亚体能协会等国际权威组织和院校，发挥重点专业建设力量，在开发社会体育指导员（体适能教练员）职业培训项目的基础上，组织编撰了相应的职业培训教材。

《社会体育指导员（体适能教练员）五级》内容包括体适能教练必须掌握的运动训练科学基础、运动营养基础、体适能教练员和体适能产品、客户健康评估、体适能教练员的沟通技巧与协议签订、测试与评价技术、体适能教练员训练技术、健身场所常见运动损伤的现场处理、运动方案设计、健身场所设计与管理，还加入了目前最新的技术和方法。从内容上来说，是国内目前体系较为完整、知识较为前沿的一本体适能教练员培训方面的参考书。本书构思新颖、严谨、文字生动流畅、图文并茂、注重理论与实践相结合，不仅适合职业技能培训和体育院校作教材使用，也可供教练员、运动员、体育教师、体育科研人员进行体适能训练参考。

在本书的编撰过程中，我们得到了国家人力资源和社会保障部教材办公室、中国就业技术培训指导中心上海分中心、上海市人力资源和社会保障局、上海市教育委员会、上海市体育局、上海市职业技能鉴定中心的大力支持和帮助，在此深表谢意，同时对各位编写专家的辛勤工作表示感谢。

由于时间仓促，经验有限，本书在编撰过程中会存在一些不足，恳请广大读者和专业人士批评指正。

上海体育职业学院院长
上海市体能协会会长

第 1 章　运动训练科学基础　　PAGE 1

1.1　骨骼肌解剖结构与生理功能 ……………………………………………… 3
　　1.1.1　骨骼肌解剖结构 ………………………………………………………… 3
　　1.1.2　骨骼肌生理功能 ………………………………………………………… 6
1.2　神经肌肉解剖结构、生理基础以及肌肉力量的影响因素 ……………… 8
　　1.2.1　神经肌肉解剖结构 ……………………………………………………… 8
　　1.2.2　神经肌肉生理基础 ……………………………………………………… 10
　　1.2.3　肌肉力量的影响因素 …………………………………………………… 11
1.3　骨与骨连接的结构和功能 ………………………………………………… 13
　　1.3.1　骨与骨连接的结构 ……………………………………………………… 13
　　1.3.2　骨与骨连接的功能 ……………………………………………………… 14
1.4　循环系统的结构与生理功能 ……………………………………………… 15
　　1.4.1　循环系统的结构 ………………………………………………………… 15
　　1.4.2　循环系统的生理功能 …………………………………………………… 17
1.5　呼吸系统的结构和生理功能 ……………………………………………… 19
　　1.5.1　呼吸系统的结构 ………………………………………………………… 19
　　1.5.2　呼吸系统的生理功能 …………………………………………………… 20
1.6　肌肉骨骼系统的杠杆 ……………………………………………………… 21
　　1.6.1　肌肉骨骼系统的杠杆组成 ……………………………………………… 21
　　1.6.2　肌肉骨骼系统的杠杆类型 ……………………………………………… 22
思考题 ……………………………………………………………………………… 24

第 2 章　运动营养基础　　PAGE 25

2.1　六类营养素 ………………………………………………………………… 27
　　2.1.1　糖 ………………………………………………………………………… 27
　　2.1.2　蛋白质 …………………………………………………………………… 30
　　2.1.3　脂肪 ……………………………………………………………………… 31

- 2.1.4 无机盐 ·· 33
- 2.1.5 维生素 ·· 34
- 2.1.6 水 ·· 35

2.2 能量代谢基本理论 ·· 36
- 2.2.1 人体能量代谢的消耗 ···································· 36
- 2.2.2 人体三大供能系统 ······································ 37

2.3 膳食结构与膳食平衡 ·· 39
- 2.3.1 膳食结构 ·· 39
- 2.3.2 膳食平衡 ·· 39

2.4 客户膳食结构分析与能量消耗评估 ······························ 42
- 2.4.1 客户膳食结构分析 ······································ 42
- 2.4.2 客户膳食能量消耗评估 ·································· 47

思考题 ·· 49

第3章 体适能教练员和体适能产品　PAGE 51

3.1 体适能教练员 ·· 53
- 3.1.1 体适能教练员的概念 ···································· 53
- 3.1.2 体适能教练员的职业素养 ································ 53

3.2 体适能产品 ·· 56
- 3.2.1 体适能产品概述 ·· 56
- 3.2.2 体适能产品的标准课程组成 ······························ 56

思考题 ·· 58

第4章 客户健康评估　PAGE 59

4.1 人体健康状况评估方法 ·· 61
- 4.1.1 健康状况问卷 ·· 61
- 4.1.2 体适能测试 ·· 64

4.2 体适能教练员的MATER技术 ···································· 65
- 4.2.1 MATER的概念 ·· 65
- 4.2.2 MATER的组成 ·· 65

4.3 客户咨询和健康评估 ·· 66

4.3.1　客户健康历史问题 ………………………………………… 66
　　　4.3.2　客户健康风险因素评估 …………………………………… 69
　思考题 ……………………………………………………………………… 72

第5章　体适能教练员的沟通技巧与协议签订　　PAGE 73

　5.1　客户行为改变模式与体适能教练员的沟通技巧 ………………… 75
　　　5.1.1　阶段性改变模式 …………………………………………… 75
　　　5.1.2　客户的目标设定 …………………………………………… 78
　　　5.1.3　沟通技巧 …………………………………………………… 79
　　　5.1.4　体适能教练员的角色 ……………………………………… 83
　5.2　体适能教练员协议的签订 …………………………………………… 84
　　　5.2.1　风险管理 …………………………………………………… 84
　　　5.2.2　体适能教练员协议样本 …………………………………… 87
　思考题 ……………………………………………………………………… 93

第6章　测试与评价技术　　PAGE 95

　6.1　测试的意义 …………………………………………………………… 97
　　　6.1.1　客户运动天赋评估 ………………………………………… 97
　　　6.1.2　确认需要提高的运动能力 ………………………………… 97
　6.2　测试术语 ……………………………………………………………… 97
　6.3　测试质量的评估 ……………………………………………………… 98
　　　6.3.1　有效性 ……………………………………………………… 98
　　　6.3.2　可靠性 ……………………………………………………… 99
　6.4　测试的选择 …………………………………………………………… 99
　　　6.4.1　运动经历和训练状态 ……………………………………… 99
　　　6.4.2　性别和年龄 ………………………………………………… 100
　　　6.4.3　环境因素 …………………………………………………… 100
　6.5　测试的实施 …………………………………………………………… 100
　　　6.5.1　健康和安全性的考虑 ……………………………………… 100
　　　6.5.2　测试者的选择和培训 ……………………………………… 101
　　　6.5.3　记录表格 …………………………………………………… 101

6.5.4	测试方案	101
6.5.5	测试顺序	102
6.5.6	测试前客户的准备	102

6.6 测试方法 ······ 103
  6.6.1 肌肉力量测试与评价 ······ 103
  6.6.2 肌肉耐力测试与评价 ······ 106
  6.6.3 有氧能力测试与评价 ······ 108
  6.6.4 柔韧性测试与评价 ······ 109
  6.6.5 身体成分测试与评价 ······ 111

6.7 客户档案的建立 ······ 114

思考题 ······ 115

第7章　体适能教练员训练技术　　PAGE 117

7.1 力量训练技术 ······ 119
  7.1.1 基本概念 ······ 119
  7.1.2 肌力训练指引 ······ 119

7.2 抗阻训练技术 ······ 120
  7.2.1 抗阻训练的动作分析 ······ 120
  7.2.2 抗阻训练的基本技术 ······ 121
  7.2.3 抗阻训练动作的预备动作阶段和基本动作阶段 ······ 124
  7.2.4 身体主要部位肌肉抗阻训练动作技术图示 ······ 125
  7.2.5 抗阻训练的保护 ······ 162

7.3 心肺能力训练技术 ······ 162
  7.3.1 心肺耐力定义及训练指引 ······ 162
  7.3.2 心肺能力器械训练技术 ······ 163

7.4 柔韧训练技术 ······ 167
  7.4.1 柔韧性定义及影响柔韧性因素 ······ 167
  7.4.2 伸展的益处 ······ 167
  7.4.3 伸展的种类 ······ 167
  7.4.4 身体主要部位肌肉柔韧性训练动作技术 ······ 168

思考题 ······ 172

第8章 健身场所常见运动损伤的现场处理　　PAGE 173

8.1 健身场所常见运动损伤 ······ 175
8.1.1 肌肉拉伤 ······ 176
8.1.2 韧带拉伤 ······ 177
8.1.3 关节扭伤 ······ 178
8.1.4 运动性低血糖 ······ 178
8.1.5 肌肉痉挛 ······ 179
8.1.6 晕厥 ······ 179

8.2 运动损伤的现场处理 ······ 179
8.2.1 冷疗法 ······ 179
8.2.2 止血、包扎、临时固定和搬运 ······ 180
8.2.3 心肺复苏术 ······ 183

思考题 ······ 185

第9章 运动方案设计　　PAGE 187

9.1 运动训练方案 ······ 189
9.1.1 运动计划的概念 ······ 189
9.1.2 制订运动计划的程序和原则 ······ 191
9.1.3 抗阻训练计划 ······ 193
9.1.4 伸展练习计划 ······ 196
9.1.5 有氧运动计划 ······ 198
9.1.6 练后放松 ······ 200

9.2 特殊人群的体适能课程 ······ 200
9.2.1 超重人士的健身运动 ······ 200
9.2.2 心血管系统疾病人士的健身运动 ······ 201
9.2.3 代谢性疾病人士的健身运动 ······ 208

思考题 ······ 212

第 10 章　健身场所设计与管理　　PAGE 213

- 10.1 健身场所的设计 ……………………………………………………… 215
  - 10.1.1 健身场所的类型和区别 ………………………………………… 215
  - 10.1.2 健身场所的健身功能 …………………………………………… 216
  - 10.1.3 健身场所的规划设计过程 ……………………………………… 216
  - 10.1.4 新场所设计的检查和评估 ……………………………………… 217
- 10.2 健身设施放置的原则与方法 ………………………………………… 219
  - 10.2.1 健身设备的选择 ………………………………………………… 219
  - 10.2.2 健身场所功能区的布局 ………………………………………… 219
  - 10.2.3 功能区的划分 …………………………………………………… 221
- 10.3 健身场地与设施管理 ………………………………………………… 223
  - 10.3.1 健身设备的维护 ………………………………………………… 223
  - 10.3.2 场地维护 ………………………………………………………… 225
  - 10.3.3 风险管理 ………………………………………………………… 230
- 思考题 ……………………………………………………………………… 231

附录　各项测试数据量表　　PAGE 233

- 附表 1　NCAA 一级大学女运动员 1RM 卧推、深蹲和高翻的百分比估值 …… 235
- 附表 2　美国高中和大学橄榄球客户 1RM 卧推、深蹲和高翻的百分比
  　　　　估值 ……………………………………………………………… 236
- 附表 3　优秀男女客户立定跳远的百分比等级 ………………………… 237
- 附表 4　年龄组和性别对半幅度卷腹的百分比等级 …………………… 237
- 附表 5　年龄组和性别对俯卧撑的适能分类等级 ……………………… 238
- 附表 6　YMCA 卧推标准 ………………………………………………… 238
- 附表 7　2.4 km（1.5 英里）跑步时间百分比等级 ……………………… 239
- 附表 8　12 min 跑的百分比等级 ………………………………………… 239
- 附表 9　坐位体前屈测试百分比等级 …………………………………… 240

附表10 皮褶厚度推算身体密度的公式 …………………………………… 241
附表11 体脂百分比公式 …………………………………………………… 241
附表12 身体成分百分比等级 ……………………………………………… 241
附表13 男女体脂百分比的评分标准 ……………………………………… 242

第 1 章

运动训练科学基础

完成本章的学习后,您能够:

- ☑ 了解骨骼肌的结构和生理功能
- ☑ 了解运动单位的结构和生理功能
- ☑ 理解骨与骨连接的结构和生理功能
- ☑ 理解循环系统的结构和生理功能
- ☑ 理解呼吸系统的结构和生理功能
- ☑ 掌握肌肉骨骼系统的杠杆组成和类型

人体的运动是以骨骼为杠杆，关节为枢纽，骨骼肌的收缩作用为动力来实现的。身体活动和体育运动由身体有效的和有目的的动作组成。这些动作源于肌肉力量的发展，通过骨骼肌的杠杆系统，移动身体的不同部分。这些骨骼肌由大脑皮质控制，大脑皮质通过控制运动神经元来激活骨骼肌细胞。对神经肌肉活动的支持包括通过呼吸系统和心血管系统不断地向激活的组织输送氧和排出二氧化碳。

　　体适能教练关心的是客户最佳身体机能和运动表现，因此可以为其设定肌力、肌耐力和柔韧性等训练计划。但这些除了要考虑功能性和通过运动单位（人体神经肌肉系统的基本单位）对肌肉的控制外，还必须认识到心血管系统和呼吸系统与神经肌肉系统之间的相互影响，为持续的肌肉工作提供一个最佳的体内环境。所以，本章概括了骨骼肌、前肌肉、骨与骨连接、循环系统和呼吸系统的解剖结构和生理功能，这些是发展和保持机体体适能所必备的基础知识。

1.1　骨骼肌解剖结构与生理功能

1.1.1　骨骼肌解剖结构

　　图1—1表述的是使骨骼活动的肌肉系统。运动系统中叙述的骨骼肌均属横纹肌，具有收缩特性，是运动系统的动力部分，一般附着于骨，在神经系统的支配和调节下，可随人的意志而收缩，所以又称为骨骼肌或随意肌。人体的骨骼肌分布于身体各部，约占体重的40%。每一块骨骼肌都具有一定的形态、结构、位置和辅助装置，并有丰富的血管、淋巴管和神经分布。所以，每块骨骼肌都可看做一个单独的器官。

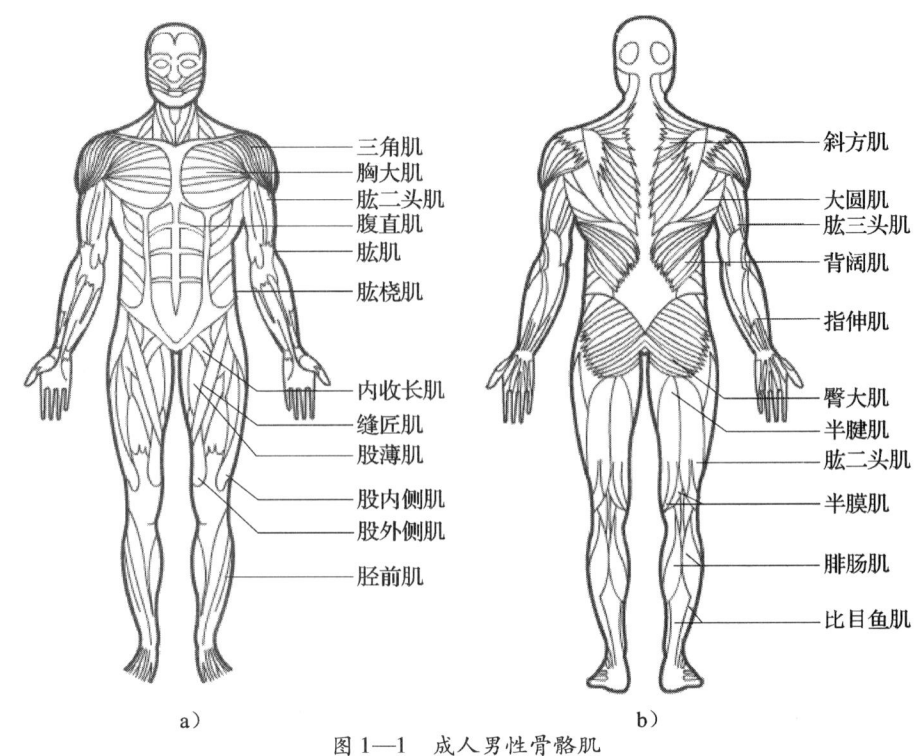

图 1—1 成人男性骨骼肌
a）正面观　b）后面观

1. 骨骼肌宏观结构

每块骨骼肌包括肌腹和肌腱。肌外膜在肌腹末端与肌腱相连。肌腱相连于骨膜，骨膜是覆盖在骨面的特殊的组织。任何骨骼肌的收缩在肌腱和骨骼上会产生拉力。四肢肌肉在骨骼上有两个或多个附着点，一般分为近端（靠近躯干）和远端（远离躯干）。躯干肌肉在骨骼的附着点中，靠近头部的称为上端，靠近足底称为远端或下端的肌肉附着点。

肌细胞通常被称为肌纤维，其为长条形，直径为 50～100 um（与人的头发丝直径相当）的圆柱形细胞。肌外膜内部，肌纤维聚集成束（纤维束），包含数量众多的肌纤维，包裹这些纤维束的结缔组织称为肌束膜。包裹肌纤维的结缔组织被称为肌内膜。所有的结缔组织——肌外膜（最外层）、肌束膜（包围肌束）和肌内膜都与肌腱相连，如图 1—2 所示，这样的连接有助于将肌纤维的拉力传导到肌腱。

2. 骨骼肌纤维类型

骨骼肌纤维的组成具有明显不同的形态和生理特征。这些差异导致了建立于不同标准基础上的几个分类系统。最熟悉的方法是根据颤动时间区分纤维，分为慢肌纤维

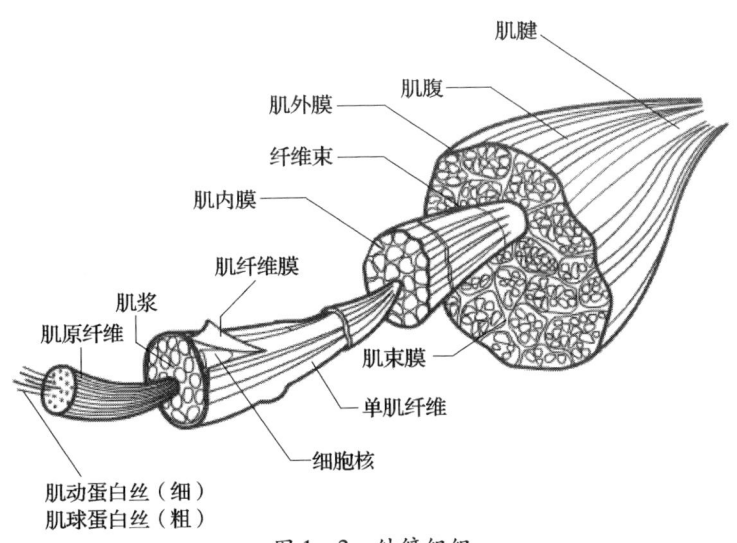

图1—2 结缔组织

（或Ⅰ型）和快肌纤维（或Ⅱ型）（见表1—1）。在人体的骨骼肌中，这几种类型的肌纤维混合存在，但每块骨骼肌中肌纤维类型的比例不同。运动员的肌纤维组成具有项目特点，表1—2显示的为不同项目间的相关肌纤维类型特点。

表1—1　　　　　　　　　　　　肌纤维的主要特征

特性	Ⅰ型	Ⅱa型	ⅡX型
运动单位大小	小	大	大
神经收缩速度	慢	快	快
收缩速度	慢	快	快
放松速度	慢	快	快
耐疲劳性	高	中等/低	低
力量产生	低	中等	高
功率输出	低	中等/高	高
耐力	高	中等/低	低
有氧酶含量	高	中等/低	低
无氧酶含量	低	高	高
毛细血管密度	高	中等	低
肌红蛋白数量	高	低	低
线粒体密度	高	中等	低
纤维直径	小	中等	大
颜色	红色	白/红色	白色

表 1—2　　　　　　　参与体育项目的相关肌纤维类型特点

体育项目	Ⅰ型	Ⅱ型
100 m 冲刺	低	高
800 m 跑	高	高
马拉松	高	低
举重	低	高
足球、长曲棍球、曲棍球	高	高
美式足球接球	—	高
美式足球边线	低	高
篮球	低	高
长距离自行车	高	低
棒球投手	低	高
拳击	高	高
田赛项目	低	高
越野滑雪	高	低
网球	高	高

特别提示

骨骼肌由肌腱和肌腹两部分组成，肌纤维构成肌肉的基本组成单位。

1.1.2　骨骼肌生理功能

1. 骨骼肌特性

（1）伸展性与弹性。骨骼肌在外力的作用下可以被拉长的特性称为伸展性；当外力去掉后又会恢复到原来的长度，这种性质称为弹性。适当地提高肌肉的伸展性和弹性，可增大动作幅度，增强关节柔韧性。

（2）黏滞性。骨骼肌的黏滞性是由肌肉内部胶状物（原生质）所造成的，在肌肉收缩时产生的一种阻力。黏滞性与温度的变化关系密切，温度越低，黏滞性越大；温度越高，黏滞性越小。因此准备活动也叫做热身运动，可提高肌肉温度，减少黏滞性，对提高成绩、减少损伤有重要意义。冬季肌肉容易拉伤，应特别注意做好准备活动。

2. 骨骼肌收缩

（1）收缩原理。肌纤维由肌原纤维组成，肌原纤维包括粗肌丝和细肌丝，主要由肌球蛋白（粗肌丝）和肌动蛋白（细肌丝）构成。肌肉的收缩，要引用肌丝滑动理论来进行阐述（见图1—3），简单地说：肌丝滑动理论就是肌肉松弛时，肌丝只是部分**重叠**；骨骼肌收缩时，细肌丝滑入粗肌丝之间，使肌原纤维和肌纤维缩短。肌纤维缩短得越明显，作为整体肌的收缩程度就越明显。

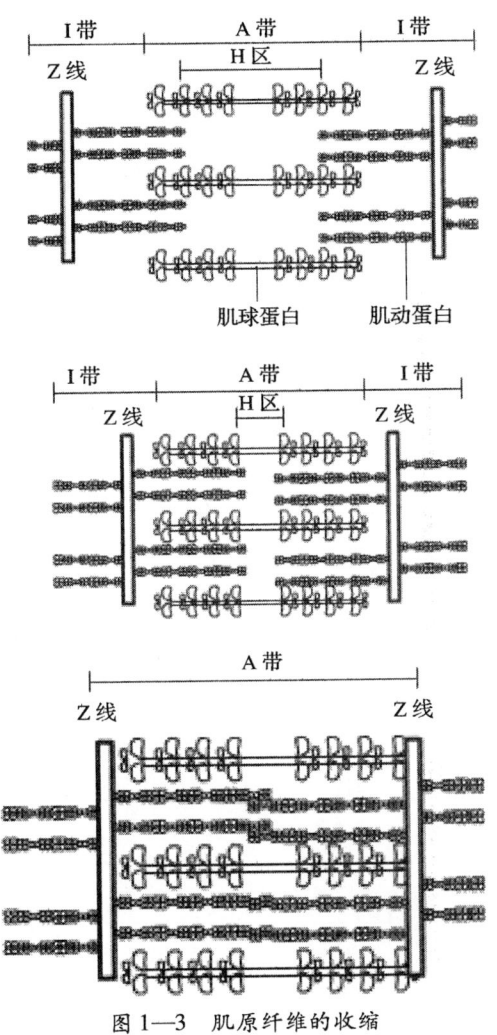

图1—3 肌原纤维的收缩

（2）收缩形式。

1）按照收缩时长度或张力的改变区分

①等张收缩。收缩过程中长度缩短而张力不变。

②等长收缩。收缩过程中张力增加而长度不变。

③等动收缩。在整个关节运动范围内，肌肉以恒定的进度进行的最大用力收缩，且肌肉收缩产生的力量始终与阻力相等的肌肉收缩，也称为等速收缩。

2）按照肌肉受到的刺激频率不同区分

①单收缩。肌肉受到一定短促刺激时，出现一次迅速而短暂的收缩和舒张。

②强直收缩。肌肉受到一连串频率较高的刺激时，收缩反应可以中和起来，表现为不完全性强直收缩和完全性强直收缩。

相关链接

肌丝滑动的五个步骤

1. 休息期：没有明显的肌肉张力。
2. 兴奋连接期：钙离子释放，粗肌丝上横桥的头部接触到细肌丝，横桥屈曲使粗细肌丝连接。
3. 收缩期：粗肌丝横桥的头部与细肌丝的连接点不断地分离和重新连接，产生肌丝滑动。
4. 再充电期：钙离子和 ATP 不断地再补充，允许肌肉持续的活动。
5. 放松期：神经输入停止后，钙离子从肌纤维中移走，横桥连接被阻断，肌肉重新回到放松状态。

1.2 神经肌肉解剖结构、生理基础以及肌肉力量的影响因素

肌纤维是由运动神经元以电化学信号的形式把冲动从脊髓传输到肌肉。运动神经元通常在其轴突末梢有很多终末分支，从而支配许多不同的肌纤维。整个结构决定了运动中肌纤维的类型及其特点、功能和参与性。

1.2.1 神经肌肉解剖结构

1. 神经肌肉联合处

一个运动神经元和它所控制的肌纤维的联合处称为运动终板或神经肌肉联合处。尽管单一运动神经有时控制几百条肌纤维，每个肌细胞只有一个神经肌肉接点（见图1—4）。一个运动神经元与其控制的肌纤维被称为一个运动单位，一个运动单位的所有肌纤维被运动神经激活后同时收缩。通常一个运动单位包含三个以上的肌纤维。

2. 本体感受器

本体感受器是位于关节、肌肉和肌腱的特殊感受器。由于这些感受器对压力和张力敏感，它们传导身体和肢体活动过程中的肌肉变化的信息到中枢神经系统，中枢神经系统因此获得了肌肉运动知觉的信息。本体感觉的大多数信息是在大脑潜意识层面处理，所以我们对保持姿势或身体位置不采用刻意动作。

肌梭（见图1—5）是位于梭内肌纤维中的一种梭形感受器，它能感知肌纤维长度和速度的变化，向中枢神经系统传入信息，并产生反射（如牵张发射），中枢神经系统通过

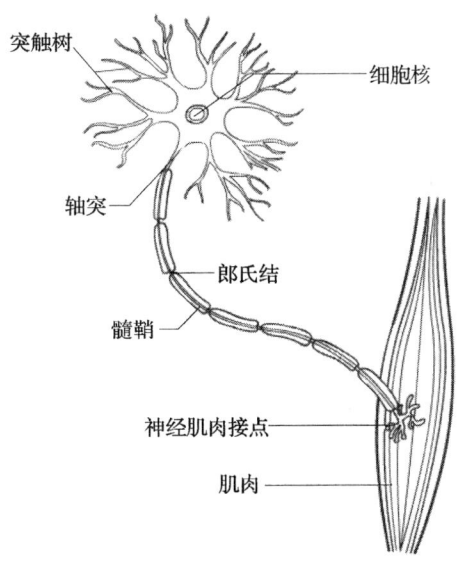

图1—4　神经肌肉联合处

抑制肌肉伸展而加强肌肉收缩。因此，肌梭具有防止肌肉过度或过快拉伸的功能。当肌肉被牵拉时，就会产生牵张反射。

高尔基腱器（见图1—6）又称腱梭，位于肌腹的肌肉末端与肌腱交界处，感知肌肉的张力大小。高尔基腱器和梭外肌纤维首尾相连，当拉伸与高尔基腱器相连的肌肉时，高尔基腱器被激活。高尔基腱器对过度紧张的肌肉提供一个保障机制。因此，在肌力较小时，高尔基腱器的影响最小，当特别大的负荷施加在肌肉上时，高尔基腱器反射性的抑制会使肌肉放松。

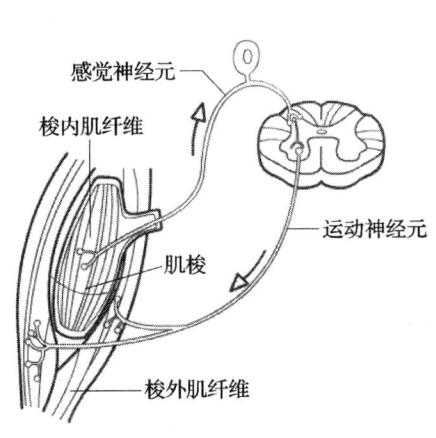

图1—5　肌梭

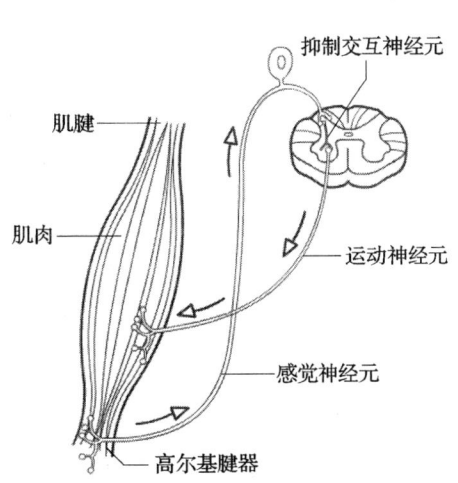

图1—6　高尔基腱器

特别提示

神经肌肉接头与运动单位的定义以及他们的关系,这两个概念容易混淆。肌梭能感知肌纤维长度和速度的变化,腱梭能感知肌肉的张力大小。

1.2.2 神经肌肉生理基础

1. 肌肉激活

当运动神经元引发一次冲动或动作电位,它所支配的肌纤维同时兴奋发力。肌肉控制的程度取决于每个运动单位的肌纤维的数量。有些肌肉必须有高度的精细的调控,如眼部肌肉。相比之下,股四头肌肌肉群则不需要如此精确地控制,一个运动神经元可能支配数百条肌纤维。

运动神经元传递的动作电位(电流)不能直接兴奋肌纤维,而是通过神经肌肉接头,将电信号转化为化学信号,然后再转化为肌膜上的动作电位。动作电位传递到神经肌肉接头的神经末梢导致产生一种神经递质——乙酰胆碱(ACh),它在整个神经肌肉接头交界处扩散,造成肌膜兴奋。一旦有足够数量的乙酰胆碱释放,整个肌膜产生动作电位,肌纤维收缩。一个运动神经元的刺激可导致一些肌纤维收缩,但如果一个更强的动作电位不能产生更强的收缩,这种现象称为肌肉的全或无现象。

2. 运动单位募集

运动单位募集指的是运动过程中不同类型运动单位参与活动的次序和程度,也叫做运动单位动员。日常体验让我们非常清楚地知道肌肉的输出功率是由所需要的力量输出水平而决定的。这种随时调整力量输出的能力是维持高水平运动能力所必不可少的。

运动单位募集可以从两个方面进行改变:一是通过改变被激活的运动单位的频率。如果一个运动单位被激活一次,由此而引起的肌肉颤动不会产生很大的力量。但是,如果刺激频率增加,颤动的力量开始叠加或聚合,运动单位产生的力就要大得多。这种力量的输出方式对手部等小肌肉群特别重要。二是激活更多数量的运动单位。如在大腿的大肌肉群中,运动单位以接近强直频率被激活,力量输出是通过更多的运动单位的募集而获得的。

1.2.3 肌肉力量的影响因素

影响骨骼肌力量大小的因素主要有：肌肉的生理横断面、肌纤维的类型、神经控制、肌肉的初长度、关节角度、年龄、性别等。

1. 肌肉的生理横断面

决定肌肉力量大小最重要的解剖学因素是肌肉发达程度。衡量肌肉发达程度的指标是肌肉的生理横断面。一块肌肉的力量等于该肌内所有肌纤维收缩力量的总和，因而，肌肉内所含肌纤维的数量越多，其肌力越大。

一块肌肉所有肌纤维的横断面之和称为肌肉的生理横断面，人体不同部位的肌肉生理横断面如图 1—7 所示。"生理横断面"有别于"解剖横断面"，后者只是简单地沿肌肉纵轴作垂直切面所获得的面积，而前者则为必须通过切割每一条肌纤维再求出全部断面之和所获得的面积。一块肌肉的生理横断面等于该肌肉的体积除以该肌肉肌纤维的平均长度。

图 1—7 人体不同部位的肌肉生理横断面

梭形肌的肌纤维排列，大致与肌肉纵轴平行，使得梭形肌的生理横断面与解剖横断面基本相同。而羽状肌的肌纤维斜行排列，解剖横断面不能横切所有肌纤维，其生理横断面大于解剖横断面，故解剖横断面不能作为说明肌肉发达程度的指标。肌肉生理横断面说明肌肉中肌纤维的数量和肌纤维的粗细,即说明肌肉的发达程度,肌肉绝对力(肌肉收缩时产生的最大力量)的大小。肌肉的生理横断面越大,说明该肌肉越发达,肌肉力量也大。

2. 肌纤维的类型

骨骼肌纤维可依据其收缩的特性不同分为快肌和慢肌。快肌纤维较慢肌纤维能产生更大的收缩力。因此,肌肉中快肌纤维百分比高及其横断面积或直径大的人,肌肉收缩力量也大;而慢肌纤维百分比高的人则肌肉力量较小。一般情况下,人体四肢肌肉的快、慢肌纤维类型百分比构成大致相等,但因受遗传和后天训练因素的影响,耐力项目运动员的肌肉通常含有较高比例的慢肌纤维,而短跑和爆发力项目的运动员拥有较多的快肌纤维,由此造成不同项目运动员的肌肉力量的项目特点。此外,受力量训练的影响,快肌和慢肌的纤维横断面积和收缩力量均可以发生相应的增加,但是快肌纤维收缩力量增加的速度和程度快于慢肌,因此具有更好的力量训练适应性。

3. 神经控制

(1)中枢激活。中枢神经系统动员肌纤维参加收缩的能力叫做中枢激活。人体肌肉在进行最大用力收缩时,并不是所有的肌纤维都同时参加收缩,动员参与活动的肌纤维数量越多,则收缩时产生的力越大。缺乏训练的人只能动员肌肉中 60% 的肌纤维同时参加收缩,而训练水平良好的人肌纤维的动员可高达 90% 以上。

(2)中枢神经对肌肉活动的协调和控制能力。运动时完成一个简单的动作也需要许多块肌肉共同来实现。不同的肌肉群是由不同的神经中枢所支配而进行工作的,不同神经中枢之间的协调关系得到改善,就可以提高主动肌与对抗肌、协同肌、固定肌之间的协调能力,使上述肌肉群在参加工作时能各守其职,协调一致,发挥更大的收缩力量。此外,近年来的研究还表明,受力量训练的影响,中枢神经系统还可以提高主动肌运动单位活动的同步化程度,从而使肌肉收缩产生更大的力量。

(3)中枢神经系统的兴奋状态。中枢神经系统兴奋性提高,即情绪高度兴奋时,会导致肾上腺素、乙酰胆碱等其他一些生理活性物质大量释放,这也是影响肌肉力量的重要因素。人在极度激动或危险紧急情况下,可发挥超大的力量。生理学家认为,这种现象可能是因为情绪在极度兴奋时,肾上腺素分泌大量增加,使肌肉的应激性大大提高,同时更重要的是中枢发出了强而集中的神经冲动,迅速动员"储备力量",从而使运动单位成倍地同步动员,并投入工作。

相关链接

提高力量生成的方法
➢ 运动中神经募集更多肌肉或肌肉群。
➢ 在活动中增加相关肌肉的交叉区域。
➢ 注重超等长练习的科学训练。
➢ 训练中用预负荷发展关节活动范围中早期的肌力。

1.3 骨与骨连接的结构和功能

1.3.1 骨与骨连接的结构

1. 肌腱

肌腱为肌肉两端的腱性部分，由粗大而排列紧密的胶原纤维束构成，有的呈圆索状，有的呈薄片状，肌腱内胶原纤维互相交织成辫状的腱纤维束，各束平行排列，在靠近骨膜处的腱纤维束交织呈网状，如图 1—8 所示。肌腱的一端与肌内膜、肌束膜和肌外膜相移行，另一端与骨膜紧密结合。肌腱没有收缩功能，但有很强的抗张力（拉力）性能。

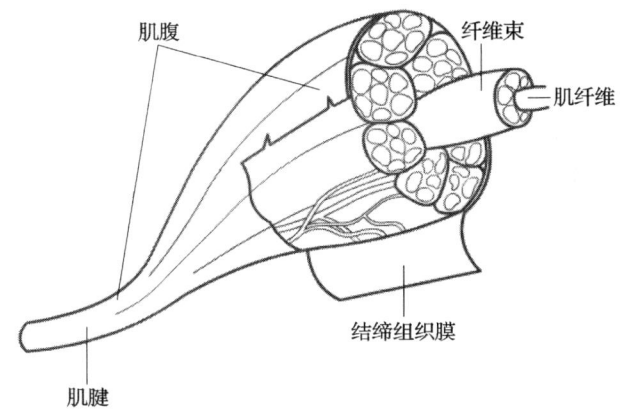

图 1—8 肌腱构成图

2. 韧带

韧带为连于相邻两骨之间的由致密结缔组织构成的扁带状或索状结构，大多数位于关节囊外面。也有少数韧带存在于关节囊内，如膝关节的交叉韧带（见图 1—9）。韧带具有连接、加固关节和限制关节过度运动等作用。

3. 筋膜

筋膜（见图1—10）为包在肌肉周围的结缔组织膜，可分为浅筋膜和深筋膜。

浅筋膜又称皮下筋膜，直接位于皮肤深面，由疏松结缔组织构成，其中含有脂肪、血管和神经等，对肌肉有保护作用。

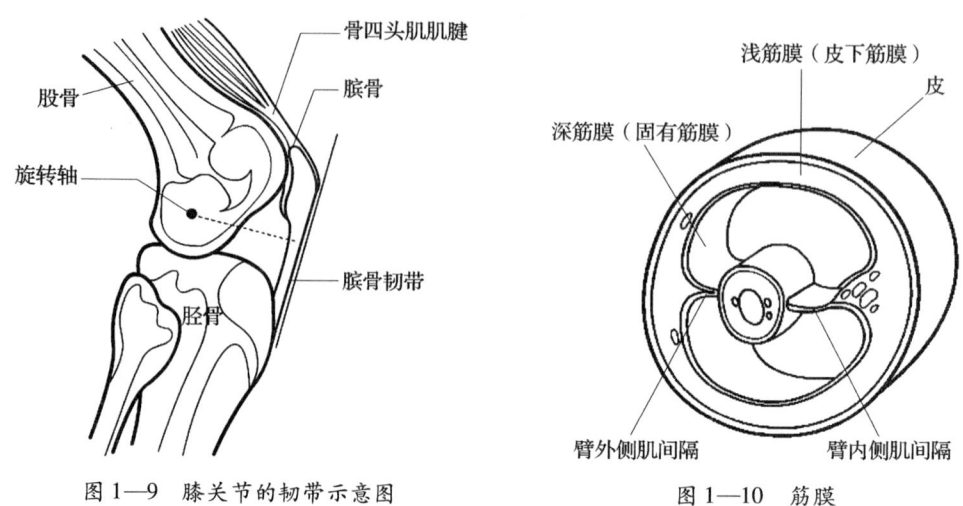

图1—9　膝关节的韧带示意图　　　　图1—10　筋膜

深筋膜又称固有筋膜，位于浅筋膜深层，由致密结缔组织构成。深筋膜包被全身的肌肉和血管、神经等。深筋膜可插入肌群之间，构成肌间隔和肌鞘，分隔各块肌肉或肌群，保证每块肌肉或肌群能单独活动，互不干扰，还可约束肌肉牵引方向，调节肌肉的作用。深筋膜作为肌肉的附着面，可以扩大肌肉的附着面积，增强肌肉的收缩力量。在病理情况下，还可限制炎症扩散，具有保护功能。

1.3.2　骨与骨连接的功能

1. 连结功能

骨与骨连接的第一大功能就是连结功能，两块骨头通过各种形式的骨连接连结起来。正是这样，各部分的骨连接构成了人体的骨架。

2. 保护功能

人的躯干形成了几个体腔，颅腔保护和支持着脑髓和感觉器官；胸腔保护和支持着心、大血管、肺等重要脏器；腹腔和盆腔保护和支持着消化、泌尿、生殖系统的众多脏器。这些体腔由骨和骨连接构成完整的壁或大部分骨性壁。肌肉也构成某些体腔壁的一部分，如腹前、外侧壁，胸廓的肋间隙等，或围在骨性体腔壁的周围，形成颇具弹性和韧度的保护层，当受外力冲击时，肌肉反射性地收缩，起着缓冲打击和震荡的重要作用。

3. 支持功能

骨与骨连接的结构能起到支持的作用，包括构成人体体形、支撑体重和内部器官以及维持体姿。人体姿势的维持除了骨和骨连接的支架作用外，主要靠肌肉的紧张度来维持。骨骼肌经常处于不随意的紧张状态中，即通过神经系统反射性地维持一定的紧张度。在静止姿态，需要互相对抗的肌群各自保持一定的紧张度以取得动态平衡。

1.4 循环系统的结构与生理功能

心血管系统的主要任务是运送营养物质和清除废物垃圾，同时维持身体机能内环境的稳定。心血管系统在调节身体酸碱平衡、体液、温度以及其他多种生理功能中起到关键作用。以下介绍的是心脏及血管在解剖方面和生理方面的知识。

1.4.1 循环系统的结构

1. 心脏

心脏是连接动脉和静脉的枢纽，并且具有重要的内分泌功能。心脏有节律地收缩与舒张，不停地将血液由动脉输出，由静脉纳入，保证血液在心血管内连续不断地做定向流动。动脉是运血离心的管道，静脉是引导血液回心的血管，毛细血管是连接动、静脉末梢间的管道。

心腔分为左半心和右半心两部分，左半心分为左心房和左心室，右半心分为右心房和右心室，两半心由房间隔和室间隔分开，互不相通，左半心内流动的是动脉血，右半心内流动的是静脉血，心房与心室经房室口相通。上方为连至心的大血管，主要有上、下腔静脉，左、右肺静脉，主动脉和肺动脉等 8 条大血管。人体心脏的结构和血流通过心房的过程如图 1—11 所示。

2. 血管

体循环形成了一个单一的封闭式循环，由两部分组成：动脉系统将血液运出心脏；静脉系统将血液运回心脏。

（1）动脉。动脉由心脏发出，在行程中不断分支，最后移行为毛细血管。根据动脉管径大小和管壁构造特点，可分为大动脉、中动脉和小动脉。动脉壁因承受较大的压力，管壁较厚，可分为 3 层：即内膜、中膜和外膜。与静脉比较，动脉外形较挺拔，管腔小而管壁厚，管壁平滑肌和弹性纤维多而丰富，其弹性和收缩性较强。中等动脉因平滑肌丰富又称肌性动脉，大动脉因弹性纤维丰富又称弹性动脉。

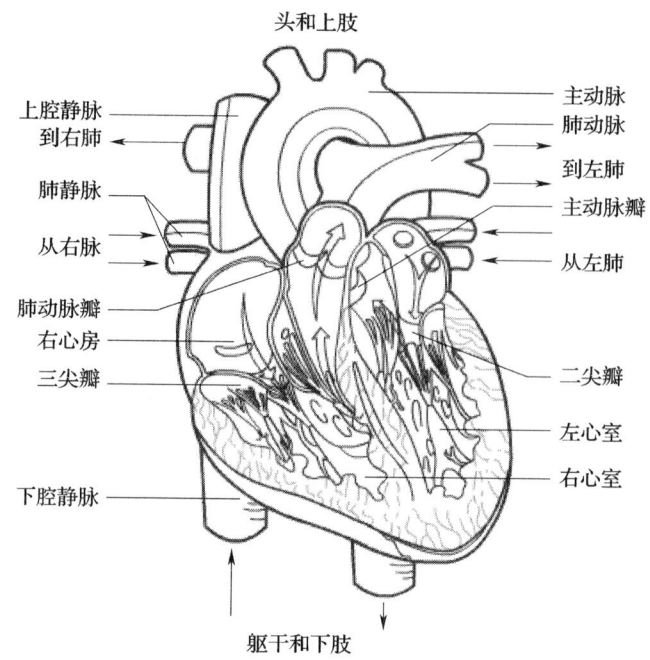

图 1—11 人体心脏的结构和血流通过心房的过程

（2）静脉。静脉由毛细血管开始逐渐增厚汇合，管壁逐渐变厚。根据静脉管壁结构与管径大小分为大、中、小3级。静脉管壁结构变化较大，大致可分为内膜、中膜和外膜3层，但界限不清。与动脉相比，静脉管壁内平滑肌和弹性组织不及动脉丰富，但结缔组织成分较多。静脉较塌陷，管腔大而管壁薄，管壁平滑肌不发达，弹性纤维也较少，并有瓣膜配布，管壁弹性和收缩性较差，而外膜较厚，且有平滑肌分布。

（3）毛细血管。毛细血管是管径最细、分布最广的血管。毛细血管口径一般为 6~8 μm，管壁主要由一层内皮细胞组成，细胞基底面附于基膜上。毛细血管是血液与周围组织进行物质交换的主要场所。毛细血管壁薄腔小，行走弯曲，并有大量分支分布，形成网状结构，在心肌间多沿心肌细胞纵轴平行分布。

3. 血液

血液是在循环系统中，心脏和血管腔内循环流动的一种组织，如图 1—12 所示。血液组织是结缔组织的一种，由血浆和血细胞组成。血浆内含血浆蛋白（白蛋白、球蛋白、纤维蛋白原）、脂蛋白等各种营养成分以及无机盐、氧、激素、酶、抗体和细胞代谢产物等。血细胞有红细胞、白细胞和血小板。

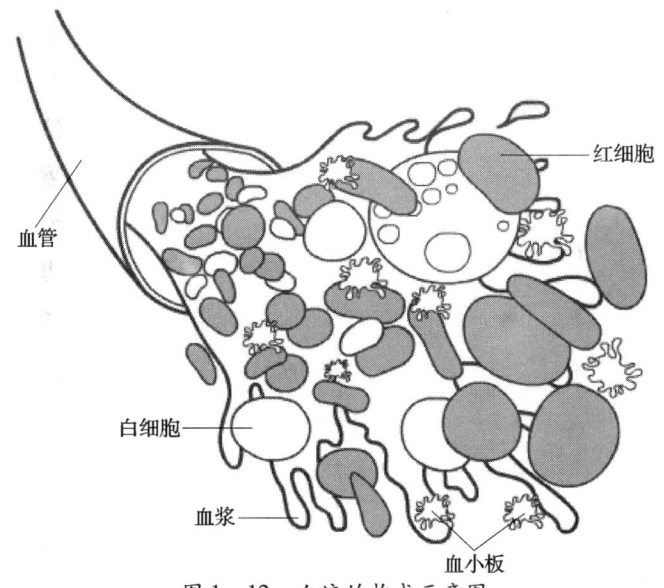

图 1—12　血液的构成示意图

1.4.2　循环系统的生理功能

1. 氧气和二氧化碳的运输

血液由心室射出，经动脉、毛细血管、静脉再回心，如此循环不止。根据其具体循环途径不同，可分为体循环和肺循环，两种循环同步进行，两种循环的路径模式如图 1—13 所示，路径归纳如图 1—14 所示。

体循环的路径为血液由左心室射入主动脉，经各级动脉分支最后送到身体各部的毛细血管。血液通过毛细血管壁与其周围的组织细胞进行物质和气体交换后，经各级静脉，最后汇入上、下腔静脉流回右心房。

肺循环的路径为血液由右心室射入肺动脉，再经各级分支进入肺泡周围的毛细血管网，通过毛细血管壁和肺泡壁，血液与肺泡内的气体进行交换（排出二氧化碳、吸入氧气），最后血液经肺静脉出肺，进入左心房。

2. 代谢产物运输

每个人体器官由成千上万个细胞组成，这些细胞一方面要获得营养成分，另一方面要把自己的代谢产物排泄出去。各个器官的代谢产物最终要汇总到血液，通过血液运送到肾脏，或者其他部位排泄出去。因此可以想象，血液中除了大量的对身体有益的营养成分以外，另外含有大量的对身体有害的代谢产物，这些产物必须经过血液输送到体外，这也是血液非常重要的一个功能。

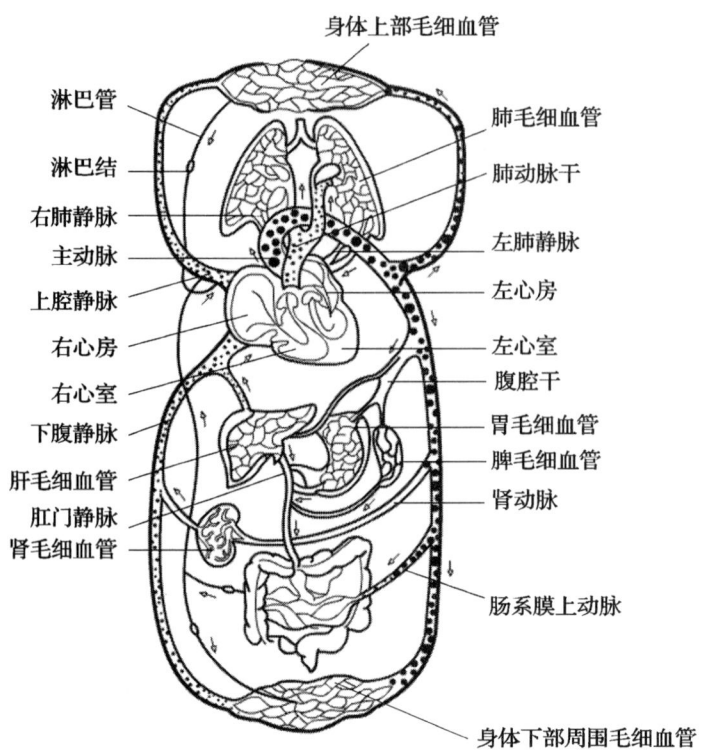

图 1—13　体循环和肺循环的路径模式

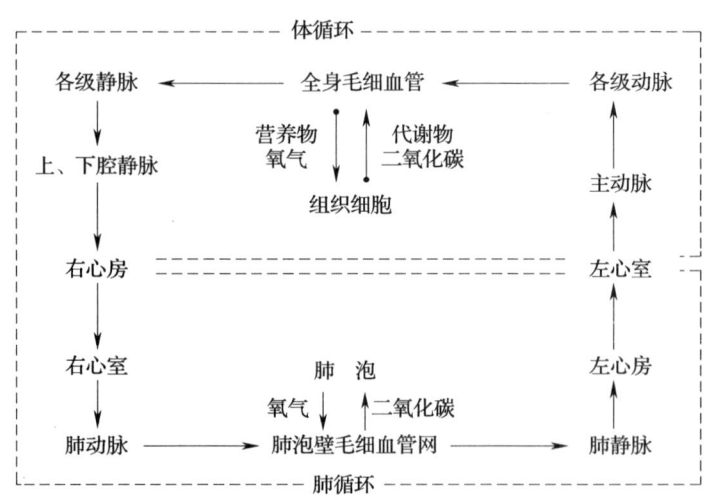

图 1—14　肺循环与体循环的路径归纳

特别提示

记住动脉、静脉、毛细血管的结构特点；体循环和肺循环的区别。

1.5 呼吸系统的结构和生理功能

呼吸系统的主要功能是进行氧气和二氧化碳的基本交换。

1.5.1 呼吸系统的结构

1. 呼吸系统解剖结构（见图1—15）

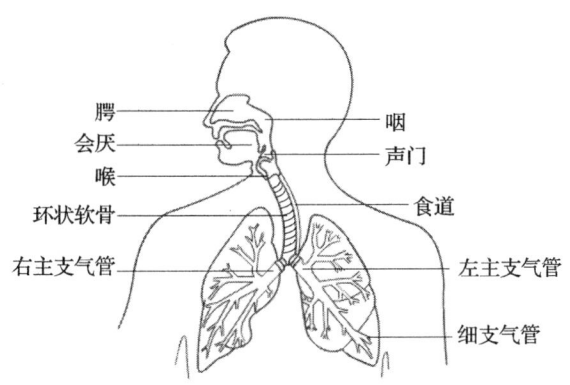

图1—15 人体呼吸系统解剖图

（1）呼吸道。呼吸道是气体进出肺的通道，以环状软骨为界，分为上、下呼吸道。上呼吸道由鼻、咽、喉组成。下呼吸道由气管、支气管组成。气管在隆突处（位于胸骨角）分为左右两主支气管，在肺门处分为肺叶支气管，进入肺叶。右支气管较左支气管粗、短而陡直，左支气管相对较细长且趋于水平。因此，异物吸入更易进入右肺。从气管到呼吸性细支气管，分支数目逐渐增加，气道直径越来越小，使气流在运行过程中流速逐渐减慢。

（2）肺。肺位于胸腔内纵隔的两侧，左、右各一个，是进行气体交换的器官。左肺分为上、下两叶，右肺有上、中、下三叶，肺表面被胸膜覆盖。在肺叶内，肺叶支气管又依支气管和血管分支再分为肺段。肺泡是气体交换的场所，肺泡周围有丰富的毛细血管网，十分利于气体交换。

（3）胸膜。胸膜分为脏层、壁层，脏层紧贴在肺表面，壁层衬于胸壁内面，两层胸膜在肺根处相互移行，构成潜在的密闭腔隙，称为胸膜腔。正常胸膜腔内为负压，腔内仅有少量浆液起润滑作用。因为壁层胸膜有感觉神经分布，病变累及胸膜时可引起胸痛。

2. 呼吸系统的组成

呼吸系统由呼吸道和肺组成。呼吸道是传送气体的通道，包括鼻、咽、喉、气管和支气管。鼻是呼吸系统的起始部分。口咽和喉咽是呼吸和消化道的共同通路。喉不仅是呼吸通道，还是发音器官。气管和主支气管输送气体。肺由肺泡及肺内各级支气管组成，是容纳气体和进行气体交换的主要场所。

1.5.2 呼吸系统的生理功能

1. 气体交换

气体交换也称为呼吸，是指人和高等动物的机体同外界环境进行气体（主要为氧和二氧化碳）交换的整个过程。

人和高等动物有内呼吸与外呼吸之分，内呼吸指组织细胞与体液之间的气体交换过程，外呼吸指血液与外界空气之间的气体交换过程，一般所称的呼吸指外呼吸。外呼吸由胸廓的节律性扩大和缩小，以及由此引起的肺被动的扩张（吸气）、回缩（呼气）和歇息而实现。人在不同条件下的呼吸方式也不同，以肋骨运动为主称为"胸式呼吸"，以膈和腹壁肌运动为主称为"腹式呼吸"。

空气流动和废气进出肺的数量由肺扩张和反冲控制，而肺自身不积极的扩张和反冲是通过横膈膜的上下移动延长（肺扩张的第一种方法）、缩短胸腔和肋骨的提升和下降来增加或减少胸腔前后直径造成的。正常、平静呼吸几乎完全由膈肌运动完成。吸气时，膈肌收缩和空气进入肺部造成胸腔负压（真空腔的胸部）。呼气时，膈肌放松，对肺、胸壁弹性回缩，腹部结构压缩肺部，空气被逐出。在大喘气时，单靠膈肌的弹性力量不足以支持必要的呼吸道反应，额外需要的力主要由腹部肌肉提供。

肺扩张的第二种方法是提升胸廓，肋骨在休息位时倾斜向下，提升胸廓允许肋骨直接向前，因此使胸骨能向前移动和远离脊柱。提升胸廓的肌肉被称为吸气肌，包括肋间外肌、胸锁乳突肌、前锯肌和斜角肌。下拉胸廓的肌肉是呼气肌，包括腹肌（腹直肌、腹内斜肌、腹外斜肌、腹横肌）和肋间内肌。呼气和吸气时胸廓的收缩和扩张如图1—16所示。

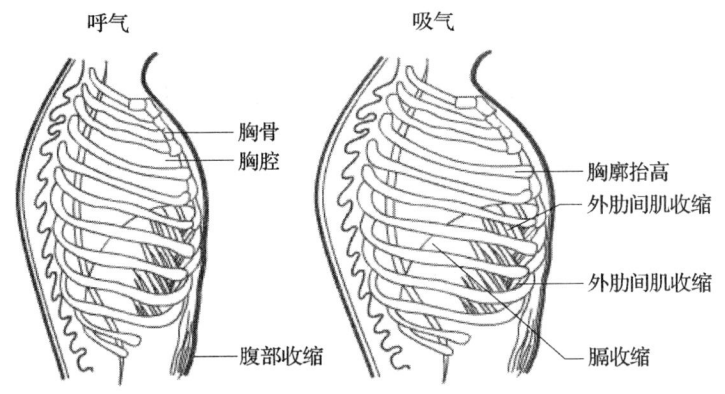

图 1—16　呼气和吸气时胸廓的收缩和扩张

2．肺换气

肺泡内的气体交换发生在肺泡与血液之间，如图 1—17 所示。当空气进入肺泡后，由于肺泡中氧的含量高于血液中氧的含量，血液中二氧化碳的含量高于肺泡中二氧化碳的含量，所以肺泡中的氧扩散进入血液，血液中的二氧化碳扩散进入肺泡。肺泡内的气体交换使血液中的氧的含量增多，二氧化碳含量减少。这种含氧丰富的血经血液循环到达身体各处。

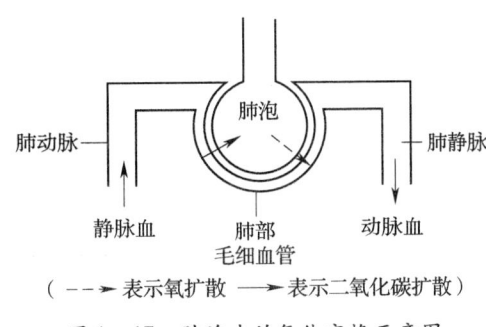

图 1—17　肺泡内的气体交换示意图

 **特别提示**

呼吸系统由呼吸道和肺组成，肺泡构成肺的基本组成单位。

1.6　肌肉骨骼系统的杠杆

1.6.1　肌肉骨骼系统的杠杆组成

虽然身体的许多肌肉（如表情肌、心肌、平滑肌）并不通过杠杆起作用，但是运动训练中涉及的肌肉大多通过杠杆系统发挥作用。为了解骨骼肌产生动作的原理，就必须掌握杠杆的基本知识。

1. 杠杆的概念

杠杆（见图1—18）是在力的作用下围绕一个支点转动的刚性结构或者部分刚性的结构。当杠杆受到一个不是作用于支点上的力时，杠杆将绕着支点转动。杠杆会对阻抗其转动的物体产生力。

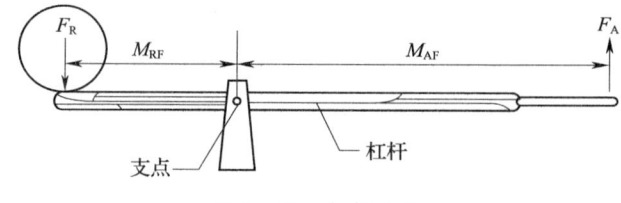

图1—18 杠杆原理

杠杆可以将旋转弧的切线力从杠杆的一端传到另一端。F_A=作用于杠杆的力；M_{AF}=作用于杠杆的力臂；F_R=阻抗杠杆旋转的力；M_{RF}=阻抗杠杆旋转的力臂。杠杆施力于物体的力与物体施力于杠杆的力一致，但方向相反。

2. 杠杆的组成

杠杆由几个要素组成：支点、力臂、力矩、肌力、阻力和机械效益。

（1）支点。支点是杠杆的轴点。

（2）力臂。力臂是从支点到力的作用线的垂直距离。力的作用线是一条通过力的作用点，沿着力的方向的直线。

（3）力矩。力矩是力对物体产生绕某支点转动作用的物理量。力矩等于力乘以力臂。

（4）肌力。肌力是由生化活动和非收缩组织的伸展（肌肉被拉长）导致肌肉末端牵拉对抗而产生的力。

（5）阻力。阻力是由外界产生的对抗肌力的力（如重力、惯性力和摩擦力）。

（6）机械效益。机械效益是机械的输出力矩（或力）对其输入力矩（或力）的比值。因为肌力矩与阻力矩之间维持一种稳态，所以肌力臂乘以肌力等于阻力乘以阻力臂。机械效益>1意味着肌力小于阻力；而机械效益<1时，则说明机体处于费力状态。

1.6.2 肌肉骨骼系统的杠杆类型

1. 第一类杠杆

第一类杠杆是支点在阻力和肌力之间的杠杆，又叫平衡杠杆。

对抗阻力伸肘（如伸肘练习）为平衡杠杆，如图1—19所示。O=支点；F_M=肌力；F_R=阻力；M_M=肌力臂；M_R=阻力臂；机械效益=M_M/M_R=5 cm/40 cm=0.125，小于1，机体处于费力状态。

2. 第二类杠杆

第二类杠杆是肌力和阻力施加于支点同侧的杠杆，而且肌力臂＞阻力臂，因此其机械效益大于1，为省力杠杆，此类杠杆在人体中不多见。

对抗阻力跖屈（提踵）为省力杠杆，如图1—20所示。因为 $M_M > M_R$，所以 $F_M < F_R$。

3. 第三类杠杆

第三类杠杆是作用力和阻力施加于支点同侧的杠杆，但肌力臂＜阻力臂，因此其机械效益＜1，骨肌肉的产生的作用力大于阻力，为费力杠杆。

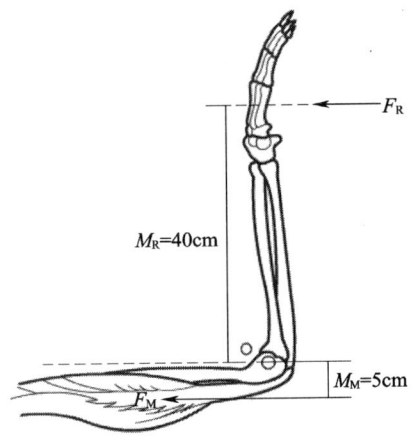

图1—19 第一类杠杆（肘部）

对抗阻力屈臂（如肱二头肌屈曲练习）为费力杠杆，如图1—21所示。因为 $M_M < M_R$，所以 $F_M > F_R$。

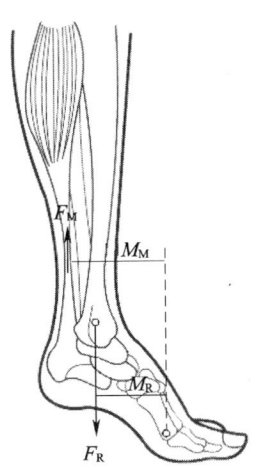

图1—20 第二类杠杆（足部）

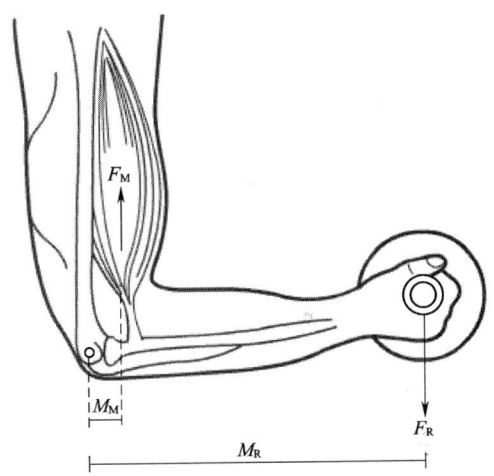

图1—21 第三类杠杆（前臂）

特别提示

大部分骨骼肌都以费力杠杆的形式运动。因此在运动中，肌肉产生的力远大于外物或地面施加于手足的力。骨骼肌系统中杠杆类型可分为3种：平衡杠杆、省力杠杆、费力杠杆。

思 考 题

1. 简述骨骼肌肌丝滑行理论的主要内容和骨骼肌收缩的过程。
2. 简述运动单位的结构和作用。
3. 简述呼吸系统中的组成成分和主要作用。
4. 简述人体骨骼肌和骨骼组成的力学杠杆的类型。

第 2 章

运动营养基础

完成本章的学习后，您能够：

- ☑ 掌握人类所需的六大营养素的基本概念和生理作用
- ☑ 了解人体的能量代谢理论
- ☑ 了解膳食平衡和膳食结构
- ☑ 初步掌握对客户膳食结构和能量消耗的评估方法

充足的营养对于健康的人体来说是一项非常重要的因素。饮食不可以直接促进肌力、爆发力或耐力的提高,但是合理的饮食可以让个体在训练过程中达到他们的最佳状态。人体在进行运动时,体内的物质代谢会发生很大的变化,对于营养素有更高的要求。了解基本的营养学知识和对客户的基本膳食结构提出基本的建议是本章的重点。

2.1 六类营养素

2.1.1 糖

糖类,也称为碳水化合物,是由碳、氢、氧3种元素组成的一类化合物。

碳水化合物因组成形式的不同分为单糖、双糖、多糖三类。葡萄糖、果糖、半乳糖和核糖是单糖,蔗糖、麦芽糖、乳糖是双糖,淀粉、糖原、膳食纤维是多糖。食物中的单糖主要是葡萄糖和果糖,双糖有蔗糖和乳糖,多糖主要是淀粉。除乳糖存在于哺乳动物的乳汁中外,其他碳水化合物主要来自植物性食物。

1. 糖的生理功能

(1) 提供热量。糖是人体主要的热量来源,机体60%的热能均由糖提供。每克糖在人体内可以产生4 kcal的热量。糖容易氧化,代谢的最终产物是水和二氧化碳。大脑缺乏有效储存的功能物质,主要依靠糖的氧化供能。血糖浓度降低时,容易出现头晕或者疲劳等现象。

(2) 构成机体成分。糖是构成机体的重要物质之一,参与许多生命过程,如细胞膜表面具有信息传递功能的糖蛋白,神经组织的糖脂,结缔组织中的黏蛋白。DNA 和

RNA 也含有大量的脱氧核糖和核糖。

2. 糖的代谢

糖的代谢主要是指葡萄糖在体内的复杂代谢过程，其代谢方式在很大程度上受氧气的影响：在氧供充足时，葡萄糖进行有氧氧化，彻底氧化成二氧化碳和水；在缺氧状态时，则进行糖酵解生成乳酸。此外，葡萄糖也可进入磷酸戊糖途径等进行代谢，发挥不同的生理功能。葡萄糖也可以经过合成代谢聚合成糖原，储存在肝或肌组织中。有些非糖物质如乳酸、丙酮酸等还可以转变成葡萄糖或者糖原。

（1）糖的无氧氧化。在机体缺氧的条件下，葡萄糖经过一系列的酶促反应生成丙酮酸进而还原成乳酸的过程称为糖酵解，也称糖的无氧氧化。糖酵解的反应过程、调节和生理意义如下：

1）糖酵解反应过程。糖酵解反应过程可以分为两个阶段：第一阶段是由葡萄糖分解为丙酮酸的过程，又称为糖酵解途径。第二阶段为丙酮酸加氢还原为乳酸。

2）糖酵解的调节。糖酵解包括多步反应过程，其中的大多数反应是可逆的，但有 3 个反应不可逆，分别由己糖激酶、6－磷酸果糖基酶和丙酮酸激酶催化，是糖酵解的 3 个调节点，被称为关键酶。

3）糖酵解的生理意义。糖酵解的最重要的生理意义在于迅速提供能量，尤其是对肌肉收缩格外重要。成熟的红细胞没有线粒体，完全依靠糖酵解供能。1 mol 葡萄糖经过糖酵解可净生成 2 mol ATP。

（2）糖的有氧氧化。糖的有氧氧化是指葡萄糖在有氧条件下彻底氧化生成水和二氧化碳的反应过程，是糖氧化功能的主要方式。

1）糖有氧氧化的过程。其反应过程分为三个阶段：

第一阶段为循糖酵解途径分解为丙酮酸。

第二阶段为丙酮酸进入线粒体在丙酮酸脱氢酶复合体的催化下，氧化脱羧生成乙酰 CoA、NADH＋、H＋和 CO_2。

第三阶段为三羧酸循环和氧化磷酸化。

三羧酸循环（TCA 循环）是一个由一系列酶促反应的循环反应系统，该反应以乙酰 CoA 为反应底物，通过一系列的反应成为糖、脂肪和氨基酸之间的代谢转化的枢纽。糖、脂肪、氨基酸在体内进行生物氧化都将产生乙酰 CoA，然后进入三羧酸循环进行分解。

2）有氧氧化供能。三羧酸循环一次共生成 12 个 ATP。1 mol 葡萄糖彻底氧化生成二氧化碳和水，可净生成 36 mol ATP 或 38 mol ATP。

(3) 血糖及其调节

1) 血糖的来源和去路。血糖指血中的葡萄糖。血糖水平相对稳定,维持在3.86～6.11 mol/L之间,这是进入和移出血液的葡萄糖平衡的结果(见表2—1)。血糖为周围组织以及肝组织所摄取利用。血糖是肠道吸收、肝糖原分解或者肝内糖异生生成的葡萄糖释放入血液的形成的。

表2—1　　　　　　　　　　　血糖的来源和去路

血糖来源		血糖去路
食物消化吸收	血糖 3.86～6.11 mmol/L	无氧酵解
肝糖原分解		有氧氧化
糖异生		戊糖途径
		转化为脂肪、氨基酸

2) 血糖的调解。胰岛素是体内唯一能够降低血糖的激素,也是唯一同时促进糖原、脂肪、蛋白质合成的激素。胰岛素的分泌受血糖控制,血糖升高立即引起胰岛素分泌;血糖降低,分泌即减少。导致血糖升高的激素包括胰高血糖素、糖皮质激素和肾上腺素,其中胰高血糖素是体内血糖升高的主要激素。胰岛素和胰高血糖素是调解血糖,实际上也是调解三大营养物代谢最主要的两种激素。

(4) 糖原。糖原是动物体内糖的储存形式。摄入的糖类大部分转变成脂肪(甘油三酯)后储存于脂肪组织内,只有一小部分以糖原的形式储存。

糖原作为葡萄糖储备的生物学意义在于:当机体需要葡萄糖时,它可以被迅速动用以满足急需,而脂肪不能。肝脏和骨骼肌是储存糖原的主要组织器官,但肝糖原和肌糖原的生理意义有很大不同。肌糖原主要供应肌收缩的急需;肝糖原则是血糖重要来源。这对于一些依赖葡萄糖作为能量来源的组织,如脑细胞、红细胞等尤为重要。

(5) 糖的来源。膳食中糖的摄入量一般认为占总热量的60%～70%,也可以略少,主要取决于饮食习惯和生活水平。

糖的种类很多,其中果糖通常与蔗糖共存于水果汁及蜂蜜中,如苹果及番茄中含量较多。蔗糖几乎存在于植物界的叶、花、根、茎、种子及果实中。乳糖只存在于各种哺乳动物的乳汁中。麦芽糖大量存在于发芽的谷粒,特别是麦芽中。淀粉主要来自于五谷类,如米、麦、高粱等,豆类和根茎类如土豆、白薯也是淀粉的良好来源。

上述各种可以供给糖的食物中,五谷类和薯类应为主要来源,水果蔬菜也要多吃,少吃蔗糖。因为五谷类和薯类,除富含淀粉可以供能之外,还有其他一些营养素,例如蛋白质、无机盐和维生素，特别是粗粮，还含有较多的膳食纤维。

 **特别提示**

糖的无氧氧化和有氧氧化对于机体进行体育运动过程中的能量供应非常重要，体适能教练员要针对客户的不同目的，选择不同的供能方式，从而实现目标。

肌糖原是人体在运动过程中重要的供能物质，参加体育运动的人要注意运动后糖的补充。

糖代谢主要是指葡萄糖在体内的复杂代谢过程，包括分解代谢与合成代谢。其中分解代谢途径主要有糖酵解、糖的有氧氧化及磷酸戊糖途径等。

2.1.2 蛋白质

蛋白质是一种化学结构非常复杂的化合物，是一切生命的物质基础，没有蛋白质就没有生命。蛋白质是以氨基酸为基本单位，以肽键连接，形成一定空间结构的活性大分子。构成人体蛋白质的氨基酸有 20 种，其中 9 种氨基酸人体不能合成或者合成的速度不能满足机体需要，必须从食物中获得，称为必需氨基酸，这 9 种氨基酸是赖氨酸、色氨酸、苯丙氨酸、甲硫氨酸、苏氨酸、异亮氨酸、亮氨酸、缬氨酸、组氨酸。

1. 蛋白质的生理功能

（1）催化功能。有催化功能的蛋白质称酶，生物体新陈代谢的全部化学反应都是由酶催化来完成的。

（2）运动功能。从最低等的细菌鞭毛运动到高等动物的肌肉收缩都是通过蛋白质实现的。肌肉的松弛与收缩主要是由以肌球蛋白为主要成分的粗丝以及以肌动蛋白为主要成分的细丝相互滑动来完成的。

（3）运输功能。在生命活动过程中，许多小分子及离子的运输是由各种专一的蛋白质来完成的。例如在血液中血浆白蛋白运送小分子，红细胞中的血红蛋白运送氧气和二氧化碳等。

（4）机械支持和保护功能。高等动物的具有机械支持功能的组织（如骨、结缔组织）以及具有覆盖保护功能的毛发、皮肤、指甲等组织主要是由胶原、角蛋白、弹性蛋白等组成。

(5) 免疫和防御功能。生物体为了维持自身的生存,拥有多种类型的防御手段,其中不少是靠蛋白质来执行的。例如抗体即是一类高度专一的蛋白质,它能识别和结合侵入生物体的外来物质,如异体蛋白质、病毒和细菌等,取消其有害作用。

(6) 调节功能。在维持生物体正常的生命活动中,代谢机能的调节、生长发育和分化的控制、生殖机能的调节以及物种的延续等各种过程中,多肽和蛋白质激素起着极为重要的作用。此外,还有接受和传递调节信息的蛋白质,如各种激素的受体蛋白等。

2. 蛋白质的代谢

食物蛋白质经过消化吸收后进入体内的氨基酸称为外源性氨基酸。机体各组织的蛋白质分解生成的及机体合成的氨基酸称为内源性氨基酸。在血液和组织中分布的氨基酸称为氨基酸代谢库。氨基酸的主要功能是合成蛋白质,也参与合成多肽及其他含氮的生理活性物质。除维生素外,体内的各种含氮物质几乎都可由氨基酸转变而来。

3. 蛋白质的食物来源

蛋白质的营养价值是指食物蛋白质在体内的利用率。一般来说,含必需氨基酸种类越多、数量足的蛋白质,其营养价值高,反之营养价值低。由于动物性蛋白质所含必需氨基酸的种类和比例与人体接近,故营养价值高。含蛋白质较多的食物为鱼类和肉类,一般为10%~30%;奶类为1.5%~3.8%;蛋类11%~14%;干豆类20%~49%,是植物性食物中含量较高的;硬果类如花生、核桃等含有15%~26%的蛋白质。营养较高的蛋白质和营养较低的蛋白质混合食用,必需氨基酸可以得到相互补充,提高蛋白质的营养价值。

特别提示

两种和两种以上的食物混合食用,达到以多补少的目的,使混合蛋白质的必需氨基酸更接近人体需要,提高蛋白质的生物学价值。

2.1.3 脂肪

脂肪,也称为甘油三酯,是由一分子甘油和三分子脂肪酸组成的酯,是体内能量储存的主要形式。甘油三酯水解产生甘油和脂肪酸。肝、脂肪组织及小肠是合成甘油三酯的主要场所,以肝的合成能力最强。

1. 脂肪的生理功能

（1）食物中脂肪的作用

1）身体活动的能量来源。甘油三酯富含高度还原碳，在氧化反应代谢过程中能产生大量的能量。1 g 甘油三酯彻底氧化可以产生 9 kcal（38 kJ）的能量，而 1 g 蛋白质或者 1 g 碳水化合物只能产生 4 kcal（17 kJ）的能量。

2）增进饱腹感。脂肪在胃里停留的时间较长，大约是 3.5 h。食物从胃进入十二指肠时，可以刺激产生肠抑胃素，肠蠕动受抑制。这有助于抑制饥饿感的发生。

3）脂溶性维生素的载体。脂溶性维生素 A、维生素 D、维生素 E、维生素 K 是 4 种人体必需的营养元素，食物脂肪正是这些营养元素的载体。如果缺乏脂肪就会减少这些营养素的摄入量。

（2）脂肪在体内的作用

1）调节人体的功能。脂肪是细胞各种膜结构的基本组成成分，如细胞膜、内质网、线粒体膜、核膜以及红细胞膜等。

2）维持体温。足够的皮下脂肪可以起到保温的作用，使体温达到正常和恒定，防止人体因环境温度突变而导致损害。

3）保护人体重要器官。脂肪凭借本身的厚度和弹性对包裹在其内部的内脏提供保护，固定其位置，防止其直接受到物理伤害。

2. 脂肪的代谢

脂类在消化系统中变成乳糜颗粒后，被送进脂肪组织或者其他组织细胞中，甘油三酯就被相应的酶分离出来，随即就被其他的酯酶分解为脂肪酸和甘油。

总的来说，脂肪代谢有 4 个途径：

（1）立即作为能源。脂肪酸与乙酰辅酶 A 结合，通过 β-氧化逐步缩短脂肪酸链，并进入三羧酸循环，产生热能。

（2）作为能源储存在细胞中。

（3）成为细胞本身的结构。

（4）合成某些必需的化合物。

3. 脂肪的食物来源

食物脂类的来源是植物性食物和动物性食物。植物性食物的脂肪来源是各种植物油和坚果，如核桃、花生、芝麻及豆类等，植物油的特点是含不饱和脂肪酸多。

动物性食物来源主要有猪、羊、牛等的动物脂肪及骨髓、肥肉、乳类及蛋黄等，它们主要提供饱和脂肪酸、磷脂和胆固醇。

2.1.4 无机盐

人体组织中几乎含有自然界存在的各种元素,在这些元素中,已发现 20 种左右的元素是人体必需的,构成人体组织、维持生理功能、参与生化代谢。除碳、氢、氧、氮主要以有机化合物存在,其余的必需元素统称为无机盐,也叫矿物质。某些化学元素在人体中存在数量极少,日需要量在 100 mg 以下,但存在一定功能,且必须通过食物摄入,称之为必需微量元素,如铁、碘、锌、铜、硒等。人体中某些化学元素,每日膳食需要量都在 100 mg 以上,称为常量元素,如钠、钾、氯、钙、镁等。

1. 无机盐的生理功能

无机盐和其他营养素不同,不能在体内生成,除非被排出体外,否则不可能消失。无机盐在体内分布极不均匀,如铁集中在红细胞中,钙、磷主要存在于骨和牙齿中,碘在甲状腺中。

(1) 钙。钙是人体含量最多的无机元素。人体内 99% 的钙都集中在骨骼和牙齿中,以羟基磷灰石结晶 $[3Ca_3(PO_4)_2 \cdot Ca(OH)_2]$ 的形式存在,起着支持和保护的作用,维持肌肉与神经的活动,促进体内某些酶活性。随着年龄的增长,骨量流失大于生成,钙在骨骼中的含量逐年下降,且女性早于男性,妇女在停经后加速。

(2) 磷。磷是机体极为重要的元素,是细胞中的核酸组成部分,是细胞膜的必要构成物,作为核酸、蛋白质、磷酸和辅酶的组成成分,参与多种代谢过程。

(3) 铁。铁是人体必需微量元素中含量最多的。铁是血红蛋白和肌红蛋白的成分之一,这两种物质在体内扮演着氧气运送与能量使用的角色。铁缺乏对人体影响主要有贫血,并可能对儿童智力发育造成损害。

(4) 碘。甲状腺组织中碘最多,是甲状腺素的一部分,协助调解生长、发育与能量代谢。

2. 无机盐的代谢

无机盐通过消化系统的吸收进入身体内,经血液运输,与组织或者器官中的相应物质结合,发挥自身的功能。无机盐代谢一般是通过汗液、泌尿系统和细胞脱落等途径。

3. 无机盐的食物来源

奶和奶制品是钙的主要来源,含钙量丰富且吸收率也高,豆类和绿色蔬菜也是钙的较好来源。瘦肉、蛋、奶、动物的肝脏含磷量都比较高,海带、紫菜、芝麻酱、花生含磷也比较丰富。钠普遍存在于各种食物之中,但人体钠来源主要为食盐、酱油、咸菜或者咸味零食等。奶类为贫血食品,动物肝脏、全血、肉类、豆类和绿色蔬菜均是铁元素的良好来源。

2.1.5 维生素

维生素是人体必不可少的营养素,是对维持身体健康、促进生长发育和调解生理机能有重大作用的一种有机化合物。人体所需维生素有十多种,按溶解性质可分为脂溶性和水溶性两大类。脂溶性维生素有维生素A、维生素D、维生素E、维生素K。水溶性维生素主要有维生素B_1、维生素B_2、维生素PP、维生素B_6、维生素B_{12}、维生素C、叶酸等。

1. 维生素的生理功能

(1) 维生素A。维生素A可维持上皮正常生长与分化,保护上皮组织健康,尤其是眼结膜、呼吸道、皮肤等处。还可维持正常视力所需,缺乏时可以发生暗适应机能减退,严重时可导致夜盲症。

(2) 维生素D。维生素D协助钙质的吸收,并协助建立骨质量以及预防骨质流失。儿童缺乏维生素D会使牙齿和骨的生长发育出现障碍,成人缺乏维生素D容易导致骨质疏松。

(3) 维生素E。维生素E与硒元素有协调抗氧化的作用,与发育、防衰老有关。

(4) 维生素C。维生素C能促进细胞的发育、创伤的愈合及抗发炎,可以作为抗氧化剂,协助铁质作为合成蛋白质所需的物质。

2. 维生素的代谢

维生素大多不能在体内合成或合成甚微,在体内储存量一般很少,因此必须经常由食物提供。

维生素在运动营养之中有重要的意义。由于运动时物质代谢旺盛,运动量加大时,使维生素需求量增加。维生素不足时,机体的活动能力减弱,抵抗力下降,容易导致头痛、便秘、易怒,若维生素严重缺乏还可能导致机体的生活能力和器官功能衰竭,青少年的生长发育受阻。

3. 维生素的食物来源

各种食物中维生素的种类、数量差异较大,而且有的维生素性质很不稳定,容易在食物加工和烹调过程中受到破坏。因此合理地选择食物,正确地加工和烹饪,对保证人体获得必要的维生素很重要。

维生素A最好的来源是各种动物的肝、鱼肝油、鱼卵、全奶、奶油等。植物性食物中,以胡萝卜、绿叶蔬菜和某些水果中胡萝卜素含量较多,进入身体后可转化为维生素A。

维生素D主要存在于海水鱼中,如沙丁鱼、鲨鱼、动物肝、蛋黄等动物性食品及鱼肝油制剂中,化学性质较稳定。

维生素E在自然界分布广泛,通常不会缺乏,维生素E含量丰富的食品有植物油、硬果、种子、豆类及其他谷物。蛋类、鸡、绿叶蔬菜中也含有一定量的维生素E。

维生素C主要存在于蔬菜和水果中,植物种子(粮谷、豆类)不含维生素C,动物性食物除肝、肾、血液之外含量甚微。蔬菜如柿子椒、番茄、菜花及各种深色叶菜类,水果如柑橘、柠檬、山楂、猕猴桃等,维生素C含量丰富。

2.1.6 水

水是生命必需的物质之一,没有水,任何生物都不能生存。一般情况下,人体在缺食但不缺水的情况下,可维持生命数十天,但是缺水,则仅能维持生存几天,由此可见水的重要性。

1. 水的生理功能

(1) 构成机体的重要成分。水是机体中含量最多的成分,约占人体重量的50%~60%。体内所有组织都含有水,如血液含水90%,肌肉含水70%,骨骼含水22%。

体内大部分水以结合水的形式存在,小部分以自由水的形式分布。结合水和蛋白质、黏多糖、磷脂等大分子相结合,分布于体液之中,发挥重要的作用。

(2) 物质的运输。水的流动性比较大,在人体内形成体液循环运输物质。水一方面把溶于其中的氧气、营养物质、激素等运送到组织细胞,发挥其有效的营养生理作用。同时又把代谢废物和有害物质通过呼吸、汗液的蒸发及大小便等途径排出体外,保证身体各器官正常运行。

(3) 保证和参与物质代谢过程。机体内的一切化学变化必须有水的参与,机体内的代谢过程是在体液环境中进行的。此外,水是良好的溶剂,营养物质的消化吸收、排泄都离不开水。

(4) 调解体温。水是体内温度调解的必需物质。水的比热比其他物质高,它能吸收体内不断分解代谢产生的大量热能而使体温维持在特定的范围内。血液的循环、体液的不断交换,使代谢产生的热由血液通往全身,从体表发散,保持全身体温一致。

(5) 人体的润滑剂。人体的关节、肌肉及内脏的活动,水起到润滑剂的作用。如泪液有助于眼球的转动与湿润,关节液有利于关节的活动,消化液有助于胃肠道的运动。

2. 水的代谢

健康的人体，水应该保持着正常的含量。增加或者减少摄水量自动通过神经内分泌调节系统以维持平衡补水。补充人体所需水分通常有以下3种途径：饮用水和其他饮料；固体食物中的水分；蛋白质、脂肪和碳水化合物分解时产生的水。

人体每天排出水的分量和其多摄取的数量有密切关系。多摄取则多排出，少饮水则少排出。水分通过呼吸、发汗时的蒸发、泌尿系统的尿液、大便中的水分排出体外。

3. 水的食物来源

食物中水分的来源比较丰富，常见的蔬菜水果和各类食物中水量都很高。

 **特别提示**

人体在运动的过程中流失的水分和矿物质比安静状态要多，注意及时适量地补充水分和无机盐，减少因为缺水而带来的身体的不适症状。

2.2 能量代谢基本理论

新陈代谢是生命的基本特征之一。新陈代谢包括物质代谢和能量代谢，两者相伴发生。生物体内物质代谢过程中伴随发生的能量代谢的释放、转移、储存和利用成为能量代谢。

机体能利用的能量来源于糖、脂肪和蛋白质分子结构中蕴藏的化学能。这些物质被氧化分解时，才释放出能量，但机体不能直接利用这些能量形式。组织细胞所需要的能量实际上是有三磷酸腺苷（ATP）直接提供。ATP是糖、脂肪和蛋白质在生物氧化过程中合成的一种高能化合物，当ATP水解为二磷酸腺苷（ADP）及磷酸时，同时释放出能量。ATP既是体内直接的供能物质，又是体内能量存储的重要形式。

$$ATP \xrightleftharpoons{酶} ADP + 磷酸 + 能量$$

2.2.1 人体能量代谢的消耗

各种能源物质在体内氧化过程中释放的能量，50%以上转化为热能，其余部分是以化学能的形式储存在ATP等高能化合物和高能磷酸键中，供机体完成各种生理功能，如肌肉收缩和舒张、神经传导等。除骨骼肌收缩对外加物体做一定量的机械功外，其他用于进行各种功能活动所做的功都转化为热能。

人体的能量代谢很复杂，它受基础代谢、体力活动、食物热效应等因素影响，其中影响最明显的是体力活动。

1. 基础代谢

基础代谢是指基础状态下的能量代谢。所谓基础状态是指人体处在清醒而又非常安静，不受肌肉活动、精神紧张、食物及环境等因素影响时的状态。所以测量基础代谢需要在清醒、静卧、未做肌肉活动、无神经紧张、食后12~14 h、室温保持在20~25℃的条件下进行。在基础状态下，单位时间内的能量代谢叫做基础代谢率，以单位时间内每平方米体表面积的产热量为单位，即用 $kJ/(m^2 \cdot h)$ 来表示。

基础代谢率随性别、年龄的不同而有差异。当其他情况相同时，男性的基础代谢率平均值比同年龄组的女性高，儿童比成人高。年龄越大，代谢率越低。

Harris 和 Benedict 提出下列公式，可以根据年龄、身高和体重直接计算基础代谢能量消耗。

男：BEE = 66.473 0 + 13.751 × 体重（kg）+ 5.003 3 × 身高（cm）- 6.755 0 × 年龄（岁）

女：BEE = 65.509 5 + 9.463 × 体重（kg）+ 1.849 6 × 身高（cm）- 4.675 6 × 年龄（岁）

2. 体力活动

肌肉活动对于能量代谢的影响最为明显，机体任何轻微的运动即可提高代谢率。人在体育运动或劳动时，由于肌肉活动所消耗的能量需要通过营养物质的氧化来补充，因而可引起机体的耗氧量显著增加。机体耗氧量的增加与肌肉活动的强度呈正比关系，机体持续体育运动或劳动时的耗氧量可达安静时的10~20倍。

3. 食物热效应

人体在进食后的一段时间内，即使在安静状态下，也会出现能量代谢率增加的现象，一般从进食后1 h左右开始，延续7~8 h。进食能刺激机体额外能量消耗的作用，称为食物的热效应。

实验证明：3种主要营养物质中，进食蛋白质产生的热效应最为明显，进食糖和脂肪的热效应相当。食物热效应产生的确切机制目前尚不清楚，但食物的热效应与食物在消化道内的消化与吸收无关。

2.2.2 人体三大供能系统

在哺乳动物的肌细胞中，存在3种基本供能系统：磷酸原系统、糖酵解系统、有氧氧化系统。在讨论与运动相关的生物能量学时，经常提及有氧代谢和无氧代谢这两个名词。无氧代谢过程不需要氧气，而有氧代谢则依赖氧气。磷酸原系统和糖酵解系统属于无氧代谢，有氧供能系统则属于有氧代谢。

3种代谢系统都在给定的时间内进行，然而每种能量代谢系统的作用程度主要取决于运动的强度，其次取决于运动的持续时间。

1. 磷酸原系统

磷酸原供能系统主要针对短时间、高强度的运动开始时提供ATP，供能时间只有6~8 s，并且不管运动的强度如何，所有运动一开始就会动用磷酸原供能系统。这个能量系统不需要氧气，速率很快，依赖于ATP的水解和高能磷酸原分子——磷酸肌酸（CP）的分解。ATP在体内储存大约有80~100 g，当ATP被消耗的同时，CP与ADP结合生成ATP，快速补充ATP的不足。

$$ADP + CP \xrightarrow{\text{肌酸激酶}} ATP + 肌酸$$

然而CP的储存量非常有限，故磷酸原供能系统不能维持较长时间的运动。

2. 糖酵解系统

在机体缺氧的条件下，葡萄糖经过一系列的酶促反应生成丙酮酸进而还原成乳酸的过程称为糖酵解，也称糖的无氧氧化。所以糖酵解过程中的ATP再合成速率慢于磷酸原功能系统中的ATP的再合成速率。

糖酵解系统的底物是葡萄糖和肌糖原，产物是乳酸，不需要氧气，生成ATP较少，供能时间在2~3 min以内。

3. 有氧氧化系统

在氧的参与下，糖、脂肪和蛋白质氧化生成二氧化碳和水的过程，称为有氧代谢。有氧代谢过程释放能量合成ATP，构成骨骼肌有氧代谢供能系统。

有氧代谢反应的底物是三大能源物质，供能速度比较慢，产生的热量多，储量丰富，产物为二氧化碳和水，维持1 h以上的运动能量供应。

特别提示

人体三大功能系统并不是独立工作的，它们都参与到运动的每一个过程之中，只是在其中发挥的作用各不相同。

2.3 膳食结构与膳食平衡

食物是人体获得所需热能和各种营养素的基本来源，依据性质和来源可以分为3大类：一是动物性食物，如畜禽类及内脏、奶、蛋、鱼及其水产品等；二是植物性食物，如粮谷、油料、蔬菜、水果、薯类等；三是经由以上两类天然食品为原料而制成的各类精纯食品或者制品，如糖、酒、油等。

2.3.1 膳食结构

膳食结构是指膳食中各类食物的数量及其在膳食中所占的比重，由于影响膳食结构的因素是在逐渐变化的，所以膳食结构不是一成不变的，通过适当的调整可以促使其向更利于健康的方向发展。

1. 动物性食物为主型

谷物消费量少，动物性食物消费量大。谷物消费量人均仅 160~190 g/d，动物性食物如肉类约 280 g/d，奶及奶制品 300~400 g/d 以上，蛋类 40 g/d 左右。能量摄入 3 300~3 500 kcal、蛋白质 100 g 左右、脂肪 130~150 g，属高能量、高脂肪、高蛋白、低纤维，所谓"三高一低"膳食模式，以欧美发达国家膳食为代表。尽管膳食质量比较好，但营养过剩。

2. 植物性食物为主型

动物性食物较少，膳食质量不高，蛋白质、脂肪摄入量低，以发展中国家的膳食为代表。我国的膳食结构以谷类为主，蔬菜以及粗粮的摄入，使得人们摄入了大量的膳食纤维，因此，消化系统疾病发病率比较低。豆类及豆制品的摄入补充了一部分优质蛋白和钙。丰富的调料，如葱、姜、蒜、辣椒、醋等具有杀菌、降脂、增进食欲、帮助消化等诸多功能。

近年来，我国的膳食结构有很大的变化，居民中"富贵病"明显上升，高血脂、高血压、冠心病、糖尿病等逐年增多。也就是说，居民膳食营养结构还存在某些不良倾向。

3. 动植物食物平衡型

动植物性食物消费量比较均衡，能量、蛋白质、脂肪、碳水化合物摄入量基本符合营养要求，膳食结构比较合理，以日本人的膳食为代表。

2.3.2 膳食平衡

膳食平衡，是指膳食所含的热量适当，营养素种类齐全，数量充分，能够满足机体生理、生活、劳动等活动对营养的需要。膳食平衡泛指食物满足人体需要动态过程中的最佳状态。

1. 各营养素的合理构成

（1）热量平衡。食物供给的热量要与机体消耗的热量保持一致，保持理想体重为宜。

（2）蛋白质、脂肪与碳水化合物的比例。这三种营养素都是供能物质，它们的适当比例对于维持机体正常代谢有重要作用。一般人的膳食中，它们在总热量中的百分比为：蛋白质11%～15%，脂肪20%～30%，碳水化合物55%～70%。范围较大，可以根据具体情况适当调节。

（3）氨基酸的比例。膳食中除了含有必需氨基酸外，还需含有非必需氨基酸，两者的比例为必需氨基酸占40%，非必需氨基酸60%。

（4）氮、钙、磷的比例。根据我国的情况，成年人膳食中氮、钙、磷的比例为12∶0.66∶1。

（5）适当的植物纤维。缺乏植物纤维会使某些生理机能失调，并成为一些疾病的原因。植物纤维过多影响其他营养素的吸收，故要适量。

2. 平衡膳食的食物构成

根据我国目前一般人的膳食情况和2007年《中国居民膳食指南》，可以将食物归纳为以下几种：第一类为谷类及薯类，谷类包括米、面、杂粮，薯类包括马铃薯、甘薯、木薯等，主要提供碳水化合物、蛋白质、膳食纤维及B族维生素。第二类为动物性食物，包括肉、禽、鱼、奶、蛋等，主要提供蛋白质、脂肪、矿物质、维生素A、B族维生素和维生素D。第三类为豆类和坚果，包括大豆、其他干豆类及花生、核桃、杏仁等坚果类，主要提供蛋白质、脂肪、膳食纤维、矿物质、B族维生素和维生素E。第四类为蔬菜、水果和菌藻类，主要提供膳食纤维、矿物质、维生素C、胡萝卜素、维生素K及有益健康的植物化学物质。第五类为纯能量食物，包括动植物油、淀粉、食用糖和酒类，主要提供能量，动植物油还可提供维生素E和必需脂肪酸。

3. 膳食指南与食物金字塔

（1）膳食指南的背景与介绍。1968年，瑞典提出名为《斯堪的那维亚国家人民膳食的医学观点》的膳食指导原则，产生了积极的社会效果。世界卫生组织（WHO）和联合国粮农组织（FAO）建议各国仿效。至今，全球已有20多个国家公布了各自的《膳食指南》。《膳食指南》是根据平衡膳食理论制订的饮食指导原则，是合理选择与搭配食物的陈述性建议，目的在于优化饮食结构，减少与膳食失衡有关的疾病发生。

我国政府于1989年首次发布了《中国居民膳食指南》，在1997年4月，再次发布了修改后的新的膳食指南。2007年国家卫生部委托中国营养学会制定了《中国居民膳食指南》（2007），体现了国家对提高国民的健康素质极大关注。简介如下：1）食物多样，谷类为主，粗细搭配；2）多吃蔬菜水果和薯类；3）每天吃奶类、大豆或其制品；4）常吃适量的鱼、禽、蛋和瘦肉；5）减少烹调油用量，吃清淡少盐膳食；6）食不过量，天天运动，保持健康体重；7）三餐分配要合理，零食要适当；8）每天足量饮水，合理选择饮料；9）如饮酒应限量；10）吃新鲜卫生的食物。

（2）食物金字塔

1) 中国居民平衡膳食宝塔。平衡膳食宝塔提出了一个比较理想营养的膳食模式，所建议的食物量，特别是奶类和豆类食物的量可能与大多数人当前的实际膳食还有一定的距离，对某些贫困地区来讲可能距离还很远，但为了改善中国居民的膳食营养状况，这是不可缺的。应把它看作是一个奋斗目标，努力争取，逐步达到。

2) 平衡膳食宝塔的说明。膳食宝塔（见图2—1）共分五层，包含每天应摄入的主要食物种类。膳食宝塔利用各层位置和面积的不同反映了各类食物在膳食中的地位和应占的比重。谷类食物位居底层，每人每天应摄入250～400 g。蔬菜类和水果类居第二层，每天应摄入300～500 g和200～400 g。鱼、禽、肉、蛋等动物类食物位于第三层，每天应摄入125～225 g（鱼虾类50～100 g，畜、禽肉类50～75 g，蛋类25～50 g）。奶类和豆类食物合居第四层，每天应吃相当于鲜奶300 g的奶类及奶制品和

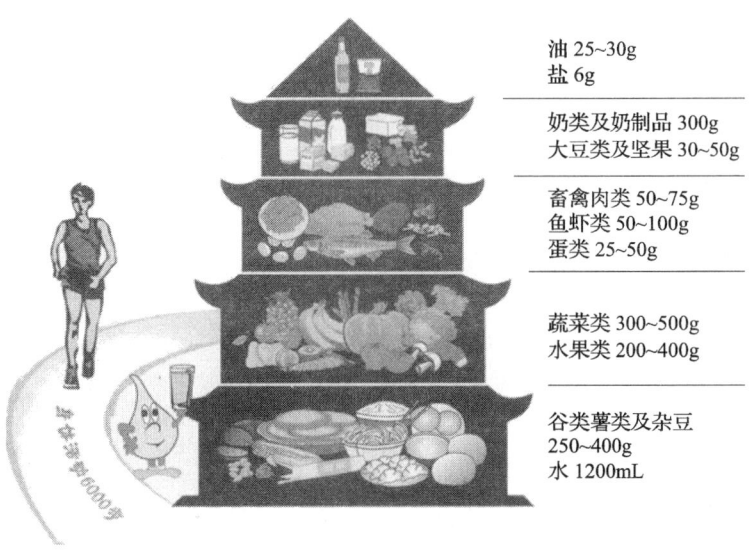

图2—1 中国居民平衡膳食宝塔

相当于干豆 30~50 g 的大豆类及坚果。第五层塔顶是烹调油和食盐，每天烹调油使用量为 25~30 g，食盐不超过 6 g。由于我国居民现在平均糖摄入量不多，对健康的影响不大，故膳食宝塔没有建议食糖的摄入量，但多吃糖有增加龋齿的危险，儿童、青少年不应吃太多的糖和含糖高的食品及饮料。饮酒的问题在《中国居民膳食指南》中也有说明。

新膳食宝塔增加了水和身体活动的形象，强调足量饮水和增加身体活动的重要性。水是膳食的重要组成部分，是一切生命必需的物质，其需要量主要受年龄、环境温度、身体活动等因素影响。在温和气候条件下生活的轻体力活动成年人每日至少饮水 1 200 mL（约 6 杯），在高温或强体力劳动条件下应适当增加。饮水不足或过多都会对人体健康带来危害。饮水应少量多次，要主动，不应感到口渴时再喝水。

特别提示

2007 年的《中国居民膳食指南》为人们日常生活饮食的最新参考标准。对于每一个锻炼者来说，还要根据其自身的情况来决定。

单吃任何一种食物都不能满足人体的营养需求，所以膳食的构成比例要合理，这样才能保证人体的发育和健康。

2.4 客户膳食结构分析与能量消耗评估

足够的水分、适当的能量摄取，即摄取蛋白质、糖类、脂肪、维生素与矿物质，能让锻炼者获得训练的最佳状态，预防运动受伤和丧失热量的情况出现。所以对客户膳食结构和能量消耗的初步了解有助于体适能教练更好地指导客户进行锻炼。

2.4.1 客户膳食结构分析

人们各自的生活地域、爱好、习惯不同而导致了人与人之间饮食习惯的差异。初步了解客户的食物组成，为合理营养和合理饮食提供科学的指导，发挥训练者最大的潜能，对体适能教练很重要。

1. 膳食调查的意义、内容及方法

（1）意义。膳食调查是了解在一定时间内调查对象通过膳食所摄取的热能和各种营养素的数量和质量，借此来评定正常营养需要能得到满足的程度。发现存在的问题，作为合理调配食谱的依据及供制定膳食营养素参考摄入量时的参考，并有助于预防、诊断、治疗营养素缺乏症。

膳食调查是营养调查工作中一个基本组成部分，它本身又是一个相对独立的内容。单独的膳食调查结果就可以成为对所调查的单位或人群改善营养和进行咨询、指导的主要工作依据。

（2）内容

1）调查对象的选择。在膳食调查前，首先需考虑调查对象的选择，调查对象包括两方面，一为点的选择，一为人员的选择，主要根据进行膳食调查的目的及人力、物力来决定，原则上应注意到代表性，也就是既能代表全面，又能包括一般与特殊。

2）调查时间与日数。调查时间由于食品供应受季节的影响很大，因此最好为一年四季，每季调查一次。在条件有限的情况下，也可选择代表性较强的两个季节调查。根据不同的调查方法，决定每次调查的日数。

（3）调查方法。所有的膳食调查方法都要取得两项资料：

◇ 在调查期间内各项食物的总消耗量。

◇ 调查期间用膳者人数、年龄、性别及劳动强度等。

由这两项资料就可计算出每人每日的食物消耗量。

膳食调查方法常用的有4种，具体如下：

1）称量法。将每日每餐各种食物的生重、熟重及食后剩余量分别称量记录，根据以上重量计算出实际摄入的各种食物的生重，将3~7天消耗的各种食物加以整理分类，再根据每餐用膳人数，求出平均每人每日食物消耗量，查"食物成分表"计算。此法适用于集体、家庭及个人的膳食调查，是比较准确的一种方法，但所需人力、时间较多。

2）记账法。根据食堂在一定时间内的账单，计算出该期间内各种食物的消耗总量，再根据入伙人数求出该期间平均每人一天所消耗的各种食物的重量，查"食物成分表"计算出每人每日所摄取的各种营养素的量。通常调查一个月，较适用于机关、学校、军队等集体伙食单位的膳食调查。此种方法比较简便，而且随时可以进行，但精确度较差。

3）询问法。通过询问了解一定时间内摄入的主副食品，据此进行估计的方法。询问对象有进膳者、膳食管理人员、炊事人员等。询问内容包括就膳人数，一定时期平均每人每日消耗食品的种类、数量、膳食费支出、就膳者的健康状况等。通常调查一周、半月或一月内的膳食，多用于个人膳食调查，也可用于家庭或大灶制的集体膳食调查。该法比较简便，但不够准确。

4）膳食记录法。制定好个人膳食调查记录表，同被调查对象说明调查目的和意义，交代清楚要填写的内容及方法，由被调查对象本人根据每餐摄入量进行记录，记录表填好后，调查者要与被调查对象见面，当面核对清楚食物的种类和数量。一般调查3~7天，适用于个人的膳食调查，该法简便易行，但结果比较粗略，该方法取决于被调查对象的合作能力，如调查对象能认真记录，此法可获得大致的结果。

2. 事例说明

用膳食记录法进行3~7天的个人膳食调查，要求被调查者按食物摄取记录表（见表2—2）认真详细记录调查期间各餐食物摄入量，然后将表2—2结果记录于食物摄取量综合计算表（见表2—3），综合计算出调查对象在调查期间的各种食物摄入量。并计算每人每日各营养素摄取量，做出初步评价。

表2—2　　　　　　　　　　食物摄取量记录表

姓名　　　　　　性别　　　　　　年龄　　　　　　民族　　　　　　职业
劳动强度　　　　食欲　　　　　　嗜好（烟、酒、茶、咖啡、饮料）

日期	餐次	主副食名称	食物种类	摄入量（生重：g）

表2—3　　　　　　　　　食物摄取量综合计算表

食品名称	每餐摄取量										合计
	①	②	③	④	⑤	⑥	⑦	⑧	⑨	⑩	

3. 摄入食物组成

平均每人每日各类食物摄入量的计算方法如下：

（1）根据总共消耗各种生的食品的重量，计算出每人每日平均消耗的各种生食品的重量。

（2）按可食部分算出平均每人每日吃进的各项食品量（净重克数），将食物按谷类、蔬菜、水果、畜禽肉、蛋类、鱼虾、豆类及豆制品、乳类及乳制品、油脂等项分类累加，计算出食物构成。

4. 营养素含量

平均每人每日热量及各种营养素摄入量的计算方法如下：

根据每人每日各类食物的摄入量查"食物成分表"，算出各项食品所含的营养素的量记入食物营养成分计算表（见表2—4）。

表2—4　　　　　　　　　　食物营养成分计算表

类别	食物名称	重量(g)	能量(kcal)	蛋白质(g)	脂肪(g)	膳食纤维(g)	碳水化合物(g)	视黄醇当量(μg)	硫胺素(mg)	核黄素(mg)	尼克酸(mg)	抗坏血酸(mg)	钾(mg)	钠(mg)	钙(mg)	铁(mg)	锌(mg)
总计																	
人均																	

[例2–1]　求500 g稻米含多少蛋白质？

解：稻米的可食部分是100%，故仍是500 g，由"食物成分表"查得100 g稻米含蛋白质7.8 g，设500 g稻米所含的蛋白质为X。

则　　　　　　　　　　$100 : 7.8 = 500 : X$

$$X = \frac{7.8 \times 500}{100} = 39 \text{（g）}$$

用同样的方法可以计算出 500 g 稻米中含脂肪、碳水化合物等各种营养素的量，将计算结果填入表内。其他食品的各类营养素含量计算方法同上。

5．膳食结果评价

膳食调查结果评价的依据主要看其是否能满足用膳者的热能及各种营养素的需求，同时要结合烹调加工方法的合理性。具体方法是将膳食调查结果与每日膳食营养素参考摄入量进行比较，作出合理评价。

评价项目：

（1）食物构成。根据我国居民平衡膳食宝塔建议的参考摄入量进行评价。宝塔建议的每人每日各类食物适宜摄入量范围适用于一般的健康人，应用时要根据个人的年龄、性别、身高、体重、劳动强度等情况适当调整。年轻、劳动强度大的人需要的能量高，应适当多吃些主食。年老、活动少的人需要能量少，可少吃些主食。

表2—5列出了三个能量水平各类食物的参考摄入量。从事轻微体力劳动的成年男子如办公室职员等，可参照中等能量膳食来安排自己的进食量。从事中等强度体力劳动者（如钳工、卡车司机和一般农田劳动者）可参照高能量膳食进行安排。不参加劳动的老年人可参照低能量膳食来安排。女性一般比男性的食量小，因为女性体重及身体构成与男性不同。女性需要的能量往往比从事同等劳动的男性低 0.8 mJ（200 kcal）或更多些。

表2—5　《中国居民平衡膳食宝塔》建议不同能量膳食的各类食物参考摄入量（g/d）

食物	低能量 （7.5 mJ/1 800 kcal）	中能量 （10.0 mJ/2 400 kcal）	高能量 （11.7 mJ/2 800 kcal）
谷类	300	400	500
蔬菜	400	450	500
水果	100	150	200
畜、禽肉	50	75	100
蛋类	25	40	50
鱼、虾	50	50	50
豆类及豆制品	50	50	50
乳类及乳制品	100	100	100
油脂	25	25	25

（2）热能及各种营养素摄入量占参考摄入量的百分比。在膳食调查资料计算后，可得到平均每人每日热能及各种营养素摄入量。将此量与 DRIs 中的 RNI 或 AI 相比较：

1）热能和各种营养素摄入量。一般认为应达到 DRIs 中的 RNI 或 AI 的 90% 以上为正常，低于 80% 为摄入不足，低于 60% 为严重不足。

2）热能和各种营养素的摄入量。不宜超过 DRIs 中的 UL。

3）热量营养素来源比。三大产热营养素的适宜供热比为：蛋白质占 10%～15%；脂肪占 20%～30%；碳水化合物占 55%～65%。

4）蛋白质来源比。在合理的膳食中动物蛋白和大豆类蛋白（优质蛋白质）应达到总摄入蛋白质的 30%～40%，最好达到 50%。

5）三餐热能比例。适宜的比例是：早餐占 30%，午餐占 40%，晚餐占 30%。

对膳食调查结果进行评价，指出膳食供给中存在的主要问题，并具体提出改善膳食供给的有效措施。

2.4.2 客户膳食能量消耗评估

1. 能量消耗评估方法

人体的各种活动按其强度大小分为几类，各类给予一定指数，然后与基础代谢相乘的积，再加上基础代谢值，即得出热能消耗值，见表 2—6。

表 2—6　　　　　　　　　不同劳动强度的指数

劳动强度	极轻劳动	轻度劳动	中等劳动	重劳动	极重劳动
指数	0.35	0.50	0.75	1.00	1.25

注：
① 以坐位工作为主的属极轻劳动。
② 一般生活活动与轻量运动属轻度劳动。
③ 机动车驾驶、体操、乒乓球、跳水、击剑、射击、马术、帆船等属中等劳动。
④ 田径、棒球、足球、曲棍球、篮球、排球、拳击、柔道等属重劳动。
⑤ 划船、游泳、马拉松、摔跤、公路自行车、橄榄球、滑雪等属极重劳动。

$$A = B + BX + (B + BX)/10$$

式中　A——日热能消耗；
　　　B——基础代谢；
　　　X——活动强度指数；

（B＋BX）/10——食物特殊动力作用。

[例2—2]　1名足球运动员，年龄21岁，身高180 cm，体重78 kg，其能量消耗的计算如下：

①足球运动属重劳动，活动指数为1.00。

②按公式计算其基础代谢，步骤如下：

基础代谢＝66.473 0＋13.751×体重（kg）＋5.003 3×身高（cm）－6.755 0×年龄（岁）＝66.473 0＋13.751×78＋5.003 3×180－6.755 0×21＝1 897.79（kcal）

③按活动强度指数法公式计算

A＝B＋BX＋（B＋BX）/10＝1 897.19＋1 897.19×1.0＋3 795.58/10

2. 客户膳食能量计算

热量的来源是碳水化合物、脂肪和蛋白质。热量来源按平均每人每日所摄入的三大营养素发热量计算（见表2—7）。

表2—7　　　　　　　　　热量营养素来源百分比

	蛋白质	脂肪	碳水化合物	合计
摄入量（g）				
产生热能（kcal）				
占总热能百分比（％）				

例如，设A、B、C分别为蛋白质、脂肪、碳水化合物的产热量。则

蛋白质产热量：　　　A＝平均每人每日蛋白质摄入量×产热系数（4 kcal/g）

脂肪产热量：　　　　B＝平均每人每日脂肪摄入量×产热系数（9 kcal/g）

碳水化合物产热量：C＝平均每人每日碳水化合物摄入量×产热系数（4 kcal/g）

A＋B＋C＝平均每人每日热量总摄入量，然后计算蛋白质、脂肪、碳水化合物所供给热能各占总热量的百分比。

$$\frac{A}{A+B+C}\times100\%＝热量来自蛋白质的百分比$$

$$\frac{B}{A+B+C}\times100\%＝热量来自脂肪的百分比$$

$$\frac{C}{A+B+C}\times100\%＝热量来自碳水化合物的百分比$$

以上结果与标准进行比较。

思 考 题

1. 膳食调查的方法有几种?
2. 简述能量消耗评估的计算方法。
3. 糖的生理功能包括哪些?
4. 简述糖的无氧代谢和三羧酸循环的意义。
5. 简述脂肪代谢的过程。
6. 水的生理功能包括哪些?

第 3 章

体适能教练员和体适能产品

完成本章的学习后，您能够：

- ☑ 熟悉体适能教练员的职业素养
- ☑ 掌握体适能产品的标准课程组成

3.1 体适能教练员

3.1.1 体适能教练员的概念

为有健康促进和运动表现提升需求的人群,提供咨询、测试、训练与服务的专业人员。

3.1.2 体适能教练员的职业素养

1. 认识自我

(1) 树立积极的心态。在体适能教练员的日常工作中会遇到种种困难,当面对困难时,首先要承认困难的存在,然后再让工作目标和动机鼓励自己,这将赋予自身足够的勇气来面对所有的难题。

保持积极的心态和饱满的热情,需要做到以下几项:

1) 始终表现精力充沛,坚持不懈训练。
2) 相信体适能产品的质量和用途,坚信它能为会员带来更好的健身效果。
3) 不惧怕遇到任何困难,坚信自己能够通过努力来达到目标。
4) 拥有积极向上的工作态度,不受他人的影响。
5) 保持乐观向上的心态,遇到挫折能够立刻振奋起来,并从中总结经验教训并继续努力。
6) 以结识他人为乐趣,让自己喜欢结识不认识的人。

7）乐于帮助他人实现目标，乐于帮助他人解决问题。

8）当别人对自己的看法表示不同意见时，要保持开朗的心态；当他人的想法比自己的想法好时，要及时地接纳。

（2）满足任职条件（见表3—1）

表3—1　　　　　　　　　体适能教练员的任职条件

内容	必备条件	期望条件
教育水平	完成九年义务教育	高中及以上学历
外表要求	五官端正，裸露部分无明显疤痕	外貌甜美/俊朗，气质佳
工作经验	拥有2年以上私教经验	拥有3年以上私教经验
技能与能力	具备相关的健身指导知识，熟悉各类健身器械的操作方法，与他人沟通能力佳	具备相关的健身和营养膳食指导知识，熟悉各类健身器械的操作方法，与他人沟通能力佳，拥有社会体育指导员国家职业资格
个性与品质	开朗、坚强、诚信、有责任感	对企业忠诚度高

2．职业形象

（1）服装

1）正确着装。健身场所员工上班时必须身着工作服（自行训练除外）、穿运动鞋（白色或黑色）。服装清洁、平整，上衣塞进裤子。工作服（上衣）不准在健身场所外任何环境穿着（活动与吃工作餐时除外）。在进入场所后5 min内必须换上工作服。

2）名牌佩戴于前胸左上方的上衣袋口处，徽章佩戴于外套衣领左上方。

3）可佩戴运动型、皮带手表，不得佩戴卡通型及其他夸张类型手表。女员工可佩戴1对耳钉，不可佩戴耳环。工作时不可佩戴有色隐形眼镜或框架眼镜。其他饰品不可外露。

（2）容貌

1）在岗时女教练的长发必须要扎成马尾辫，保持干净整洁，没有头屑，刘海不能遮住眼睛。

2）男教练为短发，长度不可及脖子，发色只可以是黑色或深咖啡色。

3）面容清洁，口气清新，无异味，牙齿清洁，鼻毛不外露。

4）男教练不油光满面，胡须必须剃净；女教练化淡妆（冷色系眼影，粉红色、橙红色唇膏或唇彩），形象清新自然。

（3）身体姿态。在岗时应始终保持良好的职业站姿，不斜靠或搭靠在墙或器械上，面带微笑，距离客人1 m处需点头问好。除示范动作外，教练员一律不得坐、卧、趴、靠在器械上。

(4) 职业礼节

1) 距离任何人 5 步之内需面带微笑并说：您好！

2) 上班、上课、例会、培训和其他与工作有关的所有活动必须准时出席。

3) 在上课过程中，将注意力集中到会员身上，严禁进行任何与课程无关的行为。

4) 上课过程中不得接打手机、发送短信或使用其他通讯工具。

3. 行为规范

(1) 职业行为

1) 健身场所内的任何区域禁止吸烟。除员工休息室外的其他区域禁止嚼口香糖。

2) 禁止在任何场所任何时间议论公司的负面事情。

3) 当教练员不在上课、销售、体测时，必须进行场地指导。

4) 无特殊情况，不得更改与会员已经约好的时间，应该提前做好上课准备工作。

5) 保证上课时间与会员一对一（60 min），上课过程中不得以任何理由离开会员，保持精神集中，保证会员安全。

6) 授课中应保持课程充满活力，每节课都安排互动式训练。

7) 保证每次训练都不重复且安全有效，授课内容应多样化，包括热身、有氧、力量、伸展及协调锻炼等。

8) 保持授课环境清洁，爱护健身设备和设施，用完健身器材后须归还原处并将使用过的器械调整到立即可以使用的状态。

9) 教练岛是俱乐部体现形象的重要位置，不可进行任何与工作无关的事情。包括聊天、接打手机、上网、看杂志等，不穿工作服不得在教练岛停留。

(2) 职业语言

1) 使用文明用语：您好，请，谢谢，再见等。

2) 使用规范的职业用语。

3) 不泄露会员的年龄、联系方式、个人隐私及身高、体重、围度等一切信息。

4) 不得在会员面前评价其他会员的身材、性格等。

5) 不得在会员面前诋毁其他教练员或其他工作人员，或者做出任何关于公司的负面宣传。

6) 与会员交谈时，注意语气、语调的轻重缓急，授课时应采用正面积极的语言鼓励会员训练。

(3) 职业态度。工作期间，保持乐观、肯定、友好的态度和良好的精神状态（与会员说话亲切，面带微笑)。

3.2 体适能产品

3.2.1 体适能产品概述

最初的体适能产品是单一的健身课程，即会员聘用体适能教练员来指导自己以改善健身效果，并由教练辅助会员训练并纠正其姿势以避免运动伤害。但时至今天，体适能产品已品类繁多，有拳击课程、瑜伽、舞蹈、普拉提、水中有氧、功能训练、运动康复等。但凡体适能教练员凭借个人的专业技能，以改善健康体适能或技能体适能为目的，以一对一的教学方式进行指导的课程，均可称之为体适能产品。

体适能教练员在为会员选择课程和制定训练方案前，应对其进行体适能测试。

根据体适能测试工具与仪器的配备，体适能测试的项目一般可有：静态心率、血压、皮脂测试、身体成分测试、身高体重比（BMI）、身体围度、肺活量、柔韧度（坐地体前伸测试）、握力、肌力、肌耐力、反应力、平衡能力、弹跳能力、心肺功能[5 min 踏台阶测试、1 英里（约 1 609 m）步行测试、12 min 耐力跑测试] 等。

体适能测试的目的是：
1. 分辨出每位会员不同的体适能水平。
2. 作为诊断会员体适能状况的工具。
3. 反映出体适能活动的进度及成效。
4. 作为激励参与体适能活动的手段。
5. 测试结果可转化为常模，作为参照。

体适能教练员必须完整、清晰、正确、公正地填写会员体适能测试结果，填写完成后要由会员与体适能教练员共同签字，并妥善保管此表，以便随时进行会员资料查询。

体适能教练员可根据会员的体适能测试结果，制定有关的训练方案，这样就能更科学、有效、安全地进行训练。以后每 3 个月进行 1 次体适能测试用于比较，以便调整训练方案。

3.2.2 体适能产品的标准课程组成

1. 前台接待

体适能教练员应提前 10 min 在前台等待会员。开始训练课程前，为会员讲解这次训练计划和要求,以使会员清楚明了,并且更有动力地投入训练。

2. 热身

训练前,安排会员进行 10～15 min 的热身运动,可根据当时的温度和训练内容进行调整。热身运动的益处有:

(1) 加强全身血液循环。

(2) 使关节囊分泌滑液。

(3) 使肌肉收缩和反应次数增加。

(4) 使作用于心脏的压力减小。

(5) 减小受伤的可能。

(6) 让会员做好运动前的准备。

3. 力量训练

(1) 力量训练的益处

1) 增强肌肉力量。

2) 增强肌肉耐力。

3) 调整姿态,保护脊椎。

4) 增加骨骼强度。

5) 美化体形。

6) 提高自信。

7) 降低受伤风险。

8) 进行日常活动更轻松。

9) 使基础新陈代谢率提高,有助消脂。

(2) 进行力量训练时的注意事项

1) 循序渐进。

2) 注意会员的饮水习惯,并给予合理补充水分的建议。

3) 注意会员是否充分热身。

4) 及时纠正错误动作。

5) 耐心教会会员正确使用器械并讲解(示范)正确动作。

6) 及时制止会员的危险动作。

7) 进行训练时应对会员给予保护。

4. 心肺功能训练

(1) 心肺功能训练的益处

1）减少身体脂肪。

2）减少心血管疾病的风险。

3）降低中风的风险。

4）降低胆固醇水平。

5）降低血压。

6）减缓紧张。

7）增加精力。

（2）进行心肺功能训练时的注意事项

1）注意会员运动过程中及结束后的身体状况的变化（脸色、呼吸等）。

2）及时发现不安全因素（如会员鞋带松动、毛巾水杯滑落、边运动边接听电话等），避免发生事故。

5. 放松

在完成当天训练后，不应让会员马上停止运动，应适当慢走一会儿，调整呼吸，让身体逐渐放松。放松的益处有：

（1）调节心率到安全值。

（2）使体温恢复正常。

（3）减少心脑血管压力。

（4）使肾上腺素恢复平稳值。

6. 预约

在训练结束后，应与会员预约下次上课的时间，以便会员的训练能更有系统地按训练方案完成，达到最好的效果，而体适能教练员的时间管理也能更有效率。

思 考 题

1. 体适能教练员该如何树立积极的心态？
2. 体适能教练员的标准课程由哪些内容组成？

第4章

客户健康评估

完成本章的学习后,您能够:

- ☑ 了解如何收集客户的健康信息和评估客户的健康状况
- ☑ 掌握如何给客户进行风险分层和医疗监督

4.1 人体健康状况评估方法

4.1.1 健康状况问卷

体适能教练员通过询问客户或让客户填写健康状况问卷来采集信息,这些问卷获取的信息能够让体适能教练员掌握客户与运动相关的基本健康情况,最终为客户制订相适应的运动训练计划并进行监督。要求客户所填写或回答的问题答案必须是准确无误的,并要求客户签订诚信书,若故意隐瞒或提供虚假信息,则在以后的运动训练活动中出现任何与之相关的意外事故都要由客户独自承担责任。

问卷的基本内容应该包括"个人基本信息""个人病史"和"与健康相关的行为和态度"3个部分,下文将分别陈述。

1. 个人基本信息

采集客户的基本信息是为了在必要时能够及时联系到客户、家庭成员或医生,一般内容如表4—1所示。

表4—1　　　　　　　　　客户个人基本信息表

姓名:	身份证号码:
性别:	出生日期:
联系地址:	联系电话:
紧急情况时要求联系的家属或朋友及其电话:	

续表

每周的工作时间（h）：
A. 不到20　B. 20~40　C. 41~60　D. 大于60

工作时间中主要（超过25%）的工作内容（可多选或自己填写）：
A. 伏案工作　B. 搬运等体力工作　C. 站立　D. 步行　E. 驾驶　F. 其他：_____

注：请客户准确无误地回答每个问题，所有个人资料都将保密。

2. 个人病史

这部分内容包括客户的病史和家庭史，这些信息能够指导体适能教练员针对性地制订适当的运动训练计划，并确定对客户进行相关知识教育的具体内容。一般内容如表4—2所示。

表4—2　　　　　　　　　客户个人病史表

最近一次到医疗机构进行医学体检的日期：
最近一次体适能测试的日期：

若进行过以下部位的手术，请选择：
A. 颅脑（神经）　B. 五官（眼科、口腔科、耳鼻喉科）　C. 颈部
D. 肺部　E. 背部　F. 骨关节　G. 心脏　H. 肾脏　I. 疝气
J. 其他：_____
手术日期是：_____
必要时请详细描写手术名称：_____

如果有以下疾病已被确诊，请划出，是否正在接受治疗：_____		
糖尿病	肾脏疾病	贫血
中风	精神疾病	癫痫
颈部劳损	哮喘	眼部疾病
肥胖	腰部劳损	痛风
静脉炎	出血倾向	听力缺失
各类关节炎	慢性支气管炎	心脏疾病
肺气肿	癌症	高血压
甲状腺疾病	肝硬化	低血糖症
消化道溃疡	震荡伤	高血脂症
感染性疾病		
其他：_____		

续表

如在 6 个月内服用过下列药物，请划出：

血液抗凝剂或稀释剂 抗癫痫药物 硝酸甘油

治疗糖尿病药物 抗心律失常药物 洋地黄类

治疗高血压药物 利尿剂 胰岛素

其他：_____

是否出现下列症状，请划出并选择频率：

(1 = 几乎没有；2 = 很少有；3 = 有时有；4 = 频繁；5 非常频繁。)

咯血：1 2 3 4 腹痛：1 2 3 4 腰背痛：1 2 3 4

腿痛：1 2 3 4 胸痛：1 2 3 4 肩臂痛：1 2 3 4

眩晕：1 2 3 4 虚弱感：1 2 3 4 关节肿胀：1 2 3 4

轻度活动即感气急：1 2 3 4 心悸或者心跳过快：1 2 3 4

一般活动即引起严重疲劳：1 2 3 4

3. 与健康相关的行为和态度

通过这部分问卷可以了解客户与安全和健康有关的行为、与健康生活有关的态度。体适能教练员可以帮助客户改变不良行为，建立有利于运动训练和健康的生活方式。具体内容如表 4—3 所示：

表 4—3   客户健康相关行为表

是否吸烟：	每天吸烟的数量：_____ 支
是否经常运动：	
每周一般有 _____ 天进行累计 30 min 以上的中等强度运动	
每周一般有 _____ 天进行 20 min 以上的剧烈活动	
是否能够轻快步行 6.5 km 而不至于疲劳：	
是否能够以适中的步伐持续慢跑 4.8 km 而不至于产生不适的感觉：	
现在的体重：_____ kg	
1 年前的体重：_____ kg	
21 周岁时的体重：_____ kg	
请列举您认为对您的运动训练有影响的却没有出现在本表中的行为或事件，必要时请详细描写：_____	

特别提示

和客户交流获取资料的时候应选择相对隐私的场所，并耐心和客户解释，否则客户会碍于面子等因素有所保留。

4.1.2 体适能测试

体适能是指个人能力除足以胜任日常工作而历久不疲外，还有余力去享受休闲，并能应付突如其来的变化及压力的身体适应能力。可视为身体适应生活、运动与环境（例如温度、气候变化或病毒等因素）的综合能力。美国运动医学学会认为体适能包括"运动体适能"和"健康体适能"。

运动体适能主要包括：速度、反应、爆发力、协调性、灵敏性等素质，这是运动员为在竞技比赛中夺取最佳成绩所追求的体适能。

健康体适能主要包括：心血管耐力、体脂成分、肌肉力量和耐力、柔韧性等素质，这是一般人为了促进健康、预防疾病并提高日常生活、工作和学习效率所追求的体适能。它通常可理解为人体建立在健康的体能及健康的适应能力基础上所具有的一种综合能力。培养及保持健康的体适能是健身的重要目标。

1. 心率、血压测试

心率是指心脏每分钟跳动的次数，正常成年人安静时的心率有显著的个体差异，平均为75次/min，波动范围为60~100次/min。心率可因年龄、性别及其他生理情况而不同。测量方法主要是用手指指腹触压体表动脉波动点或是通过听诊器听心音，在健身房测量时建议在受试者安静状态下用触压桡动脉的方法，测试时间不低于30 s。若受试者的心率平稳，可以测试30 s，再乘以2得到每分钟的心率；反之，若受试者的心率不平稳，变化较大，可以收集2~4 min的心率总和，除以分钟数得到每分钟平均心率。

血压指血管内的血液对于单位面积血管壁的侧压力，即压强。由于血管分动脉、毛细血管和静脉，所以，血压也就有动脉血压、毛细血管压和静脉血压。通常所说的血压是指动脉血压。当血管扩张时，血压下降；血管收缩时，血压升高。心室收缩，血液从心室流入动脉，此时血液对动脉的压力最高，称为收缩压。心室舒张，动脉血管弹性回缩，血液仍慢慢继续向前流动，但血压下降，此时的压力称为舒张压。血压的正常范围是：收缩压≤140 mmHg，舒张压≤90 mmHg。一般是在受试者安静状态下用水银血压测试仪或是电子血压测试仪对受试者进行测试。

2. 运动体适能指标测试

体适能主要包括：速度、反应、爆发力、协调性和灵敏性，如果有条件可以进行测试，具体方法可参阅本书体能评估部分。

4.2 体适能教练员的 MATER 技术

4.2.1 MATER 的概念

体适能教练员使用个人方法来预估、激励、教育和训练顾客，并考虑到客户的健康和健身需求。体适能教练员设计安全有效的运动程序并为客户提供指导，以帮助客户达到个人的锻炼目标。另外，体适能教练员在紧急情况发生时会做出恰当的反应。根据对专业领域知识的认知，体适能教练员在适当的时候把客户委托给其他健康护理专家。客户咨询和健康评价的目标是和体适能教练员的教授范围完全一致的。首字母缩写词为 MATER 的 5 个英文单词，可以很好地描述体适能教练员的规则和责任。

4.2.2 MATER 的组成

体适能教练员的 MATER 技术是要求体适能教练员要：

1. 激发客户的表现和服从度（Motivate）

体适能教练员通过表扬客户的锻炼表现和成果，激发客户的成就感。同时客户也会因为成绩的提高而对体适能教练员产生信赖，进一步服从体适能教练员的训练安排和计划。

2. 评估健康状态（Assess）

通过收集客户的各方面基本信息，了解客户目前的生活习惯和规律，评估客户的健康状态，为客户制订出更合理的训练计划。

3. 安全有效地训练客户以完成个人目标（Train）

通过和客户的交流和配合锻炼，激励客户完成先前设定的训练任务，达成个人健身目标。使得客户不仅在身体上有了质的飞跃，意志力也得到磨炼。

4. 教育客户成为见多识广的消费者（Educate）

除了对客户进行身体和意志力的训练，还要向客户介绍相关的健身知识和流行的训练形式。使得客户在训练之余得到放松，也使得客户开阔眼界，增加与体适能教练员之间的交流，产生信任。

5. 必要时将顾客委托给健康护理专家（Refer）

若客户在参与训练之前、过程中或训练后产生身体或心理上的不适，且长时间不能得到缓解，必要时要将客户委托给健康护理专家。

4.3 客户咨询和健康评估

4.3.1 客户健康历史问题

在 4.1 中介绍了人体健康状况评估方法，通过健康问卷法，收集到了一些客户的相关信息，本节将告诉体适能教练员哪些因素将会影响到对运动训练计划的具体内容的制订。

1. 健康影响因素等级

在体适能教练员全部接手客户的运动训练之前，最重要的是确认客户在参加训练之前是健康的或是在医学上理论上是可以参加运动训练活动的。如果觉得客户的身体并不太适宜参加训练，或是出现不能确定的情况，必须请客户到医院就诊并要求医师证明是否可以参加运动训练，可以承受何等运动训练强度，有无特殊情况的限制等，切不可个人妄自作出判断。

对于体适能教练员而言，比较重要的健康影响因素可分为低危、中危、高危3个等级，表4—4中列举了一些例子：

表4—4　　　　　　　　低危、中危、高危健康影响因素

高危	先天或后天的心脏病、冠心病、心肌梗死、瓣膜疾病、血管粥样硬化、动脉夹层瘤、脑血管畸形、中风、脊髓损伤、癫痫、肺气肿、慢性阻塞性肺炎、间质性肺炎、尘肺病、肺脓肿、肺不张、肺结核、急性或慢性肾衰竭、肠癌、小脑共济失调、骨折、骨裂、骨肿瘤、骨髓炎、肌腱断裂、韧带断裂、强直性脊柱炎、肝炎、肝癌、肝硬化、肝脓肿、门静脉高压症、血胸、气胸、肺癌、颅脑损伤或慢性疾病、输尿管结石等
中危	截瘫、帕金森病、消化性溃疡、哮喘、支气管炎、肺炎、肾炎、创伤性关节炎、脂肪肝、胆结石等
低危	静脉曲张、偏瘫、食管反流病、肠炎、便秘、关节退行性病变、脊柱侧弯、胆囊息肉、胆囊炎、肾结石、膀胱结石、尿道损伤、膀胱炎等

 **特别提示**

如果有可能，请客户携带自己的过往病例。

2. 心血管疾病发病史

在运动时，首先接受考验的就是循环系统，所以，心血管出现的疾病会直接影响到运动训练计划。有心脏疾病的客户中，只建议体适能教练员接受病情稳定性的慢性心脏病或心绞痛客户，并且要求客户随身携带急救药品，此外还要求客户签订安全协议书；在制订其训练计划时要从轻度训练量缓慢增加至中等训练量，不可逾越中等量，因为客户或许已经有了实质性的心脏功能损害，不可去触及客户的耐力极限。其他有如冠心病、心肌梗死、瓣膜疾病、血管粥样硬化、动脉夹层瘤、脑血管畸形、重度的静脉曲张等疾病的客户，原则上不可接收。

3. 骨骼与肌肉伤病史

一般的骨折康复时间如表4—5所示，但是客户若是骨折以后的病人，作为体适能教练员，不能独自只凭借表中的时间来确定客户是否完全康复或是能否参加运动训练。

表4—5　　　　　　　　　　骨折康复时间表

骨折类型	时间（周）
锁骨骨折	4~6
肱骨外科颈骨折	4~6
肱骨干骨折	4~8
肱骨髁上骨折	3~6
尺、桡骨干骨折	6~8
桡骨远端骨折	3~6
掌、指骨骨折	3~4
股骨颈骨折	12~24
股骨转子间骨折	7~10
股骨干骨折	8~12
髌骨骨折	4~6
胫腓骨干骨折	7~10
踝部骨折	4~6
趾部骨折	4~6

首先，体适能教练员要请客户出具完全康复的诊断书以及可以参加运动训练计划的证明。若不便得到，体适能教练员可根据两种方法做出判断：

（1）在骨折康复时间表的时间基础上根据客户的恢复能力再加1~2个月。

（2）体适能教练员通过观察客户骨折处现状判断并记录，且要求客户签订协议。

相关链接

骨折以后的病人，由于一段时间的绝对卧床休息，肌肉会发生失用性萎缩，肌肉的耐力和绝对力量都会降低。所以骨折处呈骨性愈合之后的前期应该进行康复工作。若客户理解，原则上要建议客户先到医疗单位进行功能康复锻炼。若客户执意参加锻炼，则要绝对从轻度、轻量开始，以代替早期的功能康复锻炼。

体适能教练员要加长客户骨折的康复时间，并绝对从轻度负荷开始训练，适应期为1个月，若无异常方可慢慢恢复客户受伤前的训练量。体适能教练员在记录客户的现状时，要具体描写如下内容：骨折处是否有异常、畸形、红肿，皮肤是否完整，骨折处是否有压痛、纵向叩击痛，骨折远端感觉是否良好、有无异常，骨折处及相近的上下关节活动是否有改变、是否有异常活动、是否活动受限。体适能教练员要如实记录以上内容，并要求客户签字证明信息真实有效。若以上内容均无异常，可考虑接收此客户，在制订计划时还是要从轻开始，第一周期要求维持1个月以上。反之，若存在任何异常因素，体适能教练员切不可盲目接收，而是要建议客户到医疗机构进行康复锻炼，待功能完全康复再参加训练。

骨骼周围的软组织轻度伤，如肌肉、肌腱和韧带受伤，一般恢复期是3~4周（视情况需要固定休息），要求体适能教练员在此基础上加1~2周再恢复锻炼，同样是从轻开始。若出现肌肉、肌腱和韧带的撕裂、水肿，甚至完全断裂，则要求体适能教练员立刻终止客户的训练计划，并让客户到医疗机构就诊。

特别提示

出现肌腱断裂、距骨骨折、股骨颈骨折、股骨头脱位的客户，即使达到临床康复时间，建议6个月内也不应接收，此类客户不适宜进行运动训练。

4. 眩晕史

眩晕是一种很大的危险因素，若客户自述有眩晕史或在健身场所出现眩晕现象，要求体适能教练员一定要终止训练，并嘱咐客户到医疗机构就诊，在未查明眩晕原因之前不再接收。待医疗机构有明确诊断以后，再根据实际情况判断是否继续执行训练计划。

4.3.2 客户健康风险因素评估

在了解了一些医学相关的健康影响因素以后，作为体适能教练员还要对客户的一般情况做了解，如家族史、个人生活方式、膳食状况、精神压力等。只有完全掌握客户的生活习惯，才有助于体适能教练员管理客户的训练并制订出最合适的计划。

1. **家族遗传病史**

家族遗传病史是指从客户本人算起，上3代和下3代（若有）的寿命、逝世原因、疾病史、遗传病史等，记录这些信息并作为参考来判断客户的自身情况。

2. **个人生活方式评估**

要求客户提供自己的生活作息时间及方式，如起床时间、休息时间、用餐次数、用餐时间、工作时间、工作性质等。收集并记录以上信息作为参考指标来制订客户的训练量和强度；同时也可以纠正客户不良的生活方式，为更好地进行训练做基础。

3. **个人体力劳动评估**

要求客户描述个人工作性质、工作时间、乘坐的交通工具、正在坚持的体育运动项目、每周及每天的运动时间、运动强度等信息，记录并作为参考指标来制订客户的训练量和强度。

4. **个人膳食状况评估**

体适能教练员可以要求客户以填写表格或是口述的形式提供每天的膳食信息。在进行运动训练时，由于机体对营养和能量的需求量急剧升高，客户的膳食变化也应作为训练结果的参考内容，如参加运动之前和之后，每天饮食量的改变等。同时，指导客户在进行训练之后能够及时且正确合理地补充能量和营养，也可以帮助客户纠正不良的饮食习惯。

5. **个人精神压力评估**

体适能教练员在与客户交流，获取客户个人信息的同时，应该观察客户的精神面貌和态度。良好的精神面貌和态度对训练成绩的快速提升有很大的帮助，也有助于体适能教练员对客户的监督和指导。反之，在健身场所之外的生活、感情或是工作的压力和消极的态度会磨灭客户的运动积极性，也是健身场所的危险因素。因为这些不利的情绪会影响客户在完成规定动作时的主动性，也导致客户的注意力不集中，成为安全隐患。所以体适能教练员要主动积极地调动和感染客户的情绪，让客户在健身的同时有愉悦的心情，也培养了客户与体适能教练员的良好感情和信任。

6. 初步风险分层

进行初步风险分层的目的是根据年龄、健康状况、个人症状和冠状动脉风险因素的信息，为了更好地做出决策而把人分到 3 个风险层中的一个。表 4—6 提供了风险分层的标准。用任何单一的指导方针或方法来处理所有风险可能产生的潜在状况基本是不可能的，但是，体适能教练员需要通过评估从初步健康评价鉴定过程中得到的信息，把不同的人分到 3 个危险层中的一个。

表 4—6　　　　　　　　　　　初步风险分层标准

低风险
◇ 无症状并且小于 45 岁的男性
◇ 小于 55 岁的女性
中等风险
◇ 年龄较大的人（大于 45 岁的男性、大于 55 岁的女性），心脏、外周血管或者脑血管有疾病，在休息或者轻微运动中呼吸不畅
◇ 晕眩或者晕厥
◇ 端坐呼吸或者突发性夜间呼吸困难
◇ 踝关节水肿
◇ 心悸或心动过速
◇ 间歇性跛行
◇ 已知心杂音
◇ 不寻常的疲劳或者日常活动中的呼吸不畅
高风险
◇ 具有心肌梗塞、冠状动脉重建术的征兆/症状
◇ 有已知心血管疾病
◇ 肺部的疾病（慢性阻塞性肺病、哮喘、间质性肺病或者囊性纤维化[1]）或者新陈代谢的疾病（糖尿病类型 1 和类型 2）
◇ 甲状腺失调症、肾脏或者肝脏疾病

注：1. 参见美国心血管和肺部复原协会，1998，肺部复原项目指导，第二次修订。（Champaign, IL: Human Kinetics, pp. 37 – 112）

【案例 4—1】　Ralph D. 是一个久坐式的 36 岁男性工具及模组工程师。他的父亲在 70 岁时从心脏病中活了下来。Ralph 报告说他的血压是 136/86 mmHg，他的总脂肪含量是 250 mg/dl，HDL 是 45 mg/dl。他最近的 BMI 指数被测定为 30，他的臀围是 40 in（约 102 cm），他的腰围是 47 in（约 119 cm）。Ralph 没有任何疾病征兆和症状，并在 7 个月前戒烟。请对 Ralph 的健康情况进行评估，分析他属于哪个风险层。

分析：对这种情形的评价结果是 Ralph 现在有 3 种冠状动脉风险因素、高胆固醇（总胆固醇量大于 200 mg/dl）并且过度肥胖（腰围大于 39 in 或者 100 cm，BMI 值为 30）。所以 Ralph 将被分到中度风险这一层。

体适能教练员通过风险分层决定是否适合训练这个人，或是向医师咨询其是否有体检合格证。

7. 体适能教练员的医疗监督建议

表 4—7 提供了美国运动医学大学（ACSM）对参与运动测试的受试者的当前医疗检查和运动测试的建议。

对医疗检查和运动测试的指导方针和建议与对低、中、高风险的初级风险分层相互作用，是为了帮助使用者更好地理解和解释建议的指导方针，表 4—7 呈现并解释了和医疗检查与运动测试相联系的因素。

表 4—7　　对参与运动测试的受试者的当前医疗检查和运动测试的建议[1]

	低风险	中等风险	高风险
对当前医疗检查的建议			
中等强度运动[2]	没必要	没必要	建议
大强度运动[3]	没必要	建议	建议
对运动测试的建议			
次于最大的测试[5]	没必要	没必要	建议[4]
最大的测试[6]	没必要	建议	建议

注：1. G. J. Balady，B. Chaitman，D. Driscoll 等. 建议给心血管检查、安置职工和健康/健身设施紧急政策. 美国运动医学协会，1998. 体育和运动科研 30：1009～1018。

2. 中等强度运动是指为对大多数健康成人大概 3～6 METs（新陈代谢量）的运动或者以 3～4 mile/h（约 5～6.5 km/h）轻快行进。但是，3～4 mile/h 可能被一些久坐式的上年纪的人认为是"难"或"相当难"。如果知道一个人的运动能力，相关的中等强度运动能被解释为 40%～60% 最大摄氧量的运动强度。

3. 大强度运动被定义为大于 6 METs 的运动。如果知道一个人的运动能力，大强度运动能被解释为大于 60% 最大摄氧量的强度。

4. 当运动测试对医师的要求是"建议"时，医师必须在附近并对紧急需求有随时的准备。

5. 次于最大的测试是一个非诊断的实践预估，指有方便的、易执行的、一般不需要最大努力的实地测试。这些步骤通常由有资格的体适能教练员执行。

6. 最大的测试一般需使用特定诊断设备的临床情况完成以预估个人通过最大努力能达到的功能性能力。测试相对复杂，并且用直接测量来预估生理学的反应。因为心脏并发症的高风险性，医师要对这些测试进行监督。

思考题

1. 体适能教练员可以通过哪些途径和方法获取客户的基本信息？
2. 对于体适能教练员而言，客户的哪些基本信息比较重要？
3. 获取客户基本信息的意义是什么？

第 5 章

体适能教练员的沟通技巧与协议签订

完成本章的学习后，您能够：

- ☑ 了解客户的行为改变模式
- ☑ 了解如何帮助客户设定目标
- ☑ 了解沟通技巧在与客户的交往中的应用
- ☑ 了解体适能教练员所扮演的角色
- ☑ 掌握如何制订并签订体适能教练员与客户的各种相关协议
- ☑ 掌握体适能教练员应该规避的法律风险

5.1 客户行为改变模式与体适能教练员的沟通技巧

体适能教练员在与客户沟通的过程中，承担着多重身份，亦师亦友。如何在沟通中掌握客户的真正目的，分析所需的实际帮助，设定切实可行的计划目标，选用合理的咨询技巧等，是大多数体适能教练员所面临的实际问题。

相比指导客户训练，帮助客户改良他们的行为以维持良好的完整健康五维要素(the five dimensions of wellness) 是体适能教练员面临的更重要的问题。而这些生活行为的改变，如戒烟酒、控持体重、保持良好的饮食习惯、减缓压力、培养良好的运动习惯等，都有一些行为改变过程的共通性。科学家们已经归纳出许多行为模式，用以解释人们的行为改变及其动机。在众多理论当中，本章将通过行为阶段性改变模式理论理解客户健身行为背后的动因。

5.1.1 阶段性改变模式

1. 改变模式的五个阶段

阶段性改变模式理论主要是说明在不同的时期人们行为改变的动机各有不同，属于心理范畴。行为改变模式被用于解释人们如何利用心理历程的改变来增进身体活动，而此模式也渐渐为大众所接受。它解释了为何人们在是否改变行为面前会有不同的选择。比如有些人完全没有意识到应该改变自身的行为（至少目前没有意识到），而有些人虽有相当的动机进行立即的行为改变，但却需要监督和协助才能够保持。大体而言，行为改变可分为以下 5 个阶段：

（1）第一阶段——意图前期（pre-contemplation）。此阶段，人们没有考虑任何的行为改变（例如是否开始运动），通常是没有动机、拒绝与回避的态度（例如一旦谈话中提及运动相关的内容就会借口转移话题）。很显然，他们也未准备好去做改变，甚至拒绝承认行为改变的需求。基本上，意图前期的人群几乎不了解运动所能带来的益处，在众多的运动益处中，他们最多只知道极少的例子。除此之外，他们还会举出很多逃避运动的理由（例如运动流很多汗、要买新鞋子、没时间、会受伤等看起来很牵强的理由）。由于现今社会的人们大多有久坐的生活习惯，也明显对于运动缺乏兴趣，因此如何吸引此类人群对运动产生兴趣，并将其转变至下一个阶段，将是体适能教练员面临的一大挑战。

（2）第二阶段——意图期（contemplation）。在这阶段，人们会认真思考行为的改变。他们通常会意识到行为改变的好处，但是对于何时、如何开始改变仍然尚未准备。他们可能会开始谈论与运动相关的话题（例如减重），或想参与一些运动课程，但是仍然停留在思考当中，没有采取任何行动。

（3）第三阶段——预备期（preparation）。在此阶段，人们会借由一些相当小的行为"准备"改变自我的行为。他们有可能打电话到运动健身俱乐部询问如何加入，或是买一些运动健身影像资料来看，或者甚至于买一些运动器材放在家中，这群人通常会在很短的时间内开始进行运动。

（4）第四阶段——行动期（action）。在这个阶段中，人们开始积极地去改变他们的行为。研究显示，一开始的 6 周到 6 个月之间是建立运动习惯最艰难的阶段，在这阶段很容易因为某些因素而放弃，有 50% 的新运动者在前 6 个月中就放弃身体训练计划，原因可能是因为没有循序渐进，初始阶段太艰苦；或者在开始的阶段以为能很快地达成目标；还有许多人在刚开始阶段并未准备好完整 6 个月的运动目标。所以，这个阶段体适能教练员要提供给客户快乐的开始，培养他们的兴趣，帮助客户设立合适的实际运动目标，以建立自我效能（建立内在自我信心来完成自订的目标）。

（5）第五阶段——保持期（maintenance）。在这阶段必须要维持长期、持续进行新运动行为的心态，并且成功地将这项运动习惯行为融入日常生活当中。

用另外一种方式来定义有关身体活动行为改变的 5 个阶段如下：

◇ 阶段一——不活动，没想要积极从事运动。

◇ 阶段二——不活动，但正思考更积极的行动。

◇ 阶段三——从事某些身体活动（但未达 ACSM 建议的阶段）。

◇ 阶段四——从事足够的身体活动（已达 ACSM 建议的阶段，但未达 6 个月）。

◇ 阶段五——将身体活动变成一种习惯，且这种习惯需维持 6 个月以上。

行为改变模式的各个阶段是一种持续性的行为变化，人们通常在这几个阶段反反复复，而这个过程并非呈线性的模式，成功对于某些人而言可能要经过多次的努力。有时也会有第六阶段"终止"，这个阶段有可能与身体活动无关，例如自我警觉（vigilance）也是一种养成身体活动习惯的方法。研究显示体适能教练员必须要根据行为改变阶段模式来辨别客户处于哪一种动机模式阶段，明了他们处于哪个阶段，才可适时地给予他们正确的回应与知识。例如：给予处于阶段一的客户一些适合第五阶段的讯息或知识，可能会反而增加他们厌倦与拒绝行为改变的可能性。

2. 不同时期的处置策略

建议体适能教练员对不同时期的客户采用不同的处置策略，如下：

（1）第一阶段——意图前期。鼓励这阶段的人开始去思考他们的行为改变，并与他们讨论改变后的利与弊，讨论从事运动的阻碍有哪些，协助他们设定新的行为目标。

（2）第二阶段——意图期。鼓励这阶段的人逐步开始新的运动行为，并阅读运动相关信息，观察其反应，考虑客户的个人喜好，请客户列举一两位给予他支持的人，并以其他成功达成目标的人为榜样，建立他们的自信心。

（3）第三阶段——预备期。鼓励这阶段的人增加一些新运动的尝试，要持续达到建议的时间长度，让他们了解从事新运动时所会遇到的阻碍，使用一些目标设定方法，使用自我控制的方法，并创造良好的运动环境给客户。

（4）第四阶段——行动期。持续将新的运动行为融入生活中，设定短期目标，尝试新的活动，讨论怎样预防再度停止运动，给予适当的回馈。

（5）第五阶段——保持期。避免未来会遇到的停止运动的问题，让客户学习享受新活动，避免无聊感，从事多样化的活动，当客户达成目标时给予一些奖励。

大多数人不喜欢运动的原因集中在因为负面信息而产生恐惧和有过不好的运动体验等。想要知道客户究竟会因为什么问题而停止运动，可以直接询问他们阻碍运动的问题是什么，并与他们共同寻找解决这些问题的方法。通常的问题不外乎就是缺乏时间、要花很多体力以及缺乏兴趣。运动比起其他活动而言是需要更多的时间与体力。对于一些比较忙碌没有时间运动的人，可以鼓励其在日常生活当中融入较多动态活动。可以建议这些没有运动习惯的人走楼梯而不要搭电梯，在工作间歇时间做一些伸展运动，或是多走几条街以消耗热量等。短时间的运动（如一大早抽点时间运动，或是在看晚间新闻的同时做一些徒手的动作）也可以帮助这些没有时间的客户多运动。有很多客户并没有用心在达成目标，有些则不喜欢流汗与燥热，运动完要花时间淋浴也可能是让他们不愿意运动的原因。对于一些人，特别是在意图前期的人，连简易的运动都无法提起他们的兴趣，因为运动的无聊感已在他们心中根深蒂固。运动阻碍也同样存在于健身中心，会员不知如何使用器材、有氧教室安排的课程时间不方便、健身教练的训练不足等，都会造成会员在运动上受到影响。

其他已被证实的开始运动前的担忧还包括：缺乏运动可持续性、运动花费、沮丧与疲惫、多重健康问题、害怕受伤、体能不佳以及长久以来的坐式生活习惯。另外，缺乏自我效能也是一种阻碍，人们不太相信自己可以去运动，或者觉得自己太重、太老或身体不协调。在这些例子当中，体适能教练员的任务就是帮助客户去辨别阻碍，解决问题，来支持客户渐渐朝正向改变。

5.1.2 客户的目标设定

1. 目标形态

帮助客户设定适当的目标在协助他们达成行为改变中十分重要。在此有两种目标形态：接近式目标（approach goals）以及避免式目标（avoidance goals），其中接近式目标似乎有比较多正向的结果，因为正向结果被强调，通常会唤起愉快的记忆，例如，每天夕阳西下时散步。而避免式目标在达成目标的过程中可能会带来焦虑、沮丧以及消极的体验，例如，整个月之中都不吃任何甜食。

2. 目标设定的 SMART 系统

目标设定的 SMART 系统已经成为一种热门的方法。SMART 由以下的几个单词所组成：特殊性（specific）、量化性（measurable）、行动导向（action-oriented）、实际性/相关性（realistic/relevant）、时间性（timed）。

（1）特殊性（specific）。有定义的、特定的目标（例如"我想减掉 10 kg 体重"或是"我想让我的肩膀与手臂的曲线明显一些"）比较容易聚焦，比模糊不清的陈述要好（例如"我要保持好身材"）。

（2）量化性（measurable）。帮助客户定义量化的具体目标，它必须是清楚可达成的，并因此而促进客户的行为动机。另外，体能评估是收集基本数据的理想方法，接着在进步的过程中再评估，用于证明其进步的幅度。因此，整体目标系统中必须至少有一个目标可以测量，且能够重复测量以显现出进步的成果。

（3）行动导向（action-oriented）。当选定目标时，请写出详细的计划，包括哪几天、什么时间、执行期时长以及强度。

(4）实际性/相关性（realistic/relevant）。选定切合实际且恰当的目标是确保客户成功达成目标的关键。可达成的目标决定了客户的成功与否。

(5）时间性（timed）。时间标杆是一种很好的激励因素。有目标时间后，客户可以依照时间点来为达成目标而努力，并在遇到挑战时克服困难。

一般而言，对于状况不好或是毫无动机的客户，2 周或是更短时间的短期目标设定比长时间的目标设定好。因为这样可以增加他们的精熟度与自我效能。例如，客户目标是为了燃烧更多的热量，为了让其更积极，可以仅设定 1 周的目标（例如这周去健走，时间是周一、周三、周五的早上七点半开始，走20 min）。当下次见到客户时，可以问他是否完成了所设定的目标，接着再给其设定下周的新目标。另外，尽可能将多项目标设定在单一课程中有效率地完成。举例而言，在设定跑步机的时间时可以设定 22 min 取代 20 min，或者是多做一些腹部屈曲的动作或多做一项 5 s 的稳定训练。如此一来，随着一组一组、一周一周地逐渐增加训练，将可以协助客户达到其所设定的目标。

一个好的目标设定应该具有挑战性，而且是可行的。挑战的定义通常是因人而异的。初学者客户应该设定比较简单的挑战，而已经具有经验的运动型客户则需要难度较高的挑战以维持其动机。当然，发现客户的需求及为什么他们这样想是相当重要的。体适能教练员务必运用所学的最佳沟通技巧去了解所服务的客户的感受、对生活形态改变的想法，以及他们所认为有效的目标。

设定目标时应避免不切实际或过度浮夸的目标。有许多客户会被营销企划人员所宣称的"四周内让您焕然一新"等营销或宣传手法所吸引，但他们终将发现他们无法达成这些不合实际的目标并放弃。

最后，体适能教练员一定要记录客户的目标并追踪他们的进展，当客户了解到自己的成功与进步时将会非常满意。

5.1.3 沟通技巧

在深刻了解客户行为改变模式与合理的目标设定方法之后，良好的沟通对于体适能教练员接下来的工作进行显得尤为重要。对许多客户来说，良好的沟通方式比起教练本身有健美的身材、丰富的经验、专业的知识背景等有时都还来得更重要。成为一位好的沟通者是一个重要的生活技能，教练要以开放、诚信、肯定与和善的态度与客户沟通。良好的沟通方式能减轻个人压力和周遭的压迫感，良好的沟通也能同时帮助了解客户的现状，并依据客户状况给予最恰当的运动处方，以得到最佳结果。

1. 提问

体适能教练员应向会员提问并认真倾听他们的回答。体适能教练员必须通过提问发现会员的目标和动机。正确的提问能让会员自如地谈论他们的目标、动机和担忧。

体适能教练员可以使用开放式和封闭式两种提问方法，其形式和优缺点见表5—1。

表5—1　　　　　　　　　　　　提问形式和优缺点

类型	通常的开头方式	优　　点	缺　　点
封闭式提问	是不是…… 有没有…… 是否…… 哪个/哪些…… 对不对……	1）跑题时用来控制谈话内容 2）使会员做出选择 3）确认、明确会员的意思 4）尽快得到相关信息	1）易使谈话陷入僵局 2）得到的信息量太少 3）过于生硬
开放式提问	谁…… 什么…… 在哪儿…… 什么时间…… 为什么…… 怎么……	1）鼓励会员提供更多信息 2）使自己免于陷入被动 3）提醒会员对回答做出解释 4）缓和气氛	难以预知回答的结果

2. 倾听

倾听和提问一样重要。通过倾听会员的说话内容可以了解他们的感受和意图。会员会用面部表情、眼睛和身体语言告知他们的感受。例如，如果会员向体适能教练员探身或点头表示同意，这通常是一个积极的信号；如果他们两手交叉、皱眉、后退或者看起来精神不集中，就表示对体适能教练员的话不感兴趣。

全神贯注地倾听可以让客户感受到完全的支持。当较好地使用倾听技巧时，客户就能感受到被尊重、被了解以及他们反映的意见被重视。可以试着练习专注行为（attending behaviors）来帮助客户感受到在沟通中的诚意，这些专注行为可以包括口语与非口语的行为。

（1）积极倾听的一些专注行为

1）使用开放式的身体语言。深呼吸，让身体放轻松，面对客户时，身体应采用稍微前倾的角度，坐的高度则是眼睛的位置大约与客户眼睛的位置差不多为好，腿和手臂不要交叉。

2)维持眼神的交视,放松地集中注意力在客户身上,避免眼神闪烁,让客户感觉到安全。

3)花时间去倾听,要有耐心。

4)对于即将执行的计划或客户的响应不要存太高的期望或恐惧。

5)多采用一些鼓励语句以让客户知道有在听他们说话且想听更多(例如"我了解""真的吗""ok"等),这对女性客户们特别有效。

6)适当地做一些笔记,不时点头和微笑。

7)减少无谓干扰,找出一个不会受到其他人员或电话干扰的地方。

(2)积极倾听的常见障碍。以下是一些让人无法积极倾听的常见障碍,这些行为会影响沟通的效果。

1)比较(comparing)。总是进行比较,注意客户中谁的身材比较好,谁比较聪明,谁的情绪比较健康,谁比较可怜等。如果总是围绕这样的比较,将无法真的听到或了解客户。

2)排演(rehearsing)。假如只是机械地按照事先准备好的步骤进行沟通,或是固定该说哪些故事,会忽略客户真正的需求。

3)滤除或顾此失彼(filtering, or listening to some things but not to others)。若经常选择性逃避去听某一些事(例如一些负面的批评或指正),也会导致没有办法从客户身上听到完全的讯息。

4)成见(judging)。给一些人贴上负面的标签(例如觉得他们愚蠢或是疯狂),如此一来,将会停止倾听,并因为反感而无法接受真实有效的讯息。

5)指责或批评(blaming or criticizing)。这会让客户感到羞愧而失去自信心。

6)总是正确(being right)。如果为了证明自己总是正确的,就会采用各种方法以避免表现错误(例如扭曲事实、找借口等)。

7)注意力不集中(dreaming, half-listening)。与客户谈话时,如果常感到无聊或焦虑,就应该重新考虑是否真的了解客户与其所说话的价值。

8)感同身受(identifying)。如果对自己的专注远远超越对客户的专注,将无法了解客户。在这个情况下,客户所说的每一件事都会让教练想起自己的感觉、生活事件或曾经经历的事情,导致在沟通过程中去思考自己的生活而没有真正听到客户所说的话。

9)急于给出建议(advising)。即使是受雇去支持、帮助与提供建议给客户,也不能在未完全了解整个状况之前,就下断言给予意见。有些训练者只听到一两句话,就开始解决问题,常常忽略过程中真正重要的一些事。

10）偏离轨道（derailing）。突然改变主题或以玩笑方式转移话题，会造成无法认真地倾听客户。

11）安抚（placating）。为了赢得客户的喜欢而去讨好客户，通常表现得有求必应，导致根本没有听就答应客户的要求。

12）最小化（minimizing）。常常告诉客户不用去担心各种问题，或是他们提出的特定的问题并没有那么糟，但这就容易忽略一些重要的讯息。

13）否定（denying）。当客户感受到问题时却告诉他没有问题，这将让客户觉得他们的意见没有被听到、了解。

（3）积极倾听的技巧。给予适当的口头回应是积极倾听的一种方式。下列为一些参考技巧：

1）复述（mirror）。重述客户所表达的讯息。

2）释义（paraphrase）。将客户的主要讯息用自己的话说出来，从另一个角度阐述其用意。

3）请客户解释他的陈述（ask for clarification of a client's statements）。

4）寻求更多的信息（search for more information）。可以通过使用开放式问题来达到目的。

5）告知所接受的讯息（acknowledge）。直接回馈客户所听到的事。以"我"或是其他个人的代词开头会让对方比较容易接受（例如"我听说您今天状态不是很好"）。

6）概述（summarize）。简要复述所说的事情的重点，并在结束对话前清楚了解客户说了什么以及为什么说那些话。

3. 表示理解

说"我能理解"这句话并不能表明体适能教练员完全理解客户。客户需要知道体适能教练员了解两件事情：他们的真实感受与告诉体适能教练员的事实。

客户在表述他们的强烈感情之后用来回答的语句称为表示理解的言论。它包括事实发生的和自我的感受。体适能教练员可以通过与客户谈论一些个人问题让他知道体适能教练员完全能够了解他的感受，从而让他有一种舒适感。当体适能教练员没有对客户的想法和感受表示理解时，通常客户就会结束谈话。

当客户表达他们的强烈愿望时，体适能教练员可能会有不同的观点。虽然体适能教练员无须表示赞成，但是有必要表示对他们的理解。当谈论一些敏感性的话题如体重、外表和身体等时，可能会让客户感到别扭，这点需要特别注意。当客户表达积极的个人感受时，向他们表示理解是非常重要的，如果没有表示对他们的理解，他们可能会垂头丧气或者有被人忽视的感觉。

4. 提供正确信息

提供相关信息让客户觉得他的选择是正确的，这有助于回答他们的疑问。教练员应说明如何帮助他们解决问题使他们达到既定目标；也可以通过谈论健身知识，让他们觉得体适能教练员是可信的；提供信息时，必须清楚、易懂。

何时和如何提供上述信息很关键，因为它能决定客户是否会接受体适能教练员提供的信息。

许多体适能教练员都意识到了提供信息的重要性，但遗憾的是，很多人是在他们本应认真倾听、表示理解或提问的过程中就提供了这些信息。

成功的体适能教练员会花更多的时间用于倾听会员的言谈，而不是迫不及待地提供相关资料。

5.1.4 体适能教练员的角色

在长期与客户互动的过程当中，体适能教练员扮演着不同的角色。这些角色如下所列：

1. 教育者（educator）

这个角色特别适合刚接受训练的新客户，但是有时也需要以"教学"模式教育老客户。作为一个教育者，体适能教练员必须要清楚回答客户的问题或是教导他们各种议题，例如：体能的内容、如何评估运动强度、训练的动作会运用到哪些肌肉、如何避免脚踝扭伤、如何获得食物金字塔的讯息等。

2. 培育者（nurturer）

有些客户需要相当多的支持，即使是老客户，在经过一天的疲惫工作或是遇到一些挑战与困难时，有时也会需要体适能教练员的同情与支持。但记住并非所有的会员每次面对体适能教练员时都会表现出有活力、有挑战力、喜欢运动的状态（这种状况特别会出现在刚开始运动的人或特殊需求族群者中，例如：孕妇、肥胖者、糖尿病患者及老年人等）。

3. 对话者（conversationalist）

有时候，依据客户状况，还需要与客户谈及一些与运动不相关的话题。其实，每个客户都会渴望与体适能教练员、其他指导者、其他会员有一定的联系，应该尽可能协助介绍他们互相认识。显然，大多数的客户还是希望他们所花费的钱是值得的，因此，如何去找到这之间的平衡点就显得非常重要（指交谈有关运动的话题与非运动的话题)。

4. 鼓励者（motivator）

这个角色是体适能教练员需要扮演的主要角色，即如何鼓励客户去挑战困难与持续训练。在这个角色中，必须要专注谈话内容，从而引导并鼓励客户从一项运动进行到另一项运动。

体适能教练员需要去找到这些角色的平衡点，过程中或许会觉得其中一些角色比较适合，或者能在各种角色中变化自如，这全部都要依据客户的需求。当然，专业的表现是一个关键，要注意的是要将所有客户的对话和信息都视为机密，并要避免扮演精神科医生或治疗师的角色。应该以友善、温和、有同情心、宽容与和蔼的态度对待客户，并同时维持一个适当的专业分界线。

体适能教练员最终的成功是发现客户能保持正向的生活形态而持续运动，当客户在与体适能教练员的沟通中建立起对运动的一种好的体验时，客户内心的满意就是一个进行中的动机。他们良好的生活习惯就是对他们立即的回馈。一旦一位客户已经达到能以自我内在动机持续运动时，他有可能就不需要教练的支持或指导了。

5.2 体适能教练员协议的签订

对于体适能教练员来讲，在与客户的交往过程中除了需要了解实际需求，保持良好的沟通氛围，同时也会面临很多法律方面的问题。例如：训练过程中责权的划分，如何维护各自的利益等。下面将着重讨论体适能教练员如何控制风险，制订和签订一系列相关协议的问题。

5.2.1 风险管理

1. 风险管理的主要方面

风险管理是指管理个人或个人的事业，减少被控告的几率。风险管理强调设计一个可以识别、评估法律风险的流程，提供方法用以降低甚至是消除可能的风险，也是一种通过程序、形式及责任险来抵消无法彻底消除的风险的方式，其意义在于采取步骤以减低客户因受伤或是因其他理由对个人或公司提出控诉的风险。在保证提供有效的风险管理之前，需要了解以下的概念：

（1）证照准则（standard of care）。当提供个人训练服务时，必须依据业界的证照准则来执行。国际上众多的健康、体能组织都有建立证照准则。因为美国各行业协会在这些方面开展得比较早，所以多半是以他们的标准作为参考依据。美国运动医学会（American College of Sports Medicine，简称 ACSM）、美国肌力与体能训练协会（The National Strength and Conditioning Association，简称 NSCA）、美国运动协会（The American Council on Exercise，简称 ACE）、美国有氧体能协会（Aerobics and Fitness Association of America，简称 AFAA）、国际健康及壁球运动协会（The International Health and Racquet Sports Association，简称 IHRSA）以及其他专业组织如美国心脏学会（American Heart Association，简称 AHA）等都有订定。ACSM 出版的健身体能设施标准与指引（Health/Fitness Facility Standards and Guidelines）便有健身中心的设施准则。

体适能教练员应当让服务尽量与业界的证照准则相符，随时让自己保持在拥有最新信息的状态。当客户对专业产生质疑时，便可以依照上述提及的学/协会所订定的证照准则来分析具体的行为。如果未能对客户进行健康筛检（医疗病史采集、危险因子分析、风险因素分层、必要时的医师许可证明），根据主要的协会组织所建立的准则来看，便是未达到标准，还可能因此而增加诉讼时的责任风险。

（2）疏忽（negligence）。这是指体适能教练员的业务执行未能符合大众所接受的证照准则。有许多不同的理由都可能让一位客户针对某位体适能教练员的疏于职守（导致客户受伤）而提出控诉，例如：

1) 并未提供或实行筛检。
2) 没有建议合适的活动。
3) 使用器材或进行活动时，没有提供适当的指导或监督。
4) 运动或运动型态的规定，对客户而言过于严格或危险。
5) 没有妥善地维护或调整设备。
6) 紧急情况发生时没有立即做出适当的响应，甚或是根本没有应变计划。

（3）知情同意书/风险承担书（informed consent/assumption of risk）。在诉讼事件中，是否已经让客户阅读并签署明确的风险承担文件或有效的知情同意书十分重要（请参见样例5—2）。

知情同意书是一份重要的文件，需要适当地详细解说运动的课程或测验，列出潜在风险、危险、不适，并描述课程的预期效益，同时也应该让客户知道他可以随时停止课程或测验。客户应被告知他们有义务告知体适能教练员相关的身体信息，以确保运动过程中的安全。

风险承担文件是在文件有载明的活动中，客户需承担风险的证据。知情同意书或风险承担文件可能可以（但并不保证）为体适能教练员提供法律上某种程度的保护，但前提是客户自愿承担运动课程或运动检测描述的风险。

当然，即便是客户已经签署了知情同意书，尽力去遵守专业的证照准则要求仍然是体适能教练员的职责。

（4）豁免/免除责任（releases/waivers of liability）。在知情同意书或风险承担文件之外，若客户愿意事先签署免责书，那么当客户受伤而提出诉讼时，体适能教练员将受到相当程度的保护。这类文件明确说明客户未来将放弃或是撤回他对于任何因参加运动、活动课程而受伤提出诉讼的权利——即便是体适能教练员的疏失。只要这些文件有恰当的文字叙述并且切实执行，它们就能预防索赔和诉讼事件的发生。再者，即使诉讼提出了，也通常会因免责书而较有利于体适能教练员。

（5）责任险（liability insurance）。强烈建议所有的体适能教练员都要投保适当的专业责任险以作为抵消索赔或诉讼风险的方式。责任险可以保护体适能教练员免于诉讼事件发生时潜在的严重资金亏损。有一些健康机构组织会提供给组织成员一些适当的团体互保政策，所有的体适能教练员都应该寻找并加入这类的方案，适当的责任保险是重要而且不可或缺的。

2．风险管理的参考方面

风险管理中还需要参考采取下述步骤，来管理风险，保护客户和体适能教练员自己：

（1）定期更新客户的医疗病史，并且留意他们的健康状况，注明健康证照提供者于何时、何处提出该项相关内容。

（2）文件归档。将客户的健康评估、体能评估、训练日志归档，保持清楚、适当、机密的记录。

（3）取得证照或保持有效认证。大多数的认证是有时效性的，体适能教练员在取得证照证明具备相应的能力之后还是需要持续地进修，才能够保证可以一直使用该项证照。

（4）遵循最新权威机构列出的运动检测准则。除非接受特定的训练，否则不要企图去执行最大负荷测验（maximal stress tests）；可以参考医师或是运动生理学家的特制测验。当为客户检测时，要密切地监控，并且遵守权威机构列出的检测终止的准则。

（5）确保与权威机构所列出的准则一致。避免进行已禁止或是有争议的运动，这类运动可能使客户受伤而导致增加诉讼的风险。

（6）确定为客户所设计的课程符合他的健康状况、年龄和能力，以正确地完成该计划。这是说要选择适当的强度、次数、持续时间、方式，小心谨慎地指导客户，使课程能安全地完成。

（7）紧急应变计划。定期地演练突发状况，最好是每季或每月演练1次。永远知道最接近的电话位置以及如何启动紧急医疗系统。掌握CPR心肺复苏术，持有急救证书并让其保持在有效期内。

（8）了解体适能教练员专业的极限，工作内容保持在执行业务范围内。

（9）体适能教练员的终极责任是维护客户的安全。如果以一对一形式授课，那么体适能教练员每一堂课都绝对要在场服务。要确保客户使用的器材和场地是安全、清洁、妥当、定期维护的，并要指导客户如何正确地使用所有的器材。

（10）若指导或建议的运动是在其他场地或客户的家、办公室进行，请确定这些场所是适宜活动的，并且必要时能对紧急事件做出及时与适当的回应。

5.2.2　体适能教练员协议样本

考虑到必要的风险管理之后，就需要制订相应的协议与合同。建议采用权威机构发布的一系列相关文件作为参考，对于特殊方面的需求（例如私教合同的相关约定、特别备注等），在制订相应文本之后要咨询专业律师给予评估与建议，才能保证各项协议与合同的法律效力。

以下分别列举"体能活动适应能力问卷""运动测试知情同意书"和"体适能教练员合约"，以供参考。

【样例5—1】　体能活动适应能力问卷（适用于15～65岁）

规律的体力活动可以促进健康并令人愉悦，因而越来越多的人参加到运动中来。对于大多数人来说，运动是安全的，但是对于有些人来说，在明显增加体力活动之前应该征求医生的意见。

如果您想要更勤于运动，请从回答下面方块中7个问题开始。如果您年龄在15～65岁之间，问卷结果会告诉您在开始运动前是否需要征求医生的意见。如果您超过了65岁，而且您以前不怎么活动，请征求医生的意见。

回答问题时最好依据您的一般感觉。请仔细阅读并诚实回答每一个问题，选择是或否。

是	否	
□	□	1. 您是否患有过心脏病并且仅能参加医生推荐的体力活动？
□	□	2. 当您进行体力活动时是否感觉胸闷？
□	□	3. 自上个月以来，您是否在没做体力活动时有胸闷？
□	□	4. 您是否曾因为头晕跌倒或曾失去知觉？

☐ ☐ 5. 您是否有因为体力变化而加重的骨或关节问题？
☐ ☐ 6. 近来医生是否因为您的血压或心脏问题给您开药？
☐ ☐ 7. 您是否知道一些您不应该进行体力活动的其他原因？

如果您对一个或更多问题回答"是"：

> 在您开始更多体力活动或接受评估以前，需要给医生打电话或者面谈，告诉医生您想要参加的运动以及您对哪些问题回答了"是"。
> 您可能能够做任何想做的运动，但是要缓慢开始并循序渐进。否则，您只能做那些对您来说是安全的运动。告诉医生您希望参与的活动，听从他的建议。
> 找出哪些社区运动计划是安全的并对您有所帮助。

如果您对全部问题回答"否"：

> 那么您有理由确信您能：
> 开始做更多的运动，但是要缓慢开始并循序渐进，这是最安全，最容易的方法。
> 参加一次体适能评估，这是确定您的基础体适能的很好的方法，也是您能够确定实现活跃生活方式的最佳途径。也强烈建议您测量血压，如果读数超出了 144/94 mmHg，那么在您开始进行更多的运动前应该向医生咨询。

延缓进行更多的运动：

> 如果您由于暂时的疾病如感冒或发热而感觉不适，应等待直到感觉良好。如果您确定或者可能是怀孕了，那么在您开始运动前要向医生咨询。

请注意如果您的健康状况改变了，使您对上述任何一个问题回答"是"，要告诉您的运动指导员，询问是否需要调整运动计划。

使用告知：声明，对从事体能活动的人不具有责任，如果完成问卷后有疑问，请在进行体能活动前向您的医生询问。

[注：如果在某人参加运动或进行体适能评估以前把此问卷给了他（她），此部分可用于法律或管理目的。]

"我已经阅读、理解并完成了这份问卷，对以上所有问题的答复都完全满意。"

姓名：

签字： 日期：

父母或监护人（对未成年的运动参与者）签字：

证人：

（注：这个调查表的有效期是从问卷完成之日开始的 12 个月之内，而且如果您的健康状况改变了，您对上述 7 个问题任何一个回答"是"，这个调查表就无效了。）

来源：体能活动适应能力问卷。经加拿大公共健康部、运动生理协会允许，由加拿大公共工作和政府服务部再版，2007。

【样例5—2】 运动测试知情同意书（2010 年 ACSM 美国运动医学学会）

测试目的及说明：

您将通过功率车记录的功率值或电动平板上进行的运动测试来判定您的身体机能，测试强度由低到高逐级递增。我们将根据疲劳体征、心率、心电图、血压的变化，或您可能出现的症状及时终止测试。当您感觉疲劳或身体不适时可以要求停止测试，认识这一点对您很重要。

可能出现的风险及不适：

在测试过程中可能存在某种变化，包括血压异常、头晕、心率过快、过慢或心率不规则，以及心脏病、脑卒中、死亡等罕见情况。通过测试前对您健康和体适能相关信息的评价及测试中仔细观察，最大限度减小风险。测试现场有相应的急救设备和接受过训练的专业人员以保证及时处理异常情况。

受试者的责任：

受试者有权知道在身体用力时自己的健康状况，过去与心脏相关的症状（如低水平体力活动导致呼吸短促，胸、颈、下颚、后背、手臂等处的疼痛、压榨感、沉重感）可能影响您在运动测试中的安全性。您及时报告努力完成测试过程中出现的这些症状和其他异常感觉是非常重要的。您有义务提供全部病史以及在测试中可能出现的症状，同时还要给测试人员提供您所有的药物治疗记录，尤其是最近、当天服用的药物。

预期获得的益处：

运动测试结果可能有助于您的疾病诊断，评价药物治疗结果，或者评价您可在低风险状态下从事哪种类型的体能活动。

要求：

您可提出任何有关您进行测试的步骤和结果的问题。如果您有任何顾虑或问题，请咨询我们，以得到进一步的解决。

医学记录的用途：

像1996年健康保险便利及责任法案中描述的那样，我们将尽最大努力保护病人在运动测试中所获信息的权利和秘密。没有受试者的书面同意，不得将相关信息透露给您医生以外的任何人。然而在保护您的个人隐私的前提下，可以将测试中所获得的信息用于统计分析及科学研究。

自愿参加：

我自愿参加运动测试来获知我的运动能力和心血管健康状态。我承诺参加这个运动测试是出于我自愿，我明白如果我希望停止测试，可随时停止。

我已经阅读这份表，明白测试程序及可能出现的风险和不适，并了解这些风险及不适，有随时提问的机会直至获得满意答复，我愿意参与这项测试。

日　期：　　　　　　　　　　受试者签名：
　　　　　　　　　　　　　　保证人签名：
　　　　　　　　　　　　　　内科医生或授权代表签名：

【样例5—3】　体适能教练员合约（某连锁健身俱乐部）

姓　　名：　　　　　性　　别：　　　　联系电话：
办理项目：　　　　　会员编号：　　　　会员卡号：
办理店：　　　　　　使用范围：
签订日期：　　　　　销售人员：
会籍结束日期：　　　开始时间：　　　　结束时间：
核心课程节数：　　　辅助课程节数：　　会所指派教练姓名：
全款金额：　　　　　全款金额大写：
已有课程信息：
原体适能课程有效期：自_____至_____　原指派教练：_____
现体适能课程有效期：自_____至_____　现指派教练：_____
剩余核心课程节数：_____　剩余辅助课程节数：_____　课程类型：_____

尊敬的会员朋友：

欢迎您根据自身的需求，要求本会所指派体适能教练员为您提供指导服务，会所全体员工将以竭诚的服务为您提供舒适、一流的健身环境及专业的健身指导。为更好地履行相关服务及相互职责，本会所将在平等自愿、充分了解的基础上同您签订体适能教练员指导协议，请您认真阅读，并期盼得到您更多支持与配合。具体内容如下：

1. 会员如申请体适能教练员指导服务应购买体适能教练员指导课程（以下简称体

适能课程）并签署本协议，同时本协议是您签署的入会协议的附属协议，入会协议对本协议具有约束力，本协议未规定的事宜，适用入会协议的规定。

2. 体适能教练员指导服务是指本会所（俱乐部）根据会所内会员的申请和身体状况安排教练为会员制定运动方案，并对会员进行一对一的私人健身指导服务。

3. 当会员购买体适能课程时，请慎重考虑，体适能课程一经售出，会所将不接受因会员原因而产生的退课或退款。

4. 本协议从会员购买体适能课程之日开始生效至有效期结束。本协议的有效期间（以下简称私教时间）已得到会员的认可，会员所购体适能课程均应在私教时间内使用完毕。如在私教时间内因会员个人原因致本协议无法按期履行完毕，视为会员自动放弃本协议中的自身权利，未使用完毕的课时费将不予退费，会员自行承担由此产生的责任和损失。会员签署本协议并全额支付协议款项后，有权开始使用体适能课程。

5. 在本协议约定上课时间开始前，会员要求提前开始上课的，可向会所提出申请并填写申请单，协议的课程结束时间亦相应提前。

6. 如会员的会籍时间先于私教时间结束的，以会员会籍结束的时间为本协议的最终有效期。如会员在会籍时间结束前续会的，私教时间可参照本协议的规定不变。

7. 履行本协议时，单次价值最高的体适能课程（包括正常购买的体适能课程、赠课等）从首次上课时开始使用，并按照课程价值由高到低的顺序依次使用完毕。

8. 如会员先于协议约定的时间完成课程，以会员最后一次上课时间为本协议的最终结束时间。

9. 会员所购体适能课程，仅供本人使用。任何转借、转让体适能课程行为均无效。

10. 如会员申请冻结会籍时间则体适能课程时间自动冻结，关于体适能课程时间的冻结以入会协议关于冻结的规定为准，本协议不再另行规定。

11. 会员购买了本会所的体适能课程，就已了解且同意其购买的是课程本身而非该指定教练或其他特定教练的个人服务。若该指定教练无法提供服务，本会所可另行指派其他教练进行课程，且无需事先通知会员，会员无权请求退费或更换教练。

12. 为确保会员的合法权益，会所实行刷卡上课。会员签订体适能课程协议时应办理体适能课程卡（以下简称体适能课程卡），办理体适能课程卡需交纳制卡费10元。会员办理体适能课程卡时应即时设定密码，凭私教卡以及密码进行消费。会员办理的体适能课程卡应放在本人手中，不得转让或转借。否则，因此产生的风险损失和法律责任由会员自行承担。

13. 会员使用体适能课程时应至少提前24 h向会所或教练提出预约。未经预约的，就本次体适能课程而言会所不能保证为会员提供优质有效的体适能教练员指导服务。

14. 体适能课程（核心训练课程）45 min 为 1 课时，辅助训练课程为免费课程，单节课程时间由指导教练自行安排，原则上不得超过核心训练课程时间。

15. 在课程实施过程中，会员如对教练的服务有任何意见或建议，可直接向健身部经理进行投诉，同时会员享有一次免费申请更换教练的权利。该名额不累计，过期废止。

16. 每次体适能课程结束后，会员应进行登记予以确认。

17. 免责条款

1）身体状况及医学意见：您理解并承认我们没有诊断、检查或治疗任何病症的专业知识且并无义务。在您参加体适能课程之前，请您进行相关身体检查。您承诺自身身体状况良好，且在进行体适能课程之前已向医生咨询，不存在会影响使用体适能课程的医疗原因或伤病。如您目前或签约后有任何健康或医疗方面的问题，应先咨询医生后再使用体适能课程。

2）使用限制：如您知道或理应知道本身存在任何问题，而无法使用体适能课程中的特定训练活动，或使用次数存有限制，而您仍签署本协议，则仍须缴付有关的费用，和能够使用全部设施一样。

3）协议效力：在平等自愿的基础上，您业已完全了解协议内容及同意本协议的条款，同时业已了解销售人员的任何口头表示或承诺也均列在本协议书中。如果在本协议中有可以享有的权利没有述及，会员在此明示对该权利的放弃。

18. 最后声明

1）如因会员个人原因违反本协议约定，经会所批准后，会员除赔偿会所损失外还应将会员本人签订本协议时从会所处获得的赠品（包括但不限于大包、水壶、毛巾、私教课、月份等）按双方约定的价格折抵成现金返还给会所。

2）本人清楚，体适能课程只适用于本俱乐部会员。会员签订的入会协议的所有条文（以适用及符合本协议者为限）均具约束力。

19. 备注

1）此合约签署后，视为款项已支付、交易已完成（免费课及赠课除外）。

2）自交款之日起，3 个月内可持此合约至会所开具发票，逾期视为对此权利的放弃。

本人已阅读以上条款，确认无误，全部同意。（会员自行将此内容书写后签字。）

附：POS：会员在会所内首次出现，并于出现当日购买体适能课程的行为。

此合约机打有效，手写无效。请您仔细阅读以上内容，并在合约左下方签字。

会员签名： 销售人员签名： 操作人员签名：

思 考 题

1. 借由相当小的理由,准备改变自己的行为的做法,表现在客户行为改变的哪一期?
2. "我想要拥有布拉德·皮特的手臂",是属于SMART目标设定中的哪一项原则?
3. 请阐述开放式问题和封闭式问题的优缺点。
4. 对于体适能教练员而言,第一要务是什么?
5. 业务执行未能符合大众所接受的证照准则被称为什么?

第 6 章

测试与评价技术

完成本章的学习后，您能够：

- ☑ 理解测试的意义和基本术语，并且能够清楚地与客户沟通
- ☑ 选择合理的测试方法
- ☑ 合理而安全地指导测试
- ☑ 选择最佳的测试方法获得与运动能力相关的参数
- ☑ 合理地执行场地测试
- ☑ 评估与分析测试数据，并进行标准化的比较

6.1 测试的意义

测试可以帮助体适能教练员评估客户的运动天赋，鉴别客户的运动能力和可以提高的方面。另外，测试结果常常用于目标的设定。基础测量数据的建立，有利于设定最初的目标，按有规律的时间间隔进行测试，有助于在达到目标过程中记录客户的进步经历。体适能教练员应该参照对测试者的要求，运用运动科学知识，有效地选择和利用测试方法，来帮助客户获得目标和挖掘潜能。

6.1.1 客户运动天赋评估

判断一名客户在运动中是否有良好的潜力对于体适能教练员来说十分重要。在多数时候，客户不能直接表现出他们的运动能力。体适能教练员需要一些方法来判断客户是否具有必备的运动能力。

6.1.2 确认需要提高的运动能力

尽管某些运动能力是与生俱来且不易改变的，但部分的运动能力可以通过运动训练获得提高。体适能教练员能够通过测试发现客户的不足，并且能够让客户通过参加群体或个体训练课而获得改善。

6.2 测试术语

为了方便与客户沟通，体适能教练员应该使用一致性的术语。下面的术语和定义已被广泛地接受和使用，见表6—1。

表6—1 常用测试术语

术语	说明
测试	利用特定的方法来评估运动能力的过程
场地测试	不是在实验室内进行的一种评估能力的测试形式，不需要激烈的训练或昂贵的仪器
测量	收集测试数据的过程
评估	分析测试结果并且做出决定的过程，即判断客户的训练计划是否有效，能否达到训练目标，或者训练计划是否需要修改等
前期测试	开始训练之前考察客户起初的基本运动能力。前期测试有助于体适能教练员设计训练计划
中期测试	在训练进行中所作的测试，用来评估训练的进展情况，以便按照最佳获益来修改计划
发展性评估	建立在中期测试的基础上，通常间隔固定的时间，用以监控客户的进步，并依据客户的个人需求调整训练计划。也可以评估不同的测试方法，收集规范的数据。有规律地修改训练计划是基于发展性评估而进行的，从而使客户保持对训练内容的新鲜感和兴趣，有助于避免体力和精神疲惫
后期测试	在训练期过后进行的测试，用来检验训练计划是否成功地达到目标

6.3 测试质量的评估

6.3.1 有效性

有效性是衡量一个测试或者测试项目的结果是否反映了所需测量的指标，是测试最重要的特性。对于身材特性如身高和体重的测量，有效性最容易建立。而基础运动能力的有效性很难建立。有效性包括结构有效性、内容有效性和校标有效性。

1. 结构有效性

结构有效性是一个理论概念，是指一组测量所包含的各种属性与总体各种拟测成分属性在结构上的一致程度。

2. 内容有效性

内容有效性是指测试内容反映总体属性的准确程度。例如，1 RM 用来测试肌肉力量时有效，而用来测试肌肉柔韧性则无效。

3. 校标有效性

校标有效性是指所选择的测量与校标之间的关联一致性程度。校标是已被检验证明能够作为参照标准，并被证明是一项有效性高的测量。某些测量指标虽然非常有效，但是要在实验室条件下进行。尽管这项指标测量有效性很高,但限于经济性、实用性和可行性,不宜用以作大面积群体测量指标使用。而经校标有效性检验,一些简单易行、有效性也很高的测量就可以解决这些问题,作为测量指标使用。

6.3.2 可靠性

可靠性是指一种测试方法的一致性或者可重复性程度。如果一名客户的运动能力没有明显改变,用同样的方法测量两次获得的分数相同,说明这个测试是非常可靠的测试方法。测试必须具有可靠性才是有价值的,因为测试产生多变的结果没有任何意义。探讨测试可靠性有几种途径,最好的途径是对同样的客户组,用同样的测试方法测试两次。

只有测试结果具有有效性和可靠性,这样的测试结果才是有用的。这两个特征是评价测试质量的关键因素,只有同时具备这两点才表明测试是有价值的。

6.4 测试的选择

体适能教练员在进行测试方法的选择时,必须考虑客户的运动经历、训练状态、年龄、性别、环境等因素。

测试和测量可以用来评估客户的天赋,鉴别客户运动能力提高的潜能,为一个训练计划提供评价有效性的参考,设置可靠性的训练目标。

6.4.1 运动经历和训练状态

有良好训练经历的客户适合技术难度较高的测试,因为他具有运动的专项性,而缺乏技术的测试不能充分地反映这类客户的运动能力。不过,这种假设并不适合一名想从事某项运动的初学者。比如,进行25 m(27码)单腿跳的数量测试反应是对有经验的跳远运动员下肢增强式力量的可靠性测试,但是不适合初学者。

6.4.2 性别和年龄

性别和年龄能影响测试的有效性和可靠性。

例如，对于大学年龄的男性和女性来说，2.4 km（1.5 英里）的跑步是有氧能力的一个有效的和可靠的场地测试方法，但却不适合儿童，因为儿童缺乏持续跑步的经历和兴趣。引体向上的最大数量的测试可能是男子摔跤运动员屈肘肌肉肌耐力的有效测试方法，却不适合女性，因为女性缺乏足够的上肢力量去完成多次甚至一次引体向上动作。因此，采用以自身体重的百分比为负荷，进行坐位下拉的重复次数的测试，可能是测试女性屈肘肌肉耐力素质更合适的方法。

6.4.3 环境因素

当选择和进行客户的基本能力测试时，需要考虑环境因素的影响。

当遇到高温和高湿度时，会降低耐力运动的能力，增加运动伤害的风险，降低有氧耐力能力测试的有效性。当气温超过 29℃（85℉），尤其是当湿度也超过 50% 时，会降低客户的有氧耐力能力。气温和湿度对有氧耐力素质的影响，也会影响到一些测试的结果比较上，在一年中不同日期进行的测试，甚至一天中不同时间的测试，结果均不相同。

6.5 测试的实施

为了获得准确的测试结果，需要安全、正确、有组织地进行测试。体适能教练员需要经过仔细的选择和培训，需要保证客户的安全和健康；客户也应有充分的准备，并接受测试指导。

6.5.1 健康和安全性的考虑

所有客户在参与身体训练和运动之前都必须通过医学检查。但体适能教练员必须非常熟悉各种测试所对应的身体状况要求，避免各种可能威胁到客户健康状况的测试。

体适能教练员需要密切关注客户的健康状态，尤其在做最大能力运动的测试和训练的前、中、后期。剧烈运动的测试和训练（如最大能力的跑步或者 1 RM 最大测试）对于有心脏疾病的客户可能存在致命的威胁。在炎热环境下激烈地运动，尤其是在高湿度情况下，热损伤也是一种威胁。客户在炎热环境下高强度运动之前应饮用充足的水分，同时应穿单薄的衣物。客户已存在的肌肉骨骼损伤也是测试前需要关注的问题。

如果客户持续有胸闷、疼痛或者不适、无精打采、轻微头疼、眩晕、困顿、头疼和皮肤变红或苍白、脉搏不规律、骨骼或关节痛、视线模糊、恶心、呼吸急促、脉搏加快或微弱等症状，需要通过医学手段来治疗。在运动后这些症状可能会持续较长时间才消失。如果症状严重（如昏厥），即使这些症状在运动或测试时只发生过一次，也要及时送医院治疗。

在激烈运动测试时各种相对湿度下温度限制见表6—2。

表6—2　　　　　　在激烈运动测试时各种相对湿度下温度的上限

相对湿度	温度上限
0%	35℃（95℉）
1%~20%	32℃（90℉）
21%~50%	29℃（85℉）
51%~90%	27℃（80℉）
91%~100%	24℃（75℉）

6.5.2　测试者的选择和培训

测试的执行者应经过良好的培训，全面理解所有测试的过程和方法。测试的监督者需要保证所有测试执行者进行测试和评分都是正确的，如秒表记录冲刺时间或者判断深蹲1 RM值。所有的测试执行者都应该有充足的实践经验，以便他们的评分结果相对接近。例如，如果一名测试者对被测试客户的运动能力进行了赞扬，而另一名测试者认为被测试的客户表现一般，这样就损害了测试的可靠性。测试者应该准备好测试材料，以及测试的方法步骤，以防测试过程中出现问题。

6.5.3　记录表格

测试计分的表格应该在测试之前准备好，并且有足够的空间来记录所有的测试结果和备注。这样才能保证测试过程的有效性，减少记录错误的出现。

6.5.4　测试方案

良好而又有组织的测试，应让客户认识到测试的目的和过程，这样能够提高测试的可靠性。有效而可靠的测试一个很大的优点是能够在一段时间内评估体适能水平和变化情况。

测试方案需考虑两个问题：一要考虑是将所有的客户进行分组测试还是一次测试，

二要考虑是否由同一个测试者对所有的客户的同一指标进行测试。如果时间和计划允许，同一测试者一次性测试是最佳的方案，因为它消除了评分者内部误差的问题。如果这样的方案不行，测试组织者可以允许不同测试者执行简单而定义良好的测试（如计数正确的引体向上），也可以由最熟练的测试者测试需要专业判断的测试项目（如合理形式的深蹲）。通常，当测试需要复杂的判断时，每位测试者一次只能执行一项测试操作。然后，如果客户已经做好准备，为了避免浪费时间，让测试者轮流测试两个测试状态，这样也是允许的。不过，测试者每次只能集中注意一项测试。

相关链接

测试的选择需要考虑运动时所需的生理能量系统、动作的特异性、运动的经历、训练状态、年龄和性别。

6.5.5　测试顺序

运动科学的相关内容可以帮助确定测试的合理顺序和测试之间的休息时间，以保证测试的可靠性。测试时，大致依照以下顺序进行：

1. 非疲劳性测试（如身高、体重、柔韧性、皮褶和围度测量、垂直纵跳等）。
2. 灵敏性测试。
3. 最大爆发力和力量测试。
4. 速度测试。
5. 局部肌肉耐力测试。
6. 疲劳性无氧耐力测试。
7. 有氧耐力测试。

有氧耐力测试应尽可能与其他测试项目安排在不同的日期进行。如果在同一天测试，有氧耐力测试应该安排在休息1h之后进行。

6.5.6　测试前客户的准备

系列测试的日期、时间和目的应该提前确定，以便客户在身体和心理上做好准备。为提高测试的可靠性，客户应该熟悉测试内容和过程。在测试前1~3天内，进行短暂有序的准备训练通常是非常有效的，客户的准备训练强度要稍低于最大运动强度。

了解测试的操作指南与测试的可靠性和客观性有直接关系。操作指南包括测试目的、测试过程、建议的准备活动内容、训练量、测试得分、注意事项,以及最大运动能力的建议。客户观看正确测试的录像带,也是在运动能力测试之前获得一致性指导的方法。

测试者需大声朗读测试要求,如果有可能,测试者还应示范测试的具体方法。客户如果咨询有关测试的问题,测试者应准确地解答问题。测试者应鼓励所有参与测试的客户,而不是仅仅对某些客户提供特殊的鼓励。如果可能,测试者应在每项测试之后立即告诉客户得分,鼓励他们在随后的测试中做得更好。

相关链接

测试者在执行测试之前,要考虑环境因素。测试者要意识到测试过程中潜在的健康危险,并且注意到某些需要进行医学治疗的健康问题的信号和症状。

必须仔细选择测试者,测试者应接受过良好的培训。

6.6 测试方法

对个体的体适能进行测量评价是制订一项目标明确、安全有效的身体活动锻炼计划的基本依据。为了使测试结果可靠和准确,选择的测试指标、测试方法应既科学又简单实用,且易于实施。也就是说,为了收集资料信息,达到测试目的,必须在体适能测试的基本理论指导下,使所选测试具有较高有效性、可靠性和客观性。体适能测试的基本理论可以为人们解决测试的科学性问题。

6.6.1 肌肉力量测试与评价

肌肉力量是体能的基础。在肌肉力量测试中,常采用测试最大肌肉力量(低速力量)和肌肉爆发力(高速力量)两种方式来进行评估。这里简单介绍最大肌肉力量和肌肉爆发力的测试方法。

1. 最大肌肉力量(低速力量)测试与评价

最大肌肉力量代表了肌肉能产生的绝对力量。最大肌肉力量测试通常包含相对的低速运动。在这样的情况下,肌肉力量是一块肌肉或一个肌群单次最大努力下产生的力量。可以通过一次性举起的最大重量(1 RM)表示,如卧推或深蹲。对于体适能教练员而言，选择最大力量测试是因为 1 RM 测试不需要昂贵的仪器，却能反映出运动中所需的运动能力。

一般来讲，进行 1 RM 测试之前，先需要以次最大负荷进行几组测试练习，测试刚开始时采用相对较轻的负荷。第一次练习通常采用客户估计的最大力量的 50%。在客户充分休息之后（1~5 min，依据练习的难易程度），体适能教练员根据前次的完成情况，增加负荷。一位有经验的体适能教练员在准备活动后，客户经过 3~5 次练习之后，就能够比较准确地推断出客户的 1 RM 负荷，并且确保误差在很小的范围内。

（1）1 RM 卧推法

1）设备

①一个杠铃杆、多个重量片和带两个安全锁扣的杠铃架。总重量能够满足最强壮的客户的要求。最小的重量片约为 2.5 kg（5 磅）。

②一个能够调整高度的结实的带杠铃杆架子的长凳。

2）人员。一名观察者，一名记录者。

3）测试过程。指导客户采用正确的技术在平长凳上进行卧推练习。

在测试过程中，观察者站在长凳的一侧，当客户无法举起时帮助其把杠铃放回架子上。

在进行最大力量测试时，客户首先要以轻—中等负荷进行 5~10 次的专项准备活动。

通常在第一次真正 1 RM 努力之前，至少要进行 2~5 组，至少每组 2 次较重负荷的准备活动。

一般来讲，在准备活动结束后，进行 3~5 次测试中所产生的最大力量的结果是可取的，否则疲劳因素会影响到最终的结果。

记录可以完成的最大重量，使用附录中附表 1（NCAA 一级大学女运动员 1 RM 卧推、深蹲和高翻的百分比估值）、附表 2（美国高中和大学橄榄球客户 1 RM 卧推、深蹲和高翻的百分比估值）评价客户最大肌肉力量。

（2）1 RM 深蹲

1）设备

①一个杠铃杆，多个重量片和带两个安全锁扣的杠铃架。总重量能够满足最强壮的客户的要求。最小的重量片约为 2.5 kg（5 磅）。

②一个能够调整高度的稳定的深蹲架，若出现客户尝试深蹲失败时，能及时来支撑杠铃的重量（如果可能的话，杠铃两端可有观察者协助）。

深蹲的地面要平坦而坚实。

2）人员。两名观察者，一名记录者。

3）测试过程。指导客户采用正确的技术进行负重深蹲练习。

与卧推 1 RM 一样，深蹲测试前要进行准备活动。不过，通常要举起的负荷要比卧推时的大，递增负荷的量也比卧推时要大。

记录可以完成的最大重量，使用附录中附表 1（NCAA 一级大学女运动员 1 RM 卧推、深蹲和高翻的百分比估值）、附表 2（美国高中和大学橄榄球客户 1 RM 卧推、深蹲和高翻的百分比估值）评价客户最大肌肉力量。

2. 肌肉爆发力（高速力量）测试与评价

肌肉爆发力是指肌肉以最高速度收缩时，产生力量的能力。这种力量的测试特点是时间短、以最大的速度运动、产生很高的输出功率。高速肌肉力量测试的评分包括 1 RM 爆发力测试（如高翻、抓举或挺举）、垂直跳的高度、冲刺跑楼梯的时间等。一个爆发力测试可能仅需要 1 s，但低速最大力量测试则需要 2~4 s。

（1）1 RM 高翻

1）设备。一副带有旋转轴的奥林匹克杠铃，不同大小的重量片，两个安全锁扣。总的重量能够满足最强壮的客户的要求。最小的杠铃片约为 2.5 kg（5 磅）。

举重台或指定区域要远离安全休息的地方。

2）人员。一名测试者或记录者。

3）测试过程

①指导客户采用正确的技术进行高翻练习。

②做测试之前要进行准备活动，与 1 RM 卧推测试一样，选择渐进式地增加负荷。

③记录可以完成的最大重量，使用附录中附表 1（NCAA 一级大学女运动员 1 RM 卧推、深蹲和高翻的百分比估值），附表 2（美国高中和大学橄榄球客户 1 RM 卧推、深蹲和高翻的百分比估值）评价客户肌肉爆发力。

（2）立定跳远

1）设备

①所需运动的地方的面积至少约 6 m（20 英尺）长，可以采用体育地的人造草坪、草地或者田径场地。

②长度至少 3 m（10 英尺）的管状或者面状尺子。可以选择提前标好尺度的商业跳远垫子，最小刻度为 1 cm。

2）人员。一名裁判，一名记录员。

3）测试过程。客户预备姿势时，脚尖在开始线的后方。客户尽可能做反向向前纵跳动作。客户必须双脚落地才能得分，否则测试要重新开始。从开始线到客户脚后跟在垫子上留下的印子的最近距离为跳的距离。最好记录 3 次测试结果，精确到 1 cm。

对比附录中附表 3（优秀男女客户立定跳远的百分比等级）评价客户肌肉爆发力。

6.6.2 肌肉耐力测试与评价

肌肉耐力是指特定肌肉或者肌群重复收缩对抗次最大阻力的能力。肌肉耐力测试结果用在持续数秒钟或数分钟内完成动作的次数来表示，动作之间不休息。

1. 半幅度卷腹

（1）设备。节拍器、卷尺、标记带子、垫子。

（2）人员。一名记录者或技术裁判。

（3）测试过程。客户在垫子上取仰卧位，屈膝 90°，如图 6—1a 所示。两臂放在身体两侧的地板上，掌心向下，手指触及有刻度标记的带子上，以此来记录活动幅度。第二个标记点与第一个标记点的距离取决于测试者的年龄［年轻人约为 12 cm（4.7 英寸），而超过 45 岁的中老年人约为 8 cm（3.1 英寸）］。

图 6—1　测试过程

a）开始位置　b）结束位置

将节拍器频率设置为 30 次/min，测试者根据节拍器提示节奏以 30 次/min 频率缓慢抬高肩膀离开垫子，躯干与垫子成 30°，如图 6—1b 所示。在开始之前，上背部要接触到地面。测试者要避免靠屈颈让下巴接触胸部。

记录客户数据，对比附录中附表 4（年龄组和性别对半幅度卷腹的百分比等级）评价客户局部肌肉耐力。

2. 俯卧撑

（1）设备。一个约 10 cm（4 英寸）直径的泡沫滚筒（女客户使用）。

（2）人员。一名记录者或技术裁判。

(3) 测试过程。让男性客户采用标准的俯卧撑开始姿势（见图 6—2a），即两手分开与肩同宽，背部挺直，头抬起。女性客户采用屈膝的改良俯卧撑开始姿势（见图 6—3a），即膝关节屈曲 90°并且踝关节交叉。

图 6—2 男性的俯卧撑标准

a) 开始位置 b) 结束位置

俯卧撑低点位置是当上臂与地面平行时的位置。按照标准，俯卧撑的低点为受试者的胸部接触到放在下面的测试者的拳头，如图 6—2b 所示。女性低点没有标准，如图 6—3b 所示，但是建议女性躯干接触到泡沫滚筒。对于不同的标准，按照标准规定达到低点位置才算数，否则失败。

图 6—3 女性的俯卧撑标准

a) 开始位置 b) 结束位置

又在 2 min 内尽可能多做的俯卧撑次数来评分；也可以记录可以完成最多的次数，中途不能休息，直到失败。

将客户成绩对比附录中附表 5（年龄组和性别对俯卧撑的适能分类）评价客户的局部肌肉耐力。

3. YMCA 卧推测试

（1）设备

1）一副杠铃，不同重量的杠铃片，带两个安全锁扣的杠铃架。总重量约为 36 kg（80 磅）或者约为 16 kg（35 磅）的负荷（包括安全的杠铃架）。

2）平坦的卧推长凳（最好带有垂直支撑杠铃的架子）。

3）节拍器。

（2）人员。一名观察者或记录者。

（3）测试步骤

1）指导客户在平坦卧推长凳上进行正确的卧推练习。

2）观察者或者记录者在测试过程中始终站在长凳的一端，在客户举起杠铃失败时，帮助其把杠铃放加回杠铃架上。

3）男性客户的重量设置为 36 kg（80 磅），女性客户的重量设置为 16 kg（35 磅）。

4）将节拍器的频率设置为 30 次/min。让客户上臂展开与肩同宽，将重量放至胸部。然后不做停留地将杠铃举起至上臂完全伸直。动作的完成要平稳而有节拍，节拍每一拍一次，杠铃分别达到最高和最低点。运动过程应该是平滑可控的。

5）当客户不能按照节拍器的节拍举起杠铃即结束测试。记录客户举起杠铃次数。

6）将客户成绩对比附录中附表 6（YMCA 卧推标准）评价客户的局部肌肉耐力。

6.6.3 有氧能力测试与评价

有氧能力也称有氧功率，是指客户通过有氧氧化能源物质（碳水化合物、脂肪与蛋白质）产生能量的最大速率，通常以每分钟每公斤体重消耗的氧气量来表示（mL/kg/min）。较少有体适能教练员用设备来直接测量氧气消耗量，有氧能力通常通过有氧耐力测试，如 1.6 km（1 英里）甚至更长距离的跑步来估计。

1. 2.4 km（1.5 英里）跑

（1）设备

1）秒表。

2）400 m（0.25 英里）的跑道，或具有更适合跑步的、能测量约 2.4 km（1.5 英里）距离的跑步场地。

（2）人员。一名终点计时员，一名记录者。

（3）测试过程

1）在测试前，每位客户需要准备活动和拉伸活动。

2）客户必须在终点处得到计分者的认可。如有可能，号码用别针别在客户的上衣上。

3）在起跑前，所有跑步者在起跑线后站成一排。

4）指导客户尽可能跑完全程，并维持平稳的频率。

5）听到信号之后，客户开始跑步，并以尽可能快的速度完成全程。

6）随着跑步者通过终点线，每位客户的时间以分钟或秒为单位，及时停止走表并记录。

7）将客户成绩对比附录中附表7［2.4 km（1.5英里）跑步时间百分比等级］评价客户的有氧能力。

2. 12 min 跑

（1）设备

1）400 m（437码）田径场或每隔100 m设置标记的环形路线。

2）秒表。

（2）人员。一名终点计时员，一名记录者。

（3）测试过程

1）客户在起点排成一排。

2）听到信号之后，客户在12 min 内尽可能地快跑，但是如有必要可部分或者全程时间内步行。

3）当时间到达12 min时，听到信号后所有客户停止运动。

4）计算和记录每位客户跑的距离（圈数×400 m）。

5）将客户成绩对比附录中附表8（12 min 跑的百分比等级）评价客户的有氧能力。

6.6.4 柔韧性测试与评价

柔韧性是指人体各关节的活动幅度，即关节的肌肉、肌腱、韧带等软组织的伸展能力。人体的柔韧性测试有专门针对某一关节或者某一部位的，也有针对几个关节或部位的。一般来说，体适能教练员把柔韧性测试和评价的重点放在可能发展为腰痛的关节柔韧性的测试上。

柔韧性测试方法一般采用坐位体前屈测试。

1. 设备

皮尺或直尺、胶带，还可以选择一个标准的坐位体前屈箱。

2. 人员

一名测试者（记录者）。

3. 测试过程

（1）将尺子固定在地面上，取 61 cm 长的胶带，在尺子的 38 cm 处与尺子直角相交，贴在地面上。

（2）在测试之前，客户要进行非弹震性的，包括腘绳肌的下背部肌肉的练习。在站立位做几个体前屈动作，保持伸膝位置，手指碰到脚尖，然后向上伸展（不要急拉），保持慢跑姿势，脚后跟踢向臀部。

（3）客户脱除鞋子坐在尺子上，两腿与尺子呈 0°，两脚分开约 30 cm（12 英寸），脚尖向上，脚后跟几乎触及约 38 cm（15 英寸）处的直尺标记上，如图 6—4a 所示。

 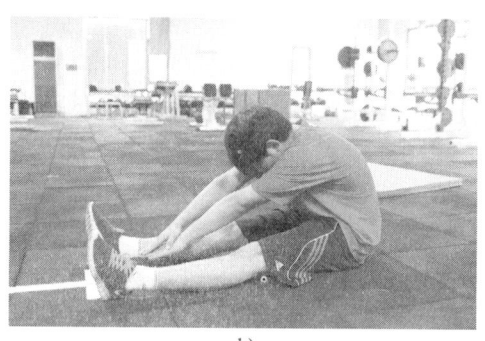

a) b)

图 6—4 坐位体前屈

a) 开始位置 b) 结束位置

（4）客户两手沿着尺子尽可能向前，并暂时维持这个姿势。为了能够得到最大的伸展度，客户在伸展过程中随着呼气将头部下垂在两个手臂之间。客户要保持双手彼此靠近，不要一前一后。指尖要始终保持与尺子接触，如图 6—4b 所示。如有必要，测试者用手下压住受试者的膝盖，从而保持伸膝状态。得分小于约 38 cm（15 英寸）表示该客户不能触及脚底。

（5）取 3 次测试中最好成绩，精确到 1 cm。

（6）将客户成绩对比附录中附表 9（坐位体前屈测试百分比等级）评价客户的柔韧性。

6.6.5 身体成分测试与评价

体适能教练员和客户对身体成分的测试都比较感兴趣。身体成分测试有许多方法可以使用,每种方法都有各自的优点。不管使用哪种方法,体适能教练员都必须仔细遵循规范并认真对客户进行测试与评价。

身体成分指身体脂肪含量和非脂肪组织分别占体重的百分比。在身体成分评价中,使用最多的两个名词是体脂百分率和非脂肪组织体重。体脂百分率是身体脂肪重量占体重的百分比,也称为体脂百分比、体脂率、体脂百分数等;而非脂肪组织体重指体内非脂肪组织的重量,通常称为瘦体重。有很多技术手段可以来评估身体成分,对这些方法有较为深入的了解,有助于熟练进行身体成分测试和准确地评价测试结果。

1. 皮褶厚度法

皮褶厚度是最为常用的评价身体成分的方法。皮褶厚度法与水下称重法测得的体密度高度相关。通过皮褶厚度法得出的体脂百分比是有效的,受到良好培训的体适能教练员能够有效地进行测量操作。

(1) 设备。皮褶卡钳、皮尺、记号笔。

(2) 人员。一名测试者或记录者。

(3) 测试过程

1) 为了增加测试的准确程度,应先找准部位然后用记号笔标记。这样能保证每次测量时皮褶卡钳能准确地落在正确的部位。除特殊情况外,所有的被测量的皮褶都应该选在右侧。不应在运动之后马上测量,因为运动改变了体内水分分布。常用的皮褶测量部位见表6—3。

表6—3　　　　　　　　　　皮褶常用测量部位

部位	定位描述	示意图
上臂部	上臂后面肩峰与鹰嘴突连线的中点,上臂放松,皮褶走向与肱骨平行	

续表

部位	定位描述	示意图
肩胛部	肩胛骨下角点下约 1 cm 处，皮褶走向与脊柱呈 46°角，方向斜下	
腹部	脐水平线右侧 2 cm 处，皮褶走向垂直。确保卡钳的头部不要放入肚脐内	
髂部	髂嵴上缘与腋中线交点上方约 1 cm 处，皮褶走向稍向斜下方走	

2）准确定位后，测试者应柔和而坚定地捏住皮褶并将其从下面的肌肉上提起，用卡钳进行测量。指导原则如下：

①在距离测量点 1 cm 处手指与皮肤垂直地捏起皮褶。

②柔和而坚定地用拇指和食中两指相对捏住皮褶并且将其提起。

③卡钳的头端垂直于皮褶，放置于测量点处皮褶的中间位置。

④在卡钳卡住皮肤 2 s 后读数。

3）15 s 后重测一次，如果两次测量之间的差异大于 1~2 cm，应测第三次。对比附录中附表 10（皮褶厚度推算身体密度的公式）、附表 11（体脂百分比公式）计算客户体脂百分数，对比附录中附表 12（体成分百分比等级）、附表 13（男女体脂百分比的评分和标准）评价客户身体成分。

相关链接

测量肥胖者的皮褶较为困难。如果卡钳的头端开口不能张开卡住皮褶,可以用其他的方法,用来估计体脂率的围度测量、体重指数、腰臀比率等都可以用于肥胖者的测量。

特别提示

1. 卡钳的使用

在测试前应用生产商提供的随带定标砝码校准皮褶卡钳的准确性,还应根据所使用的公式选取最为适合的卡钳。

2. 选择计算公式

有很多的皮褶厚度计算体脂百分数的公式都是使用水下称重法作为校标发展而来的。将所测得皮褶厚度填入公式,就可以计算出身体密度。

2. 体质指数

体适能教练员通常用体质指数(BMI)来评测体重与身高之间的关系,相当于用身高和体重(身高—体重表)来评价身体脂肪量。

$$BMI\ (kg/m^2) = 体重(kg)/身高^2(m^2)$$

一旦客户的 BMI 值确定,可与相关表格数值进行对比。

为了计算 BMI,必须测量身高和体重,以下内容介绍如何较精确测量身高和体重。

(1) 身高测量

1) 设备。有身高计的台秤或一个直角设备(用来测量时放置于客户头顶)。

2) 人员。一名测试者(记录者)。

3) 测试过程

①要求客户脱掉鞋袜。

②指导客户尽可能站直,脚底板和脚跟站平。

③测量前指导客户进行深呼吸并且保持到测量结束。

④拉开身高计的把手或者轻轻地将直角设备放置于客户头顶。

⑤在墙上做标志或者稳定身高计,并且记录测量,结果精确到厘米。

特别提示

可能影响到身高测量的因素

青年可能在清晨起床时身高最高,夜晚最低。

(2) 体重测量

1) 设备。校准并且验证过的体重计。

2) 人员。一名测试者(记录者)。

3) 测量过程

①要求客户尽可能地除去多一些的衣物和首饰。

②指导客户轻轻站到体重计上,保持到测量结束。

③测量重量精确到 0.1 kg。

特别提示

可能影响到体重测量的因素

1. 饭后体重会增加。
2. 早上体重较轻,下午或者晚上体重会增加。
3. 体重会在运动后由于脱水而下降。

BMI 是参照个体的身高来评价其体重是否合理的简便易行的指标。当 BMI 值超过 27 时,个人患心血管疾病的危险大幅度增加。根据建议,个人应保持自身的 BMI 指数在 25 以下,BMI 指数的正常范围在 19~25 之间。若个人的 BMI 指数处于 25~27 时一般认为其在一定程度上体重过高,心血管疾患的发病危险比正常人有所增加。

6.7 客户档案的建立

为了分析客户的专项训练状态,体适能教练员应结合所选择的测试资料为每一位客户建立一份档案资料。客户档案记录一组专项能力的测试结果,测试结果显示客户在一项运动中或运动中的位置上能够表现出的重要运动能力。建立客户档案时,体适能教练员应该按照以下的步骤进行。

1. 选择能够测量最接近特定运动项目或特定位置所需要的运动能力的测试项目。
2. 选择有效和可靠的测试方法来测量这些参数，安排合理的测试顺序，各项测试之间需要充分休息，以保证测试的可靠性。
3. 尽可能对更多客户进行系列测试。
4. 推测百分比等级，提供一个可视的档案资料。
5. 又基于一个群体的百分比等级来评估其中的一名客户，如果可能的话，与单个客户过去一年里最好运动成绩进行对比。

相关链接

运动能力和身体成分变量可以通过体适能教练员设计合理的体能训练计划得到，包括最大肌肉力量、最大肌肉爆发力、局部肌肉耐力、有氧能力、柔韧性、体脂百分比。运动能力的测试常常用于评估基础的运动能力、客户的进步程度和体能训练计划的有效性。许多测试方法可以测量客户的专项运动能力和训练状态。体适能教练员可以利用现成的标准化数据来评估客户的运动能力，或改善自己的标准化数据。

思 考 题

1. 简述常用的测试术语及其含义。
2. 在柔韧性测试中应用最广的测试方式是什么？

第 7 章

体适能教练员训练技术

完成本章的学习后，您能够：

- ☑ 了解抗阻训练常用器械的使用方法
- ☑ 了解心肺耐力训练的基本原则
- ☑ 了解柔韧练习的基本原则
- ☑ 掌握抗阻训练的基本技术
- ☑ 掌握常用抗阻训练的方法
- ☑ 掌握心肺耐力训练常用器械的使用方法
- ☑ 掌握柔韧练习的常用方法

7.1 力量训练技术

7.1.1 基本概念

1. 肌力。肌肉群在一次收缩过程中产生最大收缩力量对抗阻力的能力。
2. 肌肉增大。抗阻力负重训练下使肌肉做出反应，增加肌肉质量。
3. 爆发力。人体在最短的时间内做的最大的功能力。
4. 肌耐力。一组肌肉在一段时间内对抗一定阻力重复收缩的能力。

7.1.2 肌力训练指引（见表7—1）

表7—1　　　　　　　　　　NSCA 设计阻力训练方案指引

训练目标 training goal	次数 repetitions	组数 sets	最大重复次数的百分比 % 1 RM	组间休息时间 rest periods	每周次数 frequency
力量 strength	≤6	2~6	≥85	2~5 min	4~6
肌肉增大 hypertrophy	6~12	3~6	67~85	≥30~90 s	4~6
爆发力 power	3~5	3~5	75~85	2~5 min	视具体情况
肌耐力 muscular endurance	≥12	2~3	≤67	≤30 s	≥2

7.2 抗阻训练技术

7.2.1 抗阻训练的动作分析

抗阻训练的动作分析方法是体适能教练员必须掌握的。在进行抗阻训练时，首先要明确的是目标肌肉，也就是说应确切地知道要锻炼哪个部位的肌肉。对于人体主要部位的肌肉，应该明确地知道它的位置、起止点和功能，这样才能对抗阻训练动作进行分析。动作分析的主要内容是分析完成动作的人体各环节的运动状况及其相互关系，包括参与活动的骨、关节和肌肉的运动规律。通过动作分析，可以判断我们所设计的某个抗阻训练动作是否可以锻炼到预先设定的目标肌肉。

相关链接

动作分析可分为3大步骤：

第1步是明确参与完成动作的身体主要环节及相应的关节，还要明确阻力方向。

第2步是划分动作阶段，一般是根据环节运动方向的改变进行动作阶段的划分，这主要是针对动力性运动。分析静力性姿势时无需划分阶段，直接分析参与工作的各环节的具体运动状况即可。

第3步是分析各阶段各环节的运动状况，这是动作分析的重点。首先要分析在各阶段各环节相应的关节运动，然后通过各阶段各环节运动方向与阻力作用方向的关系，分析环节受力情况，找到环节运动的原动肌（目标肌肉），从而确定训练动作的正确性和有效性。

下面以杠铃平板卧推动作为例进行动作分析，如图7—1所示：

完成杠铃平板卧推动作时，头、脊柱和下肢各环节均保持一定的静态姿势，主要是上肢各环节的运动。参与运动的主要关节为肩关节、肘关节，阻力的方向是向下的。杠铃平板卧推动作可划分为下降（向下）、推起（向上）两个阶段。在杠铃平板卧推动作下降（向下）阶段，关节的运动为肩关节水平伸、肘关节屈；环节运动方向向下，与阻力方向一致，肌力矩小于阻力矩。由此可确定原动肌为胸大肌、三角肌前束、肱三头肌等，工作性质为退让工作（离心工作）。在杠铃平板卧推动作推起（向上）阶段，关节的运动为肩关节水平屈、肘关节伸；环节运动方向向上，与阻力方向相反，肌力矩大于阻力矩。由此可确定原动肌为胸大肌、三角肌前束、肱三头肌等，工作性质为克制工作（向心工作）。通过以上动作分析，可以确定杠铃平板卧推动作能够锻炼胸大肌、三角肌前束、肱三头肌等。

a)

b)

图7—1　杠铃平板卧推动作
a）下降　b）推起

7.2.2　抗阻训练的基本技术

1. 握法

握法是抗阻训练时，两手持握器械把手、杠铃和哑铃的方法。

在抗阻训练中经常用到下列几种不同的握法（见图7—2）。

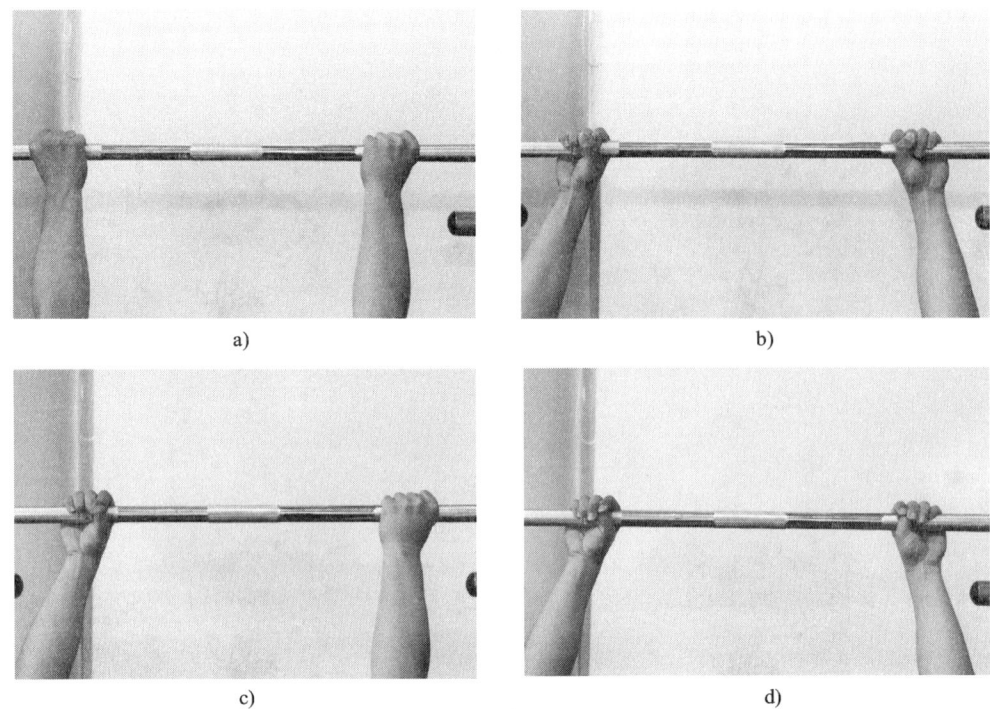

图7—2　杠杆的抓握方法
a）正握　b）反握　c）交换握　d）闭锁握

（1）正握。前臂内旋的握法，如杠铃卧推时使用的就是正握的方法。

（2）反握。前臂外旋的握法，如杠铃弯举时一般使用的就是反握的方法。

（3）交换握。一手正握，一手反握的握法，这种握法在抗阻训练的杠铃练习保护中经常使用。

（4）闭锁握。在所有握法中都是拇指包着杠杆，这称为闭锁式握法。

在前三种握法中，拇指都要压在食指和中指上，这种握法稳固且安全。

2. 握距（见图7—3）

握距是指在抗阻训练时，持握器械把手、杠铃或哑铃的两手之间的距离。由于每个人在肩宽、手臂长度上的差别，导致了握距上的差别。但对于个人来说，通常分为窄握、中握和宽握3种。一般来说，两手之间的距离比肩宽长10~20 cm为中握距，两手之间的距离同肩宽或窄于肩宽为窄握距，当两手之间的距离比肩宽长20 cm以上为宽握距。

图 7—3 杠铃上的握距标示

3. 身体的姿态与稳定

在抗阻训练中,除了某些通过躯干本身运动进行的锻炼外,躯干都应保持稳定的状态,即保持收腹(骨盆中立位),挺胸(两肩胛骨后缩、下降)。头部与躯干要保持在一条直线上,下巴微收。

在站姿训练时,两脚距离要与肩同宽或略宽于肩,全脚掌着地,脚尖稍外展,双膝微屈,不要锁定,膝对准脚尖。

在坐姿或卧姿训练时,两脚要自然分开,全脚掌着地,身体与训练凳接触的位置一定要保证训练时躯干的稳定(见图7—4)。

图 7—4 卧姿训练

4. 动作速度（节奏）

动作速度（节奏）是指抗阻训练时，目标肌肉向心收缩和离心收缩的时间。为了不使用惯性的力量和避免受伤，练习时目标肌肉向心收缩和离心收缩的时间一般都是 2~4s，也可以向心收缩快些 2~3s，离心收缩慢些 3~4s。

5. 呼吸方法

适用于所有抗阻训练的呼吸方法是：目标肌肉做向心收缩时呼气，做离心收缩时吸气。

抗阻训练时，锻炼者往往会在用力时憋气。憋气会对人体产生以下不良影响：

（1）憋气时压迫胸腔，使胸内压上升，造成静脉血回心受阻，进而心脏充盈不充分，输出量锐减，血压大幅下降，导致心肌、脑细胞及视网膜供血不足，产生头晕、恶心、耳鸣和眼黑等感觉，影响和干扰了运动的正常进行。

（2）憋气结束，出现反射性的深呼吸，造成胸内压骤减，原来留于静脉的血液迅速回心，冲击心肌并使心肌过度伸展，心输出量大增，血压也骤升。这对心力储备差者十分不利。特别是儿童的心脏因承受能力差而易使心肌过度伸展导致松弛，对老年人因血管弹性差、脆性大而容易使心、脑、眼等部位的血管破损，带来严重不良后果。

6. 保护带的使用

在进行抗阻训练时，可以使用腰部保护带，这样能增加腹腔内的压力，从而保护脊柱，减少脊柱的压力。但应有选择地使用保护带，而不是所有的练习都使用保护带。因为过分依赖保护带，会使腰腹肌对躯干的稳定作用减弱，一旦没有佩带保护带进行练习则很容易受伤。因此，在进行站立式、使用较大重量、腰背部负荷较大的练习（如下蹲、站立推举、俯身划船等练习）时，可以使用保护带，否则不必使用。

7.2.3 抗阻训练动作的预备动作阶段和基本动作阶段

所有抗阻训练动作都包括两个阶段，即预备动作阶段和基本动作阶段。

预备动作阶段是对目标肌肉进行锻炼前所作的准备工作阶段。在预备动作阶段，要使身体各部位所处的位置是合理的，并保持正确的身体姿态与稳定。

基本动作阶段是对目标肌肉进行锻炼的主要阶段。基本动作阶段包括了目标肌肉向心收缩和离心收缩两个过程，在这两个过程中，需要注意的是动作的轨迹、幅度、速度（节奏）和呼吸 4 个方面的技术要点。

下面以杠铃平板卧推练习为例对抗阻训练的 2 个动作阶段进行说明。在杠铃平板卧推练习的预备动作阶段，锻炼者首先仰卧于训练凳上，双脚平放在地板上，头的后部、上背部、臀部紧贴在凳面，两手以中握距直臂持杠铃于胸部上方。收腹、挺胸、下巴微收，使躯干保持稳定，肘关节不要锁定，腕关节不要过伸（见图 7—5）。

在杠铃平板卧推练习进入基本动作阶段后，首先是离心收缩过程（见图 7—6），屈肘使杠铃向胸中部下降，当肘关节降至与肩部同高或略低于肩部时，停止下降的动作，这时上臂外展（肩关节外展）不要超过 90°，下降的速度要控制在 2~4 s，这个过程吸气；然后是向心收缩过程，伸肘将杠铃向上推起，当肘关节伸直（但不要锁定）时停止，推起的动作速度为 2~4 s，这个过程呼气。

图 7—5　杠铃平板卧推练习的预备动作　　　　图 7—6　离心收缩过程

抗阻训练动作的两个动作阶段的技术要点是体适能教练员需要理解和掌握的，在指导客户进行抗阻训练时，也应严格按此要点进行讲解。

7.2.4　身体主要部位肌肉抗阻训练动作技术图示

抗阻训练动作技术的正确与否，关系到锻炼的安全性和有效性。作为体适能教练员应熟练掌握身体主要部位肌肉抗阻训练的正确动作技术。身体主要部位肌肉抗阻训练包括器械练习、自由重量练习（杠铃练习和哑铃练习）等。从下面的图片中可以看到胸部肌肉、背部肌肉、肩部肌肉、上肢肌肉、腹部肌肉和下肢肌肉的抗阻训练动作技术示范。

1．胸部肌肉抗阻力训练

（1）器械练习

1）器械坐姿推胸（见图7—7）的动作要领：首先将器械的座椅调整到合适的高度，标准为握把的高度与胸部上沿的高度相同，然后调整重量，坐到座椅上后，头部、上背部和臀部紧贴到后面的靠背，腰部向前收紧。准备姿势之后挺胸收腹，眼睛平视，双手握紧握把，然后深吸气，感觉胸部发力，将重量推起，同时呼气推到顶点的时候肘关节不要完全伸直，之后停顿1 s，还原，同时吸气，还原到两个大臂成一条直线的时候再次发力，反复进行练习。

a) b)

图7—7　器械坐姿推胸

a）推起　b）还原

2）助力器械双杠臂屈伸（见图7—8）的动作要领：呼气，屈肘弯臂，身体下降，直至两臂弯曲降低到最低位置时，头部应向前倾，两肘外展，使胸大肌充分拉长伸展。随即吸气，以胸大肌突然收缩力撑两臂，使身体上升直至两臂完全伸直；当上臂超过杆的水平位置时，臀部稍向后缩，躯干呈"低头含胸"的姿势。两臂伸直时，胸大肌处于彻底收紧状态。重复练习。

图7—8 助力器械双杠臂屈伸
a）身体下降 b）身体上升

3）史密斯训练器卧推（见图7—9）的动作要领：首先调整好长凳位置和角度：平板卧推时为水平，斜上推时与地面夹角约30°左右，斜下推时与地面夹角约20°左右，保持卧推上举时杠铃轴线落在胸部相应部位；采用比肩宽的握距，使胸大肌获得充分伸展和彻底收缩。当杠铃推起至两臂伸直时，必须使胸大肌处于"顶峰收缩"状态，稍停。上推时用鼻子呼气，还原时用口吸气。

4）器械坐姿夹胸的动作要领：首先选择合适的重量，再将座椅调到合适的高度，要求双手握住器械手把以后双臂更好与地面平行。然后坐到座椅上，身体摆正，上背部和头部紧贴靠背，腰腹部收紧，保持身体的稳定，眼睛平视，双手握住器械手把，肘关节稍屈，准备开始动作。首先吸气，感觉胸部用力，将器械由身体两侧向身体前方的中间位置夹紧，同时呼气，当两手的距离为1~2 cm的时候停顿1 s，然后用2 s的时间做还原动作，当两臂完全展开成一条直线时，再次用力，注意双臂展开以后，双臂的肘关节也要保持稍弯的状态。之后反复进行练习。

（2）杠铃练习

a) b)

图7—9 史密斯训练器卧推

a) 上推 b) 还原

1) 杠铃平板卧推（见图7—5，图7—6）的动作要领：采用宽握距，使胸大肌获得充分伸展和彻底收缩；要求躯干和胸部向上挺起成桥形，两肩下沉，杠铃放在胸上置乳头上1cm处；当杠铃推起至两臂伸直时，必须使胸大肌处于"顶峰收缩"状态，稍停。上推时用鼻子呼气，还原时用口吸气。

2) 杠铃上斜卧推（见图7—10、图7—11）的动作要领同"杠铃平板卧推"。

3) 杠铃下斜卧推（见图7—12）的动作要领：采用中握距，其他同"杠铃平板卧推"。

(3) 哑铃练习

1) 哑铃平板卧推（见图7—13）的动作要领：仰卧在平凳上，两脚平踏在地上；两肘弯曲，握住哑铃，拳眼相对，手心朝腿部的方向，哑铃的轴线位于乳头上方（胸肌中部），抵住胸部。向上推起，两肘内收，夹肘的同时夹胸。哑铃向上的同时略向前偏，呈抛物线的运动轨迹。两臂伸直时，哑铃重心接近处于肩关节的支撑点上，但不要正好位于肩关节的支撑点上，这样会使骨骼支撑住哑铃的重量（这种由骨骼而不是肌肉支撑重量的情况称为"锁定"），使得胸肌放松，影响锻炼效果。然后，使两直臂向两侧张开，两臂慢慢弯曲，哑铃垂直落下，下降至最低处时，即做上推动作。反复练习。上推时用鼻子呼气，还原时用口吸气。

图7—10　杠铃上斜卧推—推起　　　　图7—11　杠铃上斜卧推—还原

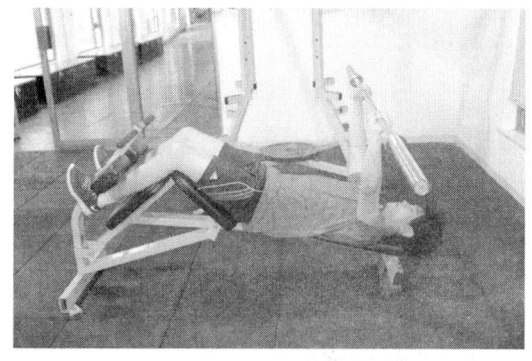 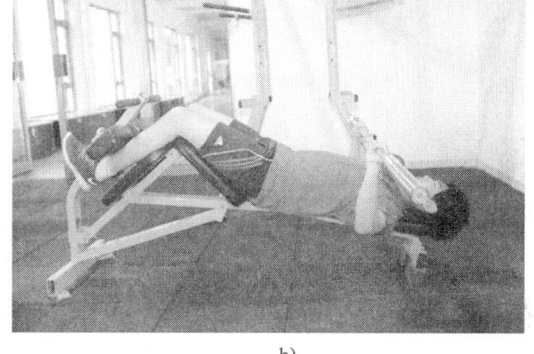

a)　　　　　　　　　　　　　　　　b)

图7—12　杠铃下斜卧推

a) 推起　b) 还原

2) 哑铃上斜卧推（见图7—14）的动作要领：仰卧在斜板上，其他同"哑铃平板卧推"。

3) 哑铃飞鸟（见图7—15）的动作要领：保持双肘微弯的固定角度，下放到背平面即可，上举时像抱一棵大树一样，沿一定弧度推举，感受胸肌的拉伸和收缩，不是直上直下。上臂与前臂之间的夹角，不管在举起或落下时，都必须保持在100°~120°并使哑铃处于肩、肘关节的平面线上。挺胸沉肩，并使胸大肌处于"顶峰收缩"位，稍停。

　　　　　a)　　　　　　　　　　　b)

图7—13　哑铃平板卧推

　　a）上推　b）落下

　　　　　a)　　　　　　　　　　　b)

图7—14　哑铃上斜卧推

　　a）上推　b）落下

图7—15 哑铃飞鸟
a）举起 b）落下

2. 背部肌肉抗阻训练

（1）器械练习

1）器械坐姿划船（见图7—16）的动作要领：正坐，两腿踩住前方的踏板，微屈膝，两手紧握三角形手柄，双臂前伸，腰腹固定，挺胸抬头。以背部肌群的收缩力将手柄拉至腹部，尽可能地向后牵拉你的双肩和双肘，直到手柄接触到你的身体中部。保持顶峰收缩1~2 s，并努力向一起挤压你的肩胛骨以获得最大化的刺激。然后以背阔肌的力量控制还原，运动过程中注意控制拉伸的速度，过快或过慢都会影响锻炼效果。

2）器械高位下拉的动作要领：拉的时候肩部肌群要放松，动作还原时不要耸肩，否则会影响背阔肌的受力；身体不要前后摆动，要始终保持与地面垂直的状态。注意合理控制运动节奏，在动作还原的时候是靠背阔肌控制动作还原，而不是完全放松状态还原，这样容易造成肩关节和腕关节的损伤。与引体向上类似，窄握下拉一般采用反握；此外也有胸前和颈后下拉之分。

3）助力器械引体向上（见图7—17）的动作要领：双手抓住手柄，使腰背以下部位放松，背阔肌充分伸长，两小腿弯曲抬起。开始屈肘时呼气，集中背阔肌的收缩力，屈臂引体向上拉至最高处稍停2~3 s，开始伸肘时吸气，以背阔肌的收缩力量控制住，使身体慢慢下降还原，重复练习。

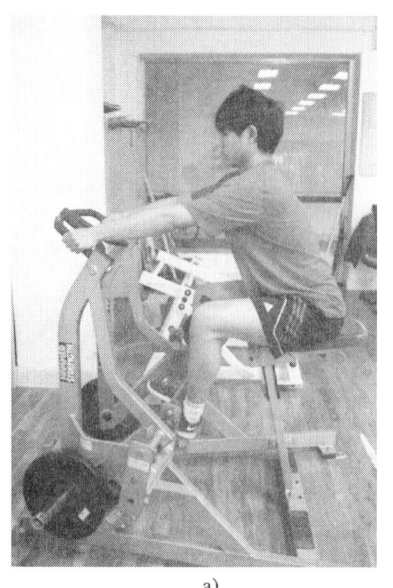 

a) b)

图7—16 器械坐姿划船

a)准备动作 b)牵拉

a) b)

图7—17 助力器械引体向上

a)准备动作 b)拉至最高处

4）高位拉力器直臂下压（见图7—18）的动作要领：双脚与肩内侧同宽，面向训练器站立，双手正握横杠与肩同宽，手臂伸直，背部保持挺直不动，上身可微微前倾，腹部收紧。双手握杠慢慢向下时呼气，肘部伸展或微弯，弯曲幅度不要明显，下拉横杠于大腿前部接触，双手控制手柄慢慢向上时吸气，控制力度让横杠匀速回复至起始位置，保持双臂姿势不变。

a)　　　　　　　　　　　　　b)

图7—18　高位拉力器直臂下压
a）准备动作　b）下压

5）罗马椅背伸展（图7—19）的动作要领：俯卧在支架上，用髋关节支撑身体的重量，两脚顶紧、脚后跟勾紧在器材上，两手臂（可持杠铃或重物）置于颈后肩上，作背部伸展。

6）山羊挺身（见图7—20）的动作要领：俯卧在支架上，用髋关节支撑身体的重量，两脚顶紧、脚后跟勾紧在器材上，两手臂（可持杠铃或重物）置于颈后肩上，作体前屈与挺身起。

（2）杠铃练习

1）杠铃硬拉（见图7—21）的动作要领：双脚呈八字形站立，杠铃放体前，屈膝俯身，双手正握杠铃，握距约与肩同宽或略宽于肩，头稍抬起，挺胸腰背绷紧，翘臀，

图 7—19 罗马椅背伸展

a）准备动作 b）背部伸展

图 7—20 山羊挺身

a）准备动作 b）前屈与挺身起

上体前倾约 45°。腿肌用力伸膝提杠铃，稍停。然后屈膝缓慢下降还原。为提高锻炼效果，屈膝下降时不让杠铃触及地面，拉到最高点时，双肩尽量外展，抬头挺胸，停滞 3 s。反复练习。

2）杠铃窄握俯身划船（见图 7—22、图 7—23）的动作要领：宽距站姿，双手正握，握距比肩稍窄，双臂完全伸直；微微屈膝，从臀部屈背，保持身体与地面呈 45° 不变；持杠铃在身前，稍稍低于膝盖。收紧肩胛骨，绷紧整个上身，将杠铃提至腹部，稍停顿，然后缓缓放下杠铃回复到起始位置；重复上述动作，直至完成一组训练。

3）杠铃宽握俯身划船（见图 7—22、图 7—23）的动作要领：除双手握距比肩宽以外，其他同"杠铃窄握俯身划船"。

（3）哑铃练习

图 7—21 杠铃硬拉

a）拉到最高点　b）屈膝下降

图 7—22　杠铃俯身划船—准备工作　　图 7—23　杠铃俯身划船—将杠铃提至腹部

1）哑铃硬拉（图 7—24）的动作要领：宽距站姿，双手对握，握距比肩宽，双臂完全伸直；微微屈膝，从臀部屈背，保持身体与地面呈45°不变；持哑铃在身前，稍稍低于膝盖。收紧肩胛骨，绷紧整个上身，将哑铃提至上腹部，稍停顿，然后缓缓放下哑铃回复到起始位置；重复上述动作，直至完成一组训练。

a)　　　　　　　　　　　　　　b)

图7—24　哑铃硬拉

a）上提　b）放下

2）单臂哑铃俯身划船（见图7—25）的动作要领：屈体用正握法抓住哑铃，另一

a)　　　　　　　　　　　　　　b)

图7—25　单臂哑铃俯身划船

a）放下　b）拉起

只手扶在长凳上支撑住身体,另一只膝盖也弯曲支撑在长凳上,身体几乎与地面平行,抬头挺胸。把重量尽量地放低,掌心向身体将重量拉起;尽量保持身体静止,用背而不是用手臂将哑铃拉到体侧;缓慢地放下,保持对重量的控制,一侧练完再练另一侧。

3. 肩部肌肉抗阻训练

（1）器械练习

1）器械坐姿肩上推举（见图7—26）的动作要领：调整位置并坐于器械上,双腿自然弯曲,双脚全掌着地。头部、肩部、下背部紧贴于靠背,收紧腹部,手柄高度与肩部在同一水平线上,双手抓握器械手柄,保持腕关节伸直。向上推时呼气,保持肩胛骨内收,不要耸肩,回收时吸气,下降到肘关节呈90°即可,肘关节向后不要超过背部平面,整个动作过程不宜过快。

图7—26　器械坐姿肩上推举

a）上推　b）下降

2）史密斯训练器械坐姿肩上推举（见图7—27）的动作要领：调整位置并坐于器械上,双腿自然弯曲,双脚全掌着地。头部、肩部、下背部紧贴于靠背,收紧腹部,横杠高度与肩部在同一水平线上,双手抓握器械横杠,保持腕关节伸直。向上推时呼气,保持肩胛骨内收,不要耸肩,回收时吸气,下降到肘关节呈90°即可,肘关节向后不要超过背部平面,整个动作过程不宜过快。

图7—27 史密斯训练器械坐姿肩上推举
a) 推举 b) 下降

3) 器械坐姿宽握划船（见图7—28）的动作要领：沉肩，使左右肩胛骨保持在同一水平面上，双肘紧贴两肋向后拉动划船机，以背部收缩力将手把向后拉引，直到手把拉引到腹部。在向后拉引过程中，必须使两肩同时向后展，最后保持胸挺出，肩向后的姿势。然后，以背部肌群用力，慢慢使手把向前还原。

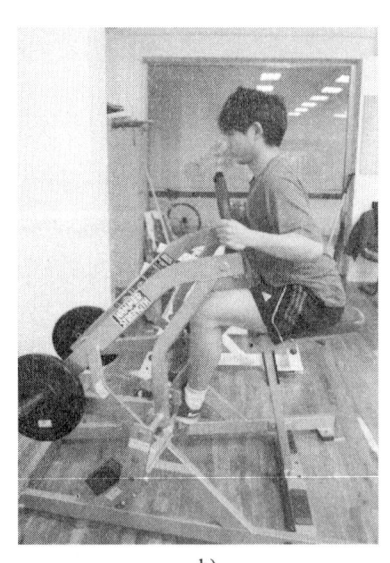

图7—28 器械坐姿宽握划船
a) 准备动作 b) 向后拉动

4）拉力器站姿肩外旋（见图7—29）的动作要领：两脚开立比肩略宽，将毛巾卷好后放于腋下，手握手柄拉动做外旋，注意保持只有肘关节发生运动，肩关节固定。

图7—29　拉力器站姿肩外旋

5）拉力器站姿肩内旋（见图7—30）的动作要领：两脚开立比肩略宽，将毛巾卷好后放于腋下，手握手柄拉动做内旋，注意保持只有肘关节发生运动，肩关节固定。

图7—30　拉力器站姿肩内旋

（2）杠铃练习

1）杠铃肩上推举（见图7—31）的动作要领：坐姿，两手握住杠铃，握距比肩稍宽。提杠铃至肩上，掌心向上，把杠铃贴脸向上推起至两臂伸直在头顶上方，然后慢慢循原路放下至肩上。

a) b)

图7—31 杠铃肩上推举

a) 推举 b) 还原

2）杠铃直立划船（见图7—32）的动作要领：两脚开立与肩同宽，挺胸收腹，背部挺直，双手握距略宽于肩，正手抓握杠铃，置于大腿前方，贴身提拉杠铃向上至肘关节与肩关节齐高。

3）杠铃站姿前平举（见图7—33）的动作要领：自然站立，或紧靠45°斜凳站立，两手正握杠铃垂于腿前，握距与肩同宽。把杠铃向前上方举起（肘部稍屈），直至高于视线平行高度，然后慢慢放下还原后重复直至完成一组训练。

（3）哑铃练习

1）哑铃肩上推举（见图7—34）的动作要领：坐在平凳上，双脚自然打开，双腿稳定住身体，臀部尽量贴紧靠背，腰部收紧不要贴住靠背，收腹挺胸，双手持哑铃握于头部两侧。双手握住哑铃中间的位置，从身体两侧举起，保持大臂和小臂的夹角为90°，手心朝正前方，然后深呼气将哑铃分别从身体的两侧推起，拳眼相对，相交于头的正上方，但是不要将哑铃彼此触碰到，下落时吸气，反复进行练习。

a)   b)

图7—32 杠铃直立划船

a）准备动作 b）提拉

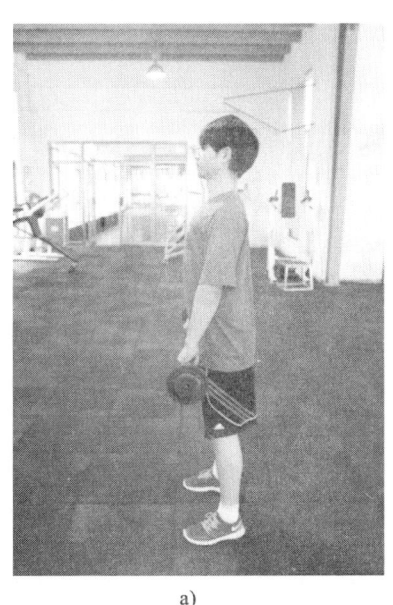 

a)   b)

图7—33 杠铃站姿前平举

a）准备工作 b）向前上方举起

图7—34 哑铃肩上推举
a）推起 b）下落

2）哑铃前平举（见图7—35）的动作要领：自然站立，或紧靠45°斜凳站立，两手正握哑铃垂于腿前，握距与肩同宽。把哑铃向前上方举起（肘部稍屈），直至高于视线平行高度。然后慢慢放下还原，重复做下一次练习。

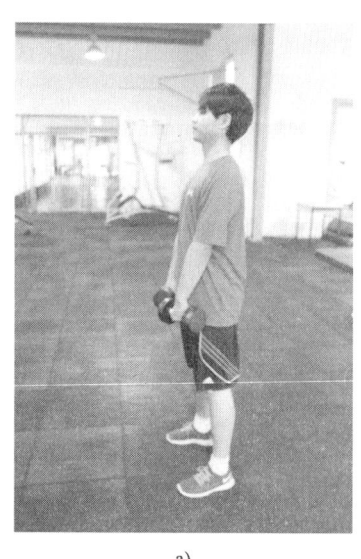

图7—35 哑铃前平举
a）准备动作 b）向前上方举起

3）哑铃侧平举（见图7—36）的动作要领：两脚分开站立与肩同宽，两手掌心相对持哑铃，两腿稍屈，使下背部没有拉紧感，背部保持挺直，在动作过程中一直要保持这几点。两手持铃向两侧举起，直至上臂与地面平行（或略为超过），稍停，然后放下哑铃还原，重复做下一次重复。

a)

b)

图7—36 哑铃侧平举

a）准备动作 b）向两侧举起

4）哑铃俯身飞鸟（见图7—37）的动作要领：两脚分开站立与肩同宽，两手掌心相对持哑铃，上体向前屈体至与地面平行，两腿稍屈，使下背部没有拉紧感，背部保持挺直，在动作过程中一直要保持这几点。两手持铃向两侧举起，直至上臂与背部平行（或略为超过），稍停，然后放下哑铃还原，重复做下一次练习。

4. 上肢肌肉抗阻训练

（1）器械练习

1）器械坐姿弯举（肘屈肌群抗阻训练）的动作要领：坐姿保持五点接触，肘部弯曲，以平稳的动作将两侧把手拉向肩部，保持上臂稳定，掌心向上；当二头肌收缩到最大限度时尽力向中间拉，然后慢慢地回到开始位置。

2）坐姿臂屈伸（肘伸肌群抗阻训练）的动作要领：坐姿保持五点接触，肘部弯曲，双手保持对立握。以平稳的动作将两侧把手拉向肩部，保持上臂稳定，掌心向上；当二头肌收缩到最大限度时尽力向中间拉。然后慢慢地回到开始位置。

图7—37 哑铃俯身飞鸟

a）准备动作 b）向两侧举起

3）拉力器下压（肘伸肌群抗阻训练）（见图7—38）的动作要领：面对臂力训练

图7—38 拉力器下压

a）准备动作 b）下压

机两脚分开站立,身体呈挺胸收腹紧腰状,屈臂两手紧握阻力杠两端把柄,两手间距小于肩宽,肘关节紧贴体侧。小臂用力下压阻力杠时吸气,使臂伸直,稍停2~3 s;小臂用力缓慢还原时呼气,感受肱三头肌一样在用力;重复练习。

(2) 杠铃练习

1) 杠铃站姿弯举(肘屈肌群抗阻训练)(见图7—39)的动作要领:身体直立,中握距(同肩宽)正握杠铃,垂于体前。两上臂贴紧身体两侧向上弯举,注意力集中在整个肱二头肌上,至肱二头肌完全收紧后稍停,然后缓慢控制地还原,使肘部得到完全的伸展,如果屈臂则难以刺激到嵌入肘弯的肱二头肌下端。

a) b)

图7—39 杠铃站姿弯举
a) 准备动作 b) 向上弯举

2) 杠铃坐姿托臂弯(肘屈肌群抗阻训练)(见图7—40)的动作要领:垂直坐于座椅上,中握距(与肩同宽)握杠铃,垂于体前。两上臂贴紧身体两侧、向上弯举,注意力集中在整个肱二头肌上,至肱二头肌完全收紧后稍停。然后缓慢控制地还原,以使肘部得到完全的伸展,如果屈臂则难以刺激到嵌入肘弯的肱二头肌下端。

3) 杠铃仰卧臂屈伸(肘伸肌群抗阻训练)(见图7—41)的动作要领:身体平躺在长凳上,双手窄握曲柄杠铃,两臂伸直,保持与肩同宽的位置并且垂直于身体。动作开始时吸气,此时上臂不动,弯曲肘关节,使前臂缓慢向头部上方下落,到离额头

a)　　　　　　　　　　　　　　b)

图 7—40　杠铃坐姿托臂弯

a）向上弯举　b）还原

a)　　　　　　　　　　　　　　b)

图 7—41　杠铃仰卧臂屈伸

a）两臂垂直于身体　b）向头部上方下落

2 cm 的位置时，运用肱三头肌的力量将小臂挺直，同时呼气，手臂再次垂直于身体时，停顿 1 s 再次下落，做下一次练习。

4）杠铃窄卧推（肘伸肌群抗阻训练）的动作要领：仰卧在长凳上，两脚平踏在地上，以维持身体平衡。两手窄握横杠中间，间距为一掌宽，固定肘，横杠置于胸前，然后两上臂靠近体侧内夹，用三头肌收缩力量将两臂完全伸直，持杠铃支撑在两肩上方，两臂慢慢弯曲落下至横杠触及胸部，然后向上推起至开始位置，重复练习。

5）杠铃坐姿屈腕（前臂肌群抗阻训练）（见图 7—42）的动作要领：双手反握（手心向上）杠铃，握距与肩同宽，双膝跪在地板上，面对长凳的横边（或采用坐姿），手臂放在长凳上，手在长凳另一侧下垂。小臂不动，弯曲手腕，向地面下低杠铃；将杠铃或哑铃停止在你不移动小臂尚能把持住重量的位置，稍稍停顿，然后将杠铃朝你的小臂方向缓缓屈起，再稍稍停顿，然后慢慢下低杠铃，回到起始位置。

a) b)

图 7—42 杠铃坐姿屈腕

a) 准备动作　b) 屈起

6）杠铃坐姿伸腕（前臂肌群抗阻训练）（见图 7—43）的动作要领：双手正握（手心向下）杠铃，握距与肩同宽，双膝跪在地板上，面对长凳的横边（或采用坐姿），手臂放在长凳上，手在长凳另一侧下垂。小臂不动，弯曲手腕，向地面下落杠铃；将杠铃或哑铃停止在你不移动小臂尚能把持住重量的位置，稍稍停顿，然后将杠铃向上朝你的小臂缓缓伸起，再稍稍停顿，然后慢慢下低杠铃，回到起始位置。

图 7—43 杠铃坐姿伸腕
a) 下落 b) 伸起

(3) 哑铃练习

1) 哑铃站姿弯举（肘屈肌群抗阻训练）（见图 7—44）的动作要领：身体直立，双手反握哑铃垂于体前，掌心向上。以肘关节为支点，向上弯举，同时前臂外旋掌心

图 7—44 哑铃站姿弯举
a) 准备动作 b) 举至最高点

朝上，举至最高点收紧肱二头肌，稍停，然后慢慢地还原，接着另一臂做相同动作。前臂和腕外旋是为了充分收缩肱二头肌和锻炼肱二头肌内侧头，更好地分离肱二头肌。

2）哑铃站姿锤式弯举（肘屈肌群抗阻训练）（见图7—45）的动作要领：身体直立，双手持哑铃垂于体侧，掌心相对，两肘贴靠身体两侧。以肘关节为支点，向上弯举，同时前臂外旋掌心朝上，举至最高点收紧肱二头肌，稍停，然后慢慢还原，接着另一臂做相同动作。前臂和腕外旋是为了充分收缩肱二头肌和锻炼肱二头肌内侧头，更好地分离肱二头肌。

图7—45　哑铃站姿锤式弯举
a）准备动作　b）向上弯举

3）哑铃坐姿集中弯举（肘屈肌群抗阻训练）（见图7—46）的动作要领：起始姿势是蹲坐在凳上，一手握哑铃，让上臂肘部贴在同侧大腿内侧，前臂向下垂直放松，另一只手的手指向内扶压在另一大腿上，手微曲。收缩握铃手臂的二头肌将前臂向上弯起，到可能的最高点时，彻底收缩二头肌1~2 s，然后伸展肘关节，让哑铃徐徐下落到开始位置。练完一侧，换练另一侧，如此反复练习。弯起前臂时吸气，到最高点时开始呼气直到最低点。

4）哑铃坐姿颈后臂屈伸（肘伸肌群抗阻训练）（见图7—47）的动作要领：两手合握一个哑铃，将其高举过头顶后屈肘，让前臂向后下垂。两上臂贴近两耳，保

a) b)

图 7—46 哑铃坐姿集中弯举

a）准备动作　b）向上弯起

a) b)

图 7—47 哑铃坐姿颈后臂屈伸

a）向上挺伸　b）徐徐下垂

持竖直，不摇动；收缩三头肌，逐渐伸展肘关节，把前臂向上挺伸，直到臂部完全伸直，三头肌彻底收紧后静止 1 s，再屈肘，让前臂徐徐下垂到开始位置，使三头肌尽量伸展。

5）单臂哑铃坐姿颈后臂屈伸（肘伸肌群抗阻训练）（见图 7—48）的动作要领：一手握一个哑铃，另一只手用于固定练习侧的上臂，将哑铃高举过头顶后屈肘，让前臂向后下垂。两上臂贴近两耳，保持竖直，不摇动；收缩三头肌，逐渐伸展肘关节，把前臂向上挺伸，直到臂部完全伸直，三头肌彻底收紧后静止 1 s，再屈肘，让前臂徐徐下垂到开始位置，使三头肌尽量伸展。

a)　　　　　　　　　　　　b)

图 7—48　单臂哑铃坐姿颈后臂屈伸
a）向上挺伸　b）徐徐下垂

6）哑铃俯身臂屈伸（肘伸肌群抗阻训练）（见图 7—49）的动作要领：向前屈体，手握哑铃，让握铃的上臂贴靠身体两侧，与上体平行。屈肘，让前臂自然下垂，上体和上臂保持不动，收缩三头肌，把前臂向后上方挺伸，直到臂部完全伸直，同时彻底收缩三头肌，静止 1 s，再屈肘，让前臂徐徐下垂到开始位置。

5．腹部肌肉抗阻训练

(1) 器械练习

1) 器械坐姿屈体的动作要领：坐于座椅上，膝部屈曲呈 90°左右，放松背肌和脊

图7—49 哑铃俯身臂屈伸
a）准备动作　b）前臂向后上方挺伸

柱，两腿平行，脚部平放在踏板上。拉动手柄屈体，保持臀部不要离开座椅，然后还原，做下一次练习。

2）屈膝悬垂举腿（腹部肌群抗阻训练）（见图7—50）的动作要领：采用对握将

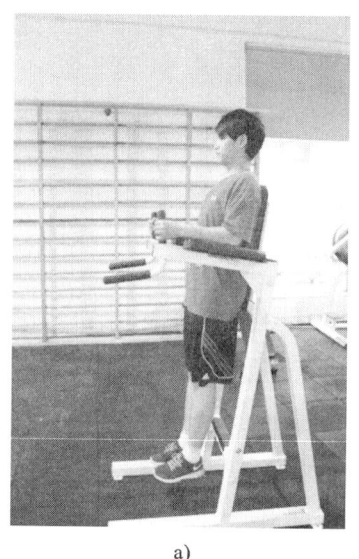 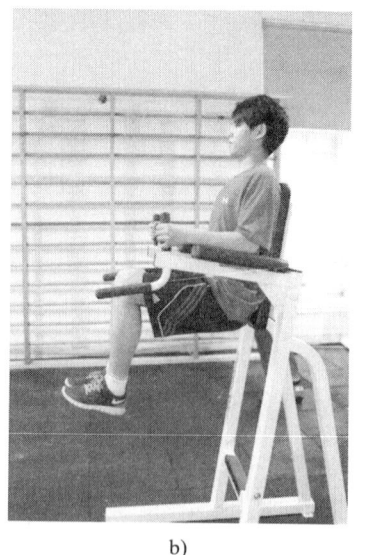

图7—50 屈膝悬垂举腿
a）准备动作　b）向上抬起双腿

身体悬垂在助力器双杠上,脚尖指向地面。屈膝,收缩腹肌,向上抬起双腿,保持几秒,然后返回到初始位置,要避免摇晃。

(2) 垫上练习

1) 卷腹(见图7—51)的动作要领:身体仰卧于地垫上,膝部屈曲成90°左右,放松背肌和脊柱,两腿并拢,脚部平放在地上。抬起身体,下背部不离地,双手伸展去触碰小腿,然后回原,重复。

a)   b)

图7—51 卷腹

a) 仰卧 b) 抬起身体

2) 反向卷腹(见图7—52)的动作要领:屈膝、双脚并拢抬起距离地面约15 cm,平躺在地板上,双手放在身体两侧,状态类似准备去做基本卷腹动作。保持双脚接近臀部,收缩腹肌下侧,慢慢地让膝盖朝胸部靠近同时让臀部离开地板。一旦你尽可能地卷曲身体下部,就慢慢放低它,回到初始位置,再做下一次练习。

a)   b)

图7—52 反向卷腹

a) 准备动作 b) 抬起

3）仰卧卷腹旋转（图7—53）的动作要领：背部着地双膝弯曲，与普通卷腹类似。将双脚放在地面，双手放在头侧，双膝平行，同时头部和胸部都面对天花板。面朝上使一侧胸部向对侧臀部方向移动，此时你的躯干朝另一面扭曲，保持上半身挺直，做完一组后，再做另一侧。

a)

b)

图7—53　仰卧卷腹旋转
a）准备动作　b）扭曲

6．下肢肌肉抗阻训练

（1）器械练习

1）器械坐姿蹬腿（见图7—54）的动作要领：坐到器械上，双脚放到踏板上，保

a)

b)

图7—54　器械坐姿蹬腿
a）准备动作　b）蹬起重量

持比髋关节稍宽一点的距离，身体保持正直，收紧腰腹，挺胸，手握在握把上，保持身体的稳定性，但不要用力，上背部贴紧靠背，颈部放松，头部也同样贴紧靠背，眼睛平视前方。然后深吸气，感觉大腿用力，大腿前侧、后侧和臀部要同时用力，同时呼气，将重量蹬起。到顶点时膝盖稍弯不要完全伸直，停顿1 s，然后深吸气，同时膝盖弯曲，还原到开始时的姿势。

2）史密斯训练器蹲举（见图7—55）的动作要领：深蹲时动作路径是唯一的，一般采用与颈后杠铃深蹲类似的动作，技术因素和功效比较接近。抬头挺胸直腰挺背，肩胛收缩后，将横杠放在隆起的斜方肌和三角肌上，可垫上海绵、毛巾等缓冲物；两手臂侧抬双手握杠起稳定作用；两脚间距一般与肩同宽并应呈30°~45°角的自然站位。做好准备姿势后，深吸气的同时慢慢屈膝控制下蹲，下蹲时膝关节的方向同脚尖的方向保持一致，蹲至大腿平行于地面或稍低于膝。蹲起阶段，此阶段注意力集中在腿部用力，同时呼气；头要抬起，想象蹬腿用力使头能向上顶，而不要先抬起臀部后直腰；整个蹲起过程要保持重心稳定，脚不能移动；身体直立后，股四头继续用力，极度收缩，使膝关节保持过伸的趋向1~2 s。

图7—55　史密斯训练器蹲举
a）准备动作　b）下蹲

3）器械坐姿腿屈伸（图7—56）的动作要领：坐在腿屈伸机上，腰背靠紧靠板，两手握扶把，两腿屈膝下垂，双脚勾住横杠。股四头肌收缩用力伸小腿举起重量，在最高点时充分收缩股四头肌，稍停，然后慢慢放下重量，至最低点前接着做下次动作。

a)　　　　　　　　　　　　　　b)

图7—56　器械坐姿腿屈伸

a）准备动作　b）举起重量

4）器械腿弯举（见图7—57）的动作要领：俯卧在腿弯举机上，双脚踝反勾横杠，胸腹部靠紧靠板，双手握凳杠。小腿向后用力做弯举动作，到股二头肌收紧时稍停片刻，然后缓慢向上还原。小腿向后弯曲用力时躯干不要离开靠板，以免借力。

5）器械坐姿腿外展（见图7—58）的动作要领：首先拉起调整手柄将器械挡板打开，坐在器械座椅上，双脚踩实踏板，上身贴紧靠背，保持身体的稳定，挺胸、收腹、沉肩，目视前方。器械旋转的轴心对准髋关节轴心，腿部挡板的位置位于大腿外侧。拿起调整手柄，调整转轮的位置，将双腿慢慢合拢，大腿始终贴紧挡板，放到双脚打开与肩同宽即可。做动作时臀部发力，腿部向两侧外展打开到最大幅度。发力呼气，还原吸气。

图 7—57 器械腿弯举

a)

b)

图 7—58 器械坐姿腿外展
a) 准备动作　b) 外展打开

6）器械坐姿腿内收（见图7—59）的动作要领：在大腿内收肌训练机上就座，双脚踩实踏板，调整大腿挡板的位置，使之紧靠大腿内侧膝盖的部位。如果你使用的器械有重量释放装置，利用这个功能慢慢将重量加在大腿内侧。双手握住座椅两侧的手柄，背部靠紧靠背，以保持身体稳定。双腿用力向内夹紧，直到相互接触。为了防止双腿触碰后反弹，不要用爆发力做这个动作，发力应该相对和缓一些，完成一次动作大约用时2~3 s，双腿夹紧后，保持2 s然后双腿在重量的拉动下自然外展。此过程要在慢速和充分的控制下进行，否则内收肌受到过度伸拉而受伤的风险就会明显增加。双腿外展打开后不要停顿，立即并拢双腿，进行下次动作。

图7—59 器械坐姿腿内收
a）准备动作 b）向内夹紧

(2) 杠铃练习

1) 杠铃蹲举（见图7—60）的动作要领：抬头挺胸，直腰挺背，肩胛收缩后，将横杠放在隆起的斜方肌和三角肌上，可垫上海绵、毛巾等缓冲物；两手臂侧抬双手握杠起稳定作用；两脚间距一般与肩同宽并应呈30°~45°角的自然站位。做好准备姿势后，深吸气的同时慢慢屈膝控制下蹲，下蹲时膝关节的方向同脚尖的方向保持一致，蹲至大腿平行于地面或稍低于膝。蹲起阶段，此阶段注意力集中在腿部用力，同时呼气；头要抬起，想象蹬腿用力使头能向上顶，而不要先抬起臀部后直腰；整个蹲起过程要保持重心稳定，脚不能移动；身体直立后，股四头继续用力，极度收缩，使膝关节保持过伸的趋向1~2 s。

a)　　　　　　　　　　　　b)

图7—60　杠铃蹲举

a）准备动作　b）下蹲

2）杠铃提踵（见图7—61）的动作要领：双手掌心朝前握杠宽于肩，杠铃置于肩后，收腹、紧腰、挺胸，身体直立，膝关节伸直。接着吸气，尽可能高地向上提起脚跟，稍停3～4 s，然后呼气，缓慢还原，重复练习。

a)　　　　　　　　　　　　b)

图7—61　杠铃提踵

a）准备动作　b）提起脚跟

(3) 哑铃练习

1) 哑铃蹲举（见图7—62）的动作要领：双手握哑铃放在肩上或垂在体侧，抬头挺胸，身体平稳下蹲，直到大腿与小腿夹角小于90°，然后大腿用力站起来。

a) b)

图7—62 哑铃蹲举
a）准备动作 b）下蹲

2) 哑铃箭步蹲（见图7—63）的动作要领：双手各持一哑铃自然直臂垂于体侧，眼视前方，挺胸、收腹、紧腰。沉髋、后腿屈膝下蹲至膝关节接近地面，稍作停顿后起蹲，下蹲时膝关节与踝关节在同一垂线上，重量均匀分布在两腿上。重复直到完成规定次数后，交换前后腿位置，开始另一组练习。

3) 哑铃提踵（见图7—64）的动作要领：脚后跟着地，双脚稍微分开，身体直立，双手持哑铃垂在体侧，小腿后部用力将脚后跟向上抬起来，直到脚面绷直，同时往上拔腰，收紧身体前后面的所有肌肉，然后慢慢放下，但脚后跟不再着地，直到做完一组。

图 7—63 哑铃箭步蹲

a）准备动作　b）下蹲

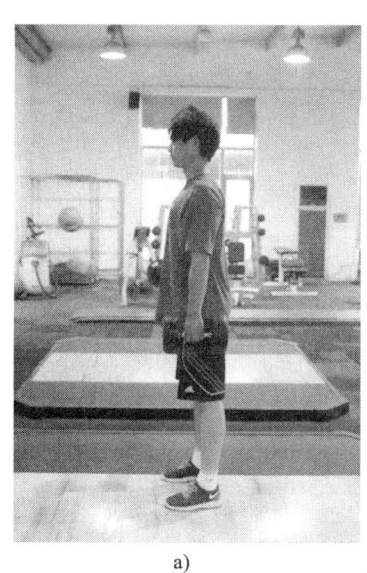 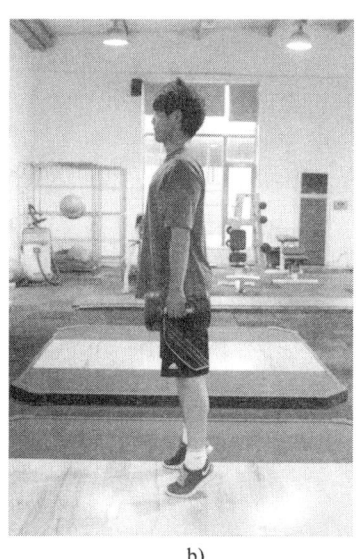

图 7—64 哑铃提踵

a）准备动作　b）提起脚跟

7.2.5 抗阻训练的保护

体适能教练员要注意到客户锻炼所处的周围环境是否安全以及其他一些细节问题，如杠铃片是否锁住，器械插销是否完全插入孔中等。

当练习者进行抗阻训练时，保护其不受到任何伤害，是体适能教练员的首要任务。一般情况下，在杠铃、哑铃等自由重量练习时需施加保护，因为这些练习容易失控，导致受伤。

在练习者进行练习时，如因力量不足，不能完成规定次数时，体适能教练员应在适当时机给予保护。以下练习特别需要加以保护，分别为头上练习（如哑铃坐姿推举等练习）、面部朝上的仰卧练习（如杠铃平板卧推、杠铃仰卧臂屈伸等练习）和杠铃置于颈后的练习（如负杠铃蹲举练习）。

在头上练习和仰卧练习中，保护者一定要注意调整好自己和锻炼者的位置，保护者的高度要高于练习者，在头上或仰卧哑铃练习中，保护者要注意把手靠近练习者的手腕部，接近哑铃的位置，而不是肘部；在杠铃练习中，保护者要尽量靠近练习者，背部要挺直，不要弓背，还要注意自己的身体稳定，如果必要，可以采用两脚前后站立的方式；杠铃位于肩后的保护，也要求保护者高于练习者。

保护者和练习者应当相互交流，并告知自己的意图，缺乏交流和提示，可能会干扰或危及练习者。因此，体适能教练员要在练习前，与客户进行充分交流。

7.3 心肺能力训练技术

7.3.1 心肺耐力定义及训练指引

1. 心肺耐力定义

心肺耐力指一个人持续有氧活动的能力。评估心肺耐力的主要指标是最大摄氧量。最大摄氧量是指从事最激烈的运动，组织细胞所能消耗或利用氧的最高值，是评估个人心肺耐力的最佳指标。特定距离的跑步（或快走）测验（1 600 m、3 000 m）、特定时间的跑步距离测验（12 min 跑）、20 m 来回跑、登阶测验等，则是心肺耐力的辅助评估方式。

2. 心肺耐力训练指引

（1）训练频度。每星期运动 3~5 次。

（2）训练强度。储备心率的 50%~85%。以提升心肺耐力为目的的，训练强度应控制在储备心率的 70%～85%；以减脂为目的的，训练强度应控制在储备心率的 60%～65%。

（3）训练时间。以提升心肺耐力为目的的应持续 20 min 左右；以减脂为目的的应持续 20～60 min。

（4）训练形式。大肌肉群参与并持续进行的有节奏的有氧运动均可，如跑步、游泳、骑车等。

3. 目标心率计算公式

（1）最大心率。人体运动时，随着强度增加，心率的最大值。

$$最大心率 = 220 - 年龄$$

（2）储备心率。运动时心率从静态心率提升到最大心率的幅度。

$$储备心率 = 最大心率 - 静态心率$$

相关链接

卡氏公式是用来计算运动目标心率相对准确的方法：

$$目标心率 = [（220 - 年龄）- 静态心率] \times 运动强度 + 静态心率$$

7.3.2 心肺能力器械训练技术

1. 跑步机练习技术（见图 7—65）

跑步机是一种可以在室内原地进行步行或跑步练习的最基本的有氧运动器械。跑步机的跑带部分具备较好的缓冲功能，能将运动时产生的冲击力降低。在练习时，跑步机的跑带速度和坡度是可以调节的。跑步机上还有把手，可以用来维持平衡。

（1）跑步机步行练习的入门方法。对于那些从来没有进行过跑步机练习的初学者是需要一些指导的，可以让初学者按照一定的方法进行练习。

在启动跑步机前，可以让练习者两脚分别站在跑带以外的两侧部位，双手握住把手。当跑步机启动后，让练习者先踏上一只脚，然后再踏上

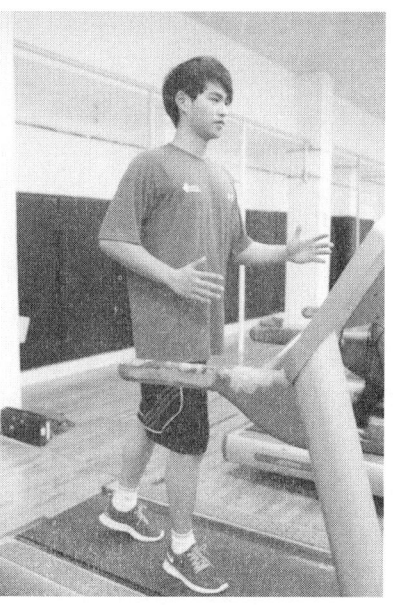

图 7—65　跑步机练习

另一只脚，开始迈步走动。如果练习者无法保持平衡，可让其双手握住把手，但也不要握得过紧，同时向前迈的脚要用力向后"扒"跑带。当练习者能够维持平衡后，应鼓励其将双手分开把手，用摆动双臂的方式来保持平衡。要让初学者脱离对把手的依赖，可按以下步骤进行练习：

1) 轻轻握住把手。
2) 两手手指扶住把手。
3) 一只手轻轻握住把手，另一手臂自然摆动。
4) 一只手的手指扶住把手，另一手臂自然摆动。
5) 两手完全离开把手，自然摆臂。

要告诫练习者在跑带的中部位置进行练习，而不要太靠后或靠两侧部位，以避免从跑步机上跌落。

（2）跑步机步行练习时，应保持正确的身体姿势，减小脊柱和腰背部肌肉的负荷，以提高锻炼效果。练习者的头、躯干要保持自然、正直的姿态，挺胸、收腹，双眼平视，肩部放松，从侧面看，耳朵、肩部和髋部要保持在同一条垂直于地面的直线上。

要保持髋部放松，脚后跟外侧先着地，然后迅速过渡到脚后跟内侧，再过渡到前脚掌，最后前脚掌离地。但脚掌不要过度内翻或外翻，否则可能会造成下肢关节伤损。摆臂动作与腿部动作要协调配合，摆臂的速度要与步频相同。当左脚前迈时，右臂前摆；当右脚前迈时，左臂前摆。摆臂时，肩部要放松，手掌自然半握拳。快速行走时，屈肘约90°，这样可使摆臂的动作更快。手臂向前并向内侧摆动时，手可以接近胸部高度，但不要超过身体的正中面；手臂向后摆动时，手可以接近臀部高度。

为了提高步行速度，可加快步频、增大步幅，或者同时采用这两种方法，但没有必要刻意、过分地增大步幅。步行时若较为放松，反而会增大步幅。

（3）跑步机跑步技术。对于跑步的练习者，由脚后跟过渡到前脚掌的着地方式是最安全的，可减少下肢关节受到的反作用力。脚后跟和前脚掌着地的动作要柔和，就像在地面上"滚动"一样。这样可以减少消耗不必要的能量，降低损伤的可能性。脚着地时，下肢关节的震颤动作也是错误的，容易增大对下肢关节的冲击力。摆臂时，肩部要放松，屈肘，手掌自然半握拳。摆臂动作一般是以肩关节为轴的。

要提高跑步的速度，可以增大步幅、加快步频，或者同时采用这两种方法。步幅调整与腿长、柔韧性、力量、协调性和疲劳程度有关。在跑步时，脚应该在身体的正下方着地。如果步幅过大，练习者的重心会提高，使下肢关节受到的反作用力增大，并造成不必要的制动效果，这样不仅会降低速度，还会增加出现损伤的可能性。由此可见，步幅过大，只会起到适得其反的效果。相反，如果步幅过小，会无谓地浪费能量，减慢速度。因此，练习者要按照适合自己的步长和步频进行练习。这样，才能提高运动水平，达到最佳的锻炼效果。

2. 台阶器训练技术

台阶器是一种模拟蹬台阶练习的室内有氧运动器械。由于台阶器使用了自动升降装置，而且练习过程中脚掌始终没有离开脚踏板，因此它能够降低对膝关节的作用力。练习者还可以自由控制，采用不同的运动幅度，使练习更为安全、舒适。下面介绍的是台阶器正确的训练技术。

运动时，练习者将双脚放在脚踏板上，脚尖自然朝向前方，膝关节要对准脚尖。双手轻轻握住把手，能够保持平衡即可。将身体重量过分地放在器械把手上，会使能量消耗减少。能够维持平衡者，可以将双手完全放开，屈肘关节约90°，自然放松摆动。要挺胸、收腹，头和躯干要自然地保持正直姿势，双眼平视，两肩放松。在练习时，有些练习者上体过分前倾，使腰背部的压力增大，这是运动速度过快的结果；有些练习者左右摆动过大，可能是运动幅度过大的结果，这也会导致上体过分前倾。为使练习者保持上体平衡和正确的身体姿势，可以降低运动速度或减少运动幅度。当屈膝时，膝关节不要超过脚尖；伸膝时，不要锁膝，要保持适当的弯曲程度。过度的伸膝或屈膝动作，都会增大对膝关节的压力，可能会导致损伤。

台阶器练习的运动幅度，取决于练习者的身高和运动水平。练习时，为了保持适当的强度和正确的身体姿势，双脚的运动幅度要保持在 10~20 cm 之间，不要使脚踏落地，也不要使脚踏接触器械的最上缘。在保证不产生过度疲劳或上体过分前倾动作的前提下，可以保持较大的运动幅度。练习时，动作幅度也不要过小，幅度过小，股四头肌、腘绳肌和臀部肌肉不能得到充分的锻炼。

台阶器练习的速度，取决于练习者的运动能力。按照合适的节奏进行练习，能使运动时间更长，并且有助于保持正确的身体姿势。初学者在练习时，可以适当放慢节奏。当练习者能够维持身体平衡，并感觉很适应时，可以加快节奏，但运动节奏过快时，容易出现臀部左右摆动过大或运动幅度过小的问题。

3. 椭圆机训练技术（见图7—66）

椭圆运动机是一种将步行、跑步和蹬台阶练习结合到一起的室内有氧运动器械。

椭圆运动机练习能够代替步行、跑步和蹬台阶练习,并且对人体下肢各关节的冲击力较小,是一项非常安全、有效的练习,现在变得越来越受欢迎。下面介绍的是椭圆运动机正确的练习技术。

运动时,练习者将双脚放在脚踏板上,脚尖自然朝向前方,膝关节要对准脚尖。

练习者双手轻轻握住把手,能够保持平衡即可。能够保持平衡者,可以将两手完全放开,屈肘关节约90°,自然放松摆动。如过分依赖器械把手,会使运动强度降低,上体也不能保持正确姿势。头和躯干要自然地保持正直姿势,双眼平视,挺胸、收腹,肩部要保持放松。在屈膝时,膝关节不要超过脚尖,以避免对膝关节的压力过大,防止出现损伤。

4. 固定自行车训练技术(见图7—67)

固定自行车分为两种,一种是直立式的,一种是靠背式(或称斜卧式)的。固定自行车练习对下肢关节的冲击力较小,尤其适合于体重较大、下肢有伤或不便走路的练习者。下面介绍的是固定自行车正确的训练技术。运动时,当一侧脚踏板位于最低位置时,同侧腿的膝关节应略微弯曲,这样就不会出现膝关节完全伸直而产生锁膝的

图7—66 椭圆机训练

图7—67 固定自行车训练

现象。当脚踏板位于最高点时，同侧大腿应该保持在髋部高度，约与地面平行。如果坐椅位置过低，当脚踏位于最高点时，膝关节会高于髋部，这时做向下蹬踏动作会使膝关节的压力过大，容易造成损伤。另外，由于下肢运动过分靠近躯干，身体还会有紧张不适的感觉。相反，如果坐椅位置过高，两脚就会随着脚踏过分向下运动，臀部也会随之左右摆动，容易使脊柱和下肢带关节压力过大。通常情况下，握住器械把手后，上体要保持自然正直的姿态，也可以略微前倾，但不能弯腰弓背。靠背式固定自行车的坐椅较为舒适，躯干有靠背支撑，特别适合于年老体弱者、体重较大者、腰背部有伤病者、心脏病恢复者和孕妇等进行练习。

7.4 柔韧训练技术

7.4.1 柔韧性定义及影响柔韧性因素

1. 柔韧性定义

一个关节或一系列关节所能产生的最大活动幅度。

2. 影响柔韧性因素

通过研究人体结构及其他有关情况得知，影响柔韧素质的因素是多方面的，主要有骨关节结构、跨过关节的肌肉、肌腱、韧带等伸展性、肌肉类型、年龄、性别、活动水平和温度等。

7.4.2 伸展的益处

1. 增强身体活动功能。
2. 减少肌肉受伤机会。
3. 增进关节的血液及养分供应。
4. 减少肌肉酸痛。
5. 预防腰背痛。

7.4.3 伸展的种类

1. 静态伸展定义及方法

静力性伸展练习的要点是：在练习时慢慢牵拉肌肉，当肌肉感到被牵拉时，停止继续拉长，坚持 10~15 s 后，再放松。静力性伸展练习避免了牵张反射的副作用，其优点是效果明显，花费的时间相对较短，可以独立完成，发生肌肉损伤的概率低。因此，静力性伸展练习是普通健身者训练前首选的柔韧性练习方法。

2. 动态伸展定义及方法

就是一种在动态中模仿比赛的动作的伸展方式，简单说，就是模仿一些打球过程中要做的动作，包括弯（转）腰、压腿、向前跨步、侧身引臂拉拍、高抬腿走、侧身双腿交叉走等。每个专项运动都有不同的动态伸展方法。

3. 弹振式伸展定义

弹振式伸展是最早，也是最常用的加强柔韧性的练习方法。练习时通过反复的冲击动作牵拉肌肉。这种练习方法，由于神经肌肉的牵张反射，每冲击1次，便会引起肌肉1次反射性收缩，冲击的力量越大，反射性收缩的强度也越大。反射性收缩部分抵消了主动牵拉肌肉的力量，降低了锻炼效果，如果主动冲击的力量（或有他人给予助力）过大，则可能引起肌肉拉伤。这种练习方法不建议使用。

4. PNF 伸展定义及方法

PNF 被译为"本体感觉神经肌肉促进法"。PNF 技术是通过刺激本体感受器（肌梭、腱梭等）而促进和加速机体神经肌肉系统反应的一种方法。在运动前或运动时刺激本体感觉，有时配合刺激其他感受器（触觉、听觉、视觉等），使其作用于运动中枢，加强运动冲动，使更多的前角细胞或运动机能单位兴奋，从而提高锻炼效果。

下面介绍的 PNF 练习，是 PNF 技术中的一种，指"收缩—放松"练习。PNF 练习是利用牵拉肌肉引起反牵张反射，促使痉挛或紧张的肌肉放松，达到逐渐加大关节活动幅度的目的，是一种被动伸展练习方法。PNF 练习的方法是先被动静力性伸展 15~30 s，然后被拉长的肌肉用力对抗，肌肉用 10% 左右的最大力量做等长收缩，保持 6 s，然后放松伸展到一个更大的活动幅度，在此幅度下保持 15~30 s，再次做肌肉 6 s 等长收缩。一般重复在 2~3 次以上。这种伸展方法能够减少肌肉的牵张反射，有效地提高的柔韧性，且不易引起肌肉损伤。

7.4.4 身体主要部位肌肉柔韧性训练动作技术

从下面图片中可以看到上肢肌、躯干肌、下肢肌的静力性伸展练习动作技术示范。

1. 上肢肌静力性伸展练习（见表7—2）

表7—2　　　　　　　　　　上肢肌静力性伸展练习示意图

训练部位	示意图	训练部位	示意图
胸大肌		腹直肌	
背阔肌		上斜方肌	
竖脊肌		中下斜方肌、菱形肌	

2. 下肢肌静力性伸展练习（见表7—3）

表7—3　　　　　　　　　下肢肌静力性伸展练习示意图

训练部位	示意图	训练部位	示意图
臀大肌		股四头肌	
髂腰肌			
腘绳肌		腓肠肌	

3. 躯干肌静力性伸展练习（见表7—4）

表7—4　　　　　　　　　躯干肌静力性伸展练习示意图

训练部位	示意图	训练部位	示意图
三角肌前束		肱二头肌	
三角肌中束		肱三头肌	
三角肌后束		前臂屈肌	
		前臂伸肌	

思 考 题

1. 简述抗阻力训练的动作分析步骤。
2. 简述抗阻力训练时屏气的弊端。
3. 简述抗阻力训练时教练员保护的注意事项。
4. 简述跑步的基本技术动作要领。
5. 简述伸展的种类及特点。

第 8 章

健身场所常见运动损伤的现场处理

完成本章的学习后,您能够:

- ☑ 了解健身场所常见运动损伤的种类
- ☑ 掌握冷疗法
- ☑ 掌握止血、包扎、临时固定和搬运的方法
- ☑ 掌握心肺复苏术的方法

8.1 健身场所常见运动损伤

健身场所是一个集合训练器材和人员的场所,在客户的运动训练中,由于内在因素和外在环境因素的共同作用,虽然有适当的保护措施,但是仍不可避免地会造成一些运动损伤。只有及时恰当地面对和处理伤病的发生,才能更好地保护客户,使其受到最小的伤害。

常见的运动损伤的处理是体适能教练员的必修内容,学习这部分内容也是对客户的安全负责任。

相关链接

任何与客户身体健康安全有关的伤病和突发情况都应该立刻及时联系医疗单位,或者拨打急救电话。体适能教练员切不可凭借自己所学知识独自诊断并处理,以避免不必要的纠纷(如图8—1所示)。

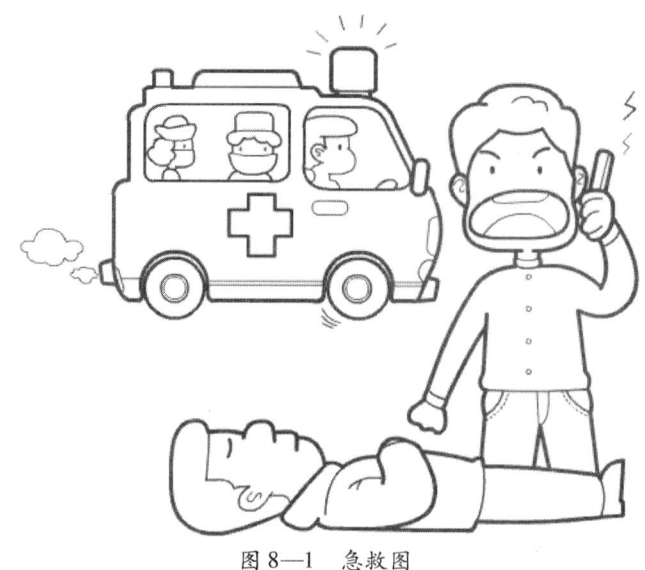

图 8—1 急救图

8.1.1 肌肉拉伤

肌肉主动强烈收缩或被动过度拉长所造成的肌肉微细损伤、肌肉部分撕裂或完全断裂,称为肌肉拉伤,这是最常见的运动损伤之一。

1. 肌肉拉伤的原因

(1) 未能进行足够的热身准备活动,肌肉的生理机能尚未达到适应运动所需的状态。

(2) 训练水平不够,肌肉的弹性和力量较差。

(3) 疲劳或过度负荷,使肌肉的机能下降,力量减弱,协调性降低。

(4) 错误的技术动作,运动时注意力不集中,动作过猛或粗暴。

(5) 气温过低湿度太大,场地或器械的质量不良等。

2. 肌肉拉伤的原理

由于在完成各种动作时,肌肉主动猛烈地收缩,超过了肌肉本身的负担能力;或突然被动地过度拉长,超过了它的伸展性,收缩肌肉和拮抗肌都会发生拉伤。

相关链接

在体育运动中,大腿后群肌肉的拉伤最为常见,大腿内收肌、腰背肌、腹直肌、小腿三头肌、上臂肌等都是肌肉拉伤的易发部位。

3. 肌肉拉伤的表现

(1) 视。局部肿胀、肌肉紧张、发硬、痉挛。

(2) 触。疼痛、有压痛。

(3) 动。功能障碍，影响活动。

4. 肌肉拉伤的处理方法

当受伤肌肉主动收缩或被动拉长时疼痛加重，有些伤员伤时有撕裂感，肿胀明显且皮下淤血严重。触摸局部有凹陷或见一端异常隆起者，可能为肌肉断裂。一般处理方法为：早期用冷敷，加压包扎，还要把患肢放在使受伤肌肉松弛的位置以减轻疼痛。48 h 后（年龄偏大者要适当延长时间）可进行热敷，开始按摩，手法要轻缓。怀疑有肌肉、肌腱完全断裂者，应在局部加压包扎、固定患肢后，立即送医院确诊，必要时还要接受手术治疗。

在肌肉拉伤后，症状较轻者，局部停训 2~3 天，其他部位可以继续适当训练，以后逐步进行功能锻炼，但应避免使用受伤的动作。1 周后可逐渐增加肌肉的力量和柔韧性练习。在做伸展练习时以不增加伤部疼痛为度。大约 10~15 天后，症状基本消除，可逐渐进行常规训练。训练时伤部必须使用保护支持带，并充分做好准备活动。

情况严重者，如肌肉、肌腱完全断裂或撕脱骨折者，应立即停止训练，完全休息，积极治疗，伤后训练和专项训练都应在医生指导下进行，以免造成新的损伤。

5. 肌肉拉伤的预防

应针对前面提到的 5 点原因进行针对性的预防，如训练前要进行正确和充足的热身活动，若要进行大力量刺激训练则要加长热身时间；依照客户个体制订合理的训练计划，使训练过程循序渐进；正确的动作指导和看护等。

8.1.2 韧带拉伤

韧带通常分为两大类：一类是固定内脏的悬韧带，另一类是连接骨与关节的骨骼韧带。通常所说的韧带主要指骨骼韧带，是使各骨块相互联结的索状物，与弹性纤维紧密并行，可弯曲，是纤维状的致密结缔组织。它附着于骨骼的可活动部分，但限制其活动范围以免损伤。

韧带拉伤的原理是人体在负重活动或体位变换时，肌肉、韧带、筋膜、滑膜等受到牵扯，当关节扭转或肌肉骤然收缩时，会导致少数纤维被拉断、小关节微动错缝，形成拉伤。若韧带发生完全断裂，则会影响关节的正常活动。

韧带拉伤表现为拉伤的部位会出现肿胀和淤血，关节活动受限，完全断裂则会使关节的稳定性受到一定的影响。

相关链接

运动训练中常见的韧带损伤一是踝关节外侧的韧带拉伤，也就是平常说的崴脚；二是膝关节的韧带拉伤，多为十字韧带损伤。

韧带拉伤和肌肉拉伤的处理原则基本相似，早期要固定和冷敷，视拉伤情况绝对休息一周以上，待症状稳定以后可热敷，也可采取中医筋伤疗法加速康复，如针灸、按摩及理疗。完全断裂者需医学手术治疗，影响关节活动的重要韧带的拉伤或断裂需缝合或人工重建。

8.1.3 关节扭伤

关节扭伤一般是指关节运动时，在其屈伸、扭转的同时力量过大或角度不合理导致的以关节疼痛和活动受限为表现形式的关节损伤。

关节扭伤所导致的具体损伤部位并不固定，因为关节的组成包括：关节面和附着其上的软骨、连联结关节两端的韧带、与关节活动有关的肌肉、关节囊及一些特殊组成（如膝关节的半月板装置）。所以关节扭伤要视具体的情况来决定治疗方案和修改运动训练计划。

若关节损伤的部位为韧带或者肌肉，处理方案如前所述；若不是则需到医疗机构诊断和治疗，并视需要适当暂停运动训练计划。

8.1.4 运动性低血糖

成年人空腹血糖浓度低于 4.0 mmol/L 称为低血糖，但血糖低于更低的水平才会导致一些症状的出现，叫低血糖症。运动性低血糖症是指：由于运动而引起血糖低于一个特定水平，并导致四肢发冷、面色苍白、出冷汗、头晕、心慌等症状出现。

低血糖的原因和机制比较复杂，这里仅简述由运动训练引起的低血糖症。因为血液中的葡萄糖浓度降低导致出汗、神经质、颤抖、无力、眩晕、心悸、饥饿感，更有甚者会意识混乱、行为异常、视力障碍、木僵、昏迷和癫痫，低血糖昏迷常有体温降低的现象。

轻度症状的低血糖症在给予口服葡萄糖或含葡萄糖食物后就能够缓解，当症状严重或病人不能口服葡萄糖时，应静脉推注50％葡萄糖50～100 ml，继而用10％葡萄糖持续静滴（可能需要20％或30％葡萄糖）。开始10％葡萄糖静滴几分钟后应用血糖仪监测血糖，此后要反复多次测血糖，调整静滴速率以维持正常血糖水平。此过程可移交医疗单位执行。

8.1.5 肌肉痉挛

肌肉痉挛是运动时常见的损伤，是指肌肉突然、不自主地强直收缩的现象，会造成肌肉僵硬、疼痛难忍。肌肉痉挛的真正机制目前尚未明确，大多数的研究结果认为，肌肉抽筋起因于神经或神经肌肉应激阈值降低，使得肌肉的神经行动频率突然增加，造成肌肉强直收缩。

轻度的局部肌肉痉挛能够自愈。而一旦发生重度的全身性突然抽筋，应镇静止痉，同时马上找医生。一般抽筋不会立即危害生命，所以不必过分惊慌。

8.1.6 晕厥

晕厥是指一时性的全大脑半球及脑干供血不足引起发作性短暂意识丧失伴肌张力消失而倒地的现象。

晕厥是突然意识丧失、摔倒、面色苍白、四肢发凉，但不会出现抽搐、舌咬破和尿失禁。应询问客户晕厥前的情况、有无先兆、晕厥时意识障碍的程度和持续时间的长短以及当时是否有面色苍白、脉搏缓慢、尿失禁及肢体抽动等症状。晕厥常由神智和外界环境刺激等因素引起，剧烈运动后的排尿、排便、咳嗽、失血、脱水也可为诱因。

出现晕厥的客户要及时送到医院就诊，查明导致晕厥的原因，并及时修改客户的训练计划，以保护客户的身体健康安全，必要时要终止训练计划。

8.2 运动损伤的现场处理

在健身场所发生运动损伤的情况以后，工作人员要及时采取安全有效的现场处理措施，不仅能够保护客户的人身安全，也能够避免不必要的纠纷，取得客户的信任。

8.2.1 冷疗法

冷疗法是指在一般的肌肉和韧带等软组织受到损伤时，在短时间内用冰袋或冰水进行物理降温。当机体产生损伤时，首先会造成软组织和其中的血管损伤，微小的血管发生破裂，产生淤血，导致损伤的局部肿胀、疼痛。早期冷疗法的原理就是通过局部的物理降温刺激使损伤区域的毛细血管收缩，减少淤血的产生。这样做不仅可以减轻当时的症状，也可以大大地缩短后期的康复时间。

8.2.2 止血、包扎、临时固定和搬运

止血、包扎、临时固定和搬运是外伤救护的四项基本技术。作为体适能教练员，这也是必须要掌握的基础技术，一般处理原则为先止血后包扎，再固定后搬运。

1. 止血

大的创伤出血往往是导致休克或死亡的原因之一。因此，在救护过程中，必须迅速正确地进行止血，才能有效地抢救伤员。

首先是要进行出血情况的判断：

（1）出血的种类

1）动脉出血。血色鲜红，呈喷射状。

2）静脉出血。血色暗红，呈缓慢涌流状。

3）毛细血管出血。呈片状渗出，血色鲜红。

（2）判断出血程度。注意伤员全身情况的变化，出血多者常有以下特征：

1）皮肤和黏膜呈现苍白色。

2）脉搏细速，四肢发凉。

3）皮肤潮湿，全身衰竭。

4）躁动不安，烦渴。

5）严重者，有时可出现昏迷等。

上述变化，多因有效循环血量和血内有形成分减少，而导致急性缺血和缺氧所致。

（3）止血方法

1）指压止血法。指压止血法是一种简单而有效的临时止血法，多用于头部、颈部及四肢的动脉出血。方法是：根据动脉走行位置，在伤口的近心端，用手指将动脉压在邻近的骨面上止血；也可用无菌纱布直接压住伤口止血。然后再更换加压包扎法，或用止血带进行止血。

2）止血带止血法。这是创伤救护中对出血伤员常用的止血方法。多用于四肢较大动脉的出血。目前采用的制式止血带主要是橡皮止血带。此外，还可用三角巾、绷带等物进行绞棒止血，如图8—2所示。

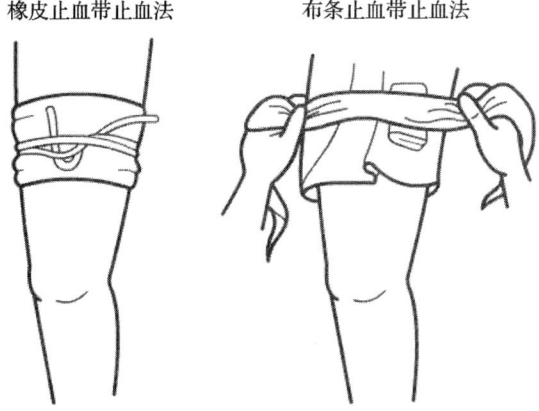

图 8—2　止血带止血法

①橡皮止血带止血法。先在出血处的近心端用纱布或衣服、毛巾等物垫好，然后再扎橡皮止血带。其方法是：用左手（或右手）拇指、食指、中指夹持止血带头端，将尾端绕肢体一圈后压住止血带头端和手指，再绕肢体一圈，用左手食指、中指夹住尾端，抽出手指即成一活结。

②绞棒止血法。在无制式止血带的情况下，可用三角巾、绷带、手帕、绳索、水壶带、纱布条等材料，折叠成带状，缠绕在伤口近心端（仍需加垫），并在动脉走行的背侧打结；然后用笔杆、小木棒等插入绞紧，直至无出血为止。使用时必须注意以下几点：

◇ 先扎止血带后包扎，若能用加压包扎等其他方法止血时，最好不用止血带止血。

◇ 扎止血带要松紧适度，以达到压迫动脉的目的。太松仅仅压迫了静脉，使血液回流受阻，反而出血更多，并会引起组织淤血、水肿；太紧会导致软组织、血管和神经损伤。此外，扎止血带的部位应该加衬垫，以免损伤皮肤。

◇ 止血带必须扎在靠近伤口的近心端，不强求标准位置。前臂和小腿扎止血带不能达到止血目的，故不宜采用此法止血。

◇ 必须注明扎止血带的时间，以便在后送途中按时松解止血带。通常以每隔 2～3 h 松 1 次为宜，每次松 5～10 min。放松时，要用手压迫止血。

◇ 出血伤员必须挂有明显的出血标志，并优先后送。寒冷季节应注意保暖。

3）加压包扎止血法。此法用于一般止血，既可以止血，又可达到包扎伤口的目的。方法：取纱布、棉花等物做好垫子，放在伤口敷料的外层，然后加压包扎即可，如图 8—3 所示。

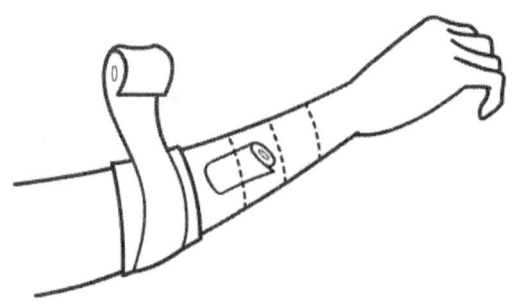

图 8—3　加压包扎止血法

4）屈肢加压止血法。在肘窝等处加垫，然后屈肢加压包扎，即可止住包扎处以下部位的出血。有骨折或关节脱位时禁用此法。

5）止血粉止血法。将止血粉直接撒在出血创面上，立即用干消毒纱布加压，即能达到止血目的。

2. 包扎

包扎是指用绷带或者三角巾包裹和固定受伤部位以达到保护伤口，减少感染，固定敷料夹板，挟托受伤的肢体，减轻伤员痛苦，防止刺伤血管、神经等严重并发症，加压包扎还有压迫止血的目的。

包扎过程较为复杂，且在止血之后，应当及时移交伤员至医疗单位，故在此不再展开讲解包扎技术。

3. 临时固定

一般是针对发生骨折的伤员，因为在搬运伤者到医院的途中要保持骨折部位稳定，以免造成新的损伤如断骨端对神经和血管的戳伤等。原则是优先使用外固定工具固定骨折处，若没有工具可以依靠伤员的自身来固定，如上肢骨折固定在胸前、下肢骨折可绑定在健侧。

4. 搬运

在发生严重的运动伤害以后，最终要做的就是要护送伤者去医院就诊，如要把伤者正确地移交至医疗人员手中，就要针对不同伤害采取不同的搬运方式。一般损伤的搬运方式没有过多限制，可在尽量减少伤者移动的基础上单人或多人合作搬运。另外，不能排除有脊髓损伤的伤员（多伴有昏迷、失去意识或感觉丧失），切忌不可随意移动其体位，也不可单人搬运；若急需搬运抢救，则需要用坚硬的木板或平稳的担架来承托伤员，且移动伤员时要尽量避免脊柱的转动，应多人合作同时转动伤员的身体。

8.2.3 心肺复苏术

心肺复苏术是用于呼吸和心跳突然停止、意识丧失病人的一种现场急救方法。其目的是通过口对口人工呼吸和胸外心脏按压来向患者提供最低限度的脑供血。呼吸心跳骤停，医学上叫猝死，若发生在健身场所多来不及送医院抢救。若在发病 4 min 内能开始进行正确有效的心肺复苏术，能救活许多的猝死病人，因此，让更多的人掌握现场心肺复苏术，具有很大的意义。

当病人突然倒下时，首先应边摇边喊病人，判断是否失去知觉、有无呼吸心跳，若无反应，应立即开始做心肺复苏术，其步骤如下：

1. 病人的准备

将病人平卧在平地或硬板上，当病人有外伤（如骨折等）时，要小心搬动，以免加重伤情。保持病人气道通畅，可用仰头－抬颌（或托颌、托颈）法，使病人的口腔、咽喉轴呈直线，防止舌根、会厌阻塞气道口，方法是操作者一般站或跪在病人右侧，左手置于病人前额上用力后压，右手指放在病人下颌骨下沿，将颌部向上向前抬起。

2. 口对口人工呼吸

口对口人工呼吸是向病人提供空气的有效方法。方法是：抢救人员用置于病人下颌的右手向下压其颌部，撑开病人的口，左手的拇指与食指捏住病人的鼻孔，防止呼入的空气逸出。抢救人员用自己的双唇包绕封住病人的口的外部，形成不透气的密封状态，然后以中等力量，用 1～1.5 s 的时间向病人口中吹入约 800 ml 空气，吹气后，抢救人员即抬头侧向一边，做一次深吸气，待下次吹气，如此按 12 次/min 的频率反复进行，直到病人有自主呼吸为止，如图 8—4 所示。

3. 胸外心脏按压

目的是通过胸外心脏按压形成胸腔内外压差，维持血液循环的动力。方法是抢救人员在病人右侧时，其左手掌根部置于病人胸前胸骨下端，再将右手掌压在左手背上（婴儿可用食指、中指尖，儿童可用一只手掌根），两手的手指翘起不接触病人的胸壁，伸直双臂，肘关节不弯曲，用双肩向下压而形成压力，将胸骨下压约 3.5～4.5 cm（婴儿 1.5～2.5 cm，儿童 2.5～4 cm），按压和放松相间，时间相等，但手掌不离开病人胸骨部位，反复进行，每分钟按压 80～100 次，如图 8—5 所示。

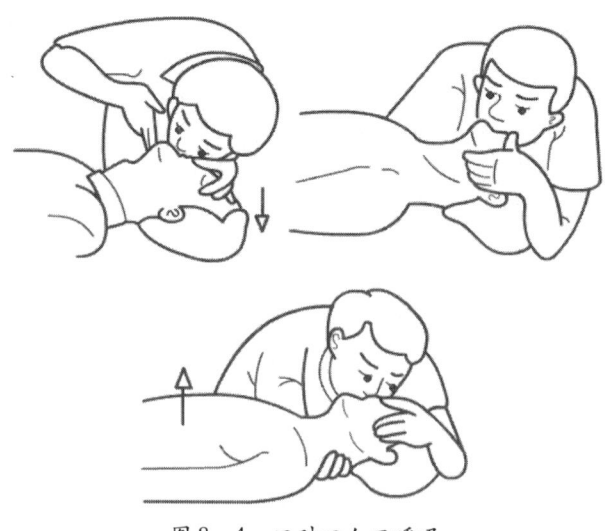

图 8—4 口对口人工呼吸

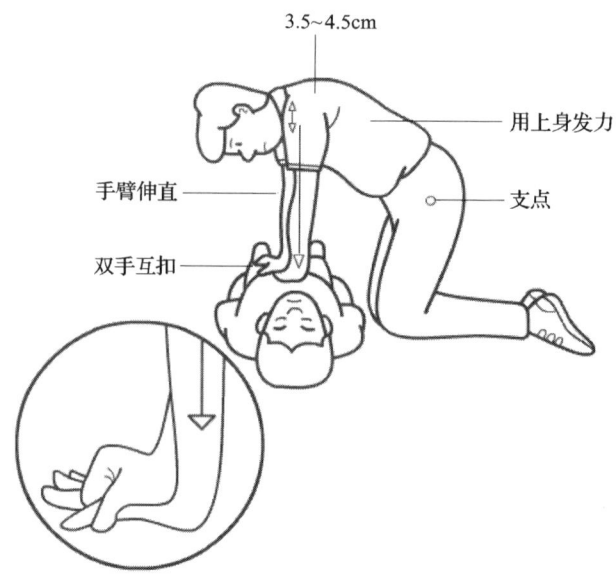

图 8—5 胸外心脏按压

4. 进行心肺复苏术的注意事项

（1）口对口人工呼吸和胸外心脏按压应同时进行（可单人或双人同时进行），按压与吹气的比例为：单人抢救30∶2，双人抢救15∶1。即吹气2次（单人）或1次（双人），胸外心脏按压30次（单人）或15次（双人），吹气与按压的次数过多过少，均会影响复苏的成败。

（2）胸外按压的部位不宜过低，以免损伤肝、脾、胃等内脏。按压的力量要适宜，过猛过大，会使胸骨骨折；按压力过轻，形成的胸腔压力过小，不足以推动血液循环。

（3）口对口的吹气不宜过大，吹入时间不宜过长，以免发生急性胃扩张。吹气过程中要注意观察病人气道是否通畅，胸腔是否被吹起。

（4）复苏的成功与终止。进行心肺复苏术后，如病人瞳孔由大变小，脑组织功能开始恢复，能自主呼吸，心跳恢复，紫绀消退等，则可认为心肺复苏成功。若经过约 30 min 的心肺复苏抢救，不出现上述复苏的表现，预示复苏失败。若有脉搏，瞳孔处于收缩状态，应继续进行心肺复苏抢救。如病人深度意识不清，缺乏自主呼吸，瞳孔散大固定，表明脑死亡。心肺复苏持续 1 h 之后，心电活动不恢复，表示心脏死亡。

现场急救是指医护人员未到之前，对由于疾病、意外创伤及灾害等引起的伤害，进行就地应急处理和护理，为转运病人创造有利条件，减轻病人的痛苦，防止伤势、病情进一步恶化。当遇到一些意外事故、突然发生急病或遭受外伤时，能否得到正确及时的处置，直接关系到病人的安危和预后，尤其对一些危重伤病员，时间就是生命，正确及时的救治，可以大大降低死亡率和致残率。因此，让更多的体适能教练员掌握现场急救知识，遇到这些情况时，就可以进行自救互救，对保障生命安全有重大意义。

思 考 题

1. 肌肉拉伤的处理为什么早期要冷敷，后期要热敷？
2. 请列举预防肌肉拉伤的方法，试着说明原因。
3. 请简述冷疗法的原理。
4. 如果客户在健身场所出现前臂的外伤导致大出血，应该怎样处理？
5. 如果客户在运动训练时被杠铃砸伤背部且失去意识，要如何搬运他至医院？

第 9 章

运动方案设计

完成本章的学习后,您能够:

- ☑ 了解运动计划制订需要考虑的因素
- ☑ 掌握运动计划制订的程序和原则
- ☑ 掌握特殊人群私教课程开展的方法和原则

9.1 运动训练方案

9.1.1 运动计划的概念

运动对于增强体适能、预防疾病、促进健康等都有良好的作用。但是，并非所有的人在从事相同的运动时都有同样好的效果。对于同一种运动负荷，在运动员、一般健康者和不同程度的疾病患者中机体产生的反应差异是很大的。即使同一个体，在不同时期、不同机能状态下，对同一运动负荷的反应和效果也是不一样的。因此，不同的个体应有适合其机能需要的不同频率或间隔、强度、时间、运动类型、持续周期等的运动。

如何科学地指导人们进行运动，使其机体最大限度地保持或提高机能水平，预防某些疾病的发生是体适能教练员应该掌握的重要内容。运动计划以提高体适能、促进身心健康、预防运动缺乏症为目的，针对个人的身体状况而制订的一种科学、定量化的周期性运动锻炼方案。即根据锻炼者的健康状况、体适能水平及运动目的而确定其适当的运动频率、强度、时间及运动类型，使锻炼者进行有计划的周期性运动的指导方案。这如同临床医生根据患者病情开出的不同药物和不同用量的处方一样，故又称运动处方。

相关链接

运动计划的基本要素包括运动目的、运动频率、运动强度、运动时间、运动类型、注意事项、微调整等。其中，运动频率（frequency）、运动强度（intensity）、运动时间（time）、运动类型（type）称为运动计划的四要素（FITT）。

根据个体不同的身体情况确定运动目的。运动目的具有主观和客观的双重性。主观性表现为运动意向、愿望和兴趣，是以情绪为核心的主观意愿需要。客观性更多的是由于健康状况、疾病程度等身体客观状况产生的需求，把运动作为满足机体健康需要的一种手段。

1. 运动频率

运动频率通常指每周运动的次数。运动效果是在每次运动对人体产生的良性作用的逐渐积累中显示出来的，是一个从量变到质变的过程，所以要求经常锻炼，或根据不同的运动目的实施一定周期的运动计划。

运动频率在制定运动处方中的作用是非常重要的。如果一次运动后，运动对机体的良性作用完全消退后再进行第二次运动，则前一次运动的效果不能被蓄积。如果一次运动后，运动对机体的良性作用还未出现（也就是前一次运动的疲劳尚未消除）就紧接着进行第二次运动，则会造成疲劳蓄积。以上两种运动间隔形式都不能取得满意效果，后一种形式如果长期持续下去还将对机体造成过度疲劳。正确设定运动频率，要根据运动目的和身体情况的不同而区别对待。

2. 运动强度

运动强度是指单位时间内移动的距离或速度，或单位时间内肌肉所做的功。运动强度是运动计划中决定运动量的最主要的因素，也是运动计划四要素中最重要的一个因素，是运动计划定量化和科学性的核心。运动强度是否恰当，关系到锻炼的效果及锻炼者的安全。

3. 运动时间

运动时间是指每次运动持续的时间，是组成运动量的重要因素。在持续的周期性运动中，运动时间乘以运动强度就是运动量。因此，运动时间依负荷强度而发生变化。负荷强度确定后，持续该强度的运动时间就成为影响锻炼效果的重要因素。运动时间过短，对机体不能产生作用，达不到应有的效果；运动时间过长，可能超过机体的负担能力，造成疲劳蓄积而损害身体。因此，应根据运动目的、负荷强度来设定能引起机体产生最佳效果的运动时间。

4. 运动类型

运动类型即运动的种类，是确定运动计划性质的重要因素，必须根据运动目的来选择适当的运动类型。为了达到全面锻炼身体的效果，运动计划应包括三种主要运动类型，即有氧运动、抗阻训练和伸展练习。为了提高心肺耐力，一般选择有氧运动；为了增强肌肉力量和耐力，可采用抗阻训练；为了改善柔韧性，可进行伸展练习。

9.1.2 制订运动计划的程序和原则

1. 制订运动计划的程序

制定运动计划时,应按照一定的程序进行。首先要对客户进行身体健康状况的调查与评估,然后进行健康体适能测试与评估。通过以上程序,获得制订运动计划必需的资料和信息,为运动计划制订的科学性提供依据。最后,在此基础上制订出运动计划,并在实施过程中定期进行反馈和调整。

2. 制订运动计划的原则

(1) 因人而异。根据每一个锻炼者的具体情况,制订出符合个人身体客观条件及要求的运动计划。

(2) 有效性。运动计划的制订和实施应使锻炼者的体适能水平和健康状况有所改善。

(3) 安全性。按运动计划运动,应保证在安全的范围进行,若超出安全的界限,则可能发生危险。

(4) 全面性。运动计划应遵循全面发展身心健康的原则,在运动计划的制订和实施中,应注意维持人体生理和心理的平衡。

3. 训练课的安排及运动负荷量的监控

(1) 每一次训练课都应包括3个部分,即准备活动部分、基本练习(训练)部分和整理活动部分。

1) 准备活动部分。准备活动部分的主要作用是使身体逐渐从安静状态进入工作(运动)状态,逐渐进入运动强度较大的训练部分的运动,避免使心血管、呼吸系统等内脏器官突然承受较大运动负荷而引起意外,避免肌肉、韧带、关节等运动组织的损伤。准备活动部分常采用运动强度小的有氧运动和伸展练习,如慢跑、步行、骑固定自行车及主要肌肉的静力性伸展练习。准备活动部分的时间一般为5~10 min。

2) 基本练习(训练)部分。基本练习(训练)部分是运动计划的主要内容,是达到运动目的的主要途径,是通过实施运动计划中的运动项目,使身体维持在相对较高机能状态下持续运动锻炼的过程,从而锻炼其机能适应能力,提高机能潜力,提高体适能。这个部分可以安排进行抗阻训练,也可以安排进行有氧运动,或先进行抗阻训练,后进行有氧运动。

3) 整理活动部分。每一次训练课的基本部分结束后,都应安排一定内容和时间进行整理活动。通过整理活动,使身体机能由激烈的运动状态逐渐恢复到相对安静状态。

其作用是使人体激烈的肌肉活动逐渐得到松弛，心血管和呼吸系统紧张的机能活动逐渐缓解，减轻疲劳程度，促进体力恢复，避免出现因突然停止运动而引起的心血管系统、呼吸系统、植物性神经系统的不良症状，如头晕、恶心、重力性休克等。整理活动的内容和准备活动的内容相似，运动应较缓和，尽量使肌肉放松。最后可以进行静态伸展练习，既可改善柔韧性，又利于疲劳的恢复。整理活动的时间一般应在5 min以上。

（2）运动负荷量的监控。在运动计划的实施过程中，应注意对运动负荷量的监控，根据锻炼者运动过程中和运动后的反应情况进行调节，既要保证有效性，又要保证安全性。运动负荷量的监测一般使用3种方法：心率监测、自觉运动强度判定、过劳的指标检查。

1）心率监测。通常用运动停止后即刻测得的10 s脉搏数乘以6近似地作为运动时的每分钟心率。

2）自觉运动强度判定。自觉运动强度判定（RPE：Rating of Perceived Exertion）是以自己的感觉来评估运动强度的方法，是冈纳·博格（Gunnar Borg）在1962年研制的。通常运动中的自觉强度以6~20的数字来代表，其中12~14表示有些吃力，一般运动最适当的范围是在11~15。自觉运动强度判定等级是介于心理和生理之间的一种指标。可以说自觉运动强度判定的表现形式是心理的，但反映的却是生理机能的变化。心率结合自觉运动强度判定值测试是最常用而简易的方法。它将客观生理机能的变化与主观心理对运动的体验结合起来。自觉运动强度分级见表9—1。

表9—1　　　　　　　　　　自觉运动强度分级

自觉运动强度分级	自觉运动强度分级
6	14
7 非常轻松（Very, very light）	15 吃力（Hard）
8	16
9 很轻松（Very light）	17 很吃力（Very hard）
10	18
11 轻松（Fairly light）	19 非常吃力（Very, very hard）
12	20
13 有些吃力（Somewhat hard）	

3) 过劳的指标检查。观察每次运动后疲劳的消除情况,运动负荷量适宜的标志是:睡眠好、次日晨起疲劳感完全消除、感觉轻松愉快、体力充沛、有运动兴趣和欲望。如数日内心率超过平时安静心率的10%、血压明显上升、体重持续下降,则有可能运动负荷量偏大,有过劳的征兆,应及时减少运动负荷量。

9.1.3 抗阻训练计划

1. 训练原则

身体活动必须达到一定的运动强度和运动量才能收到良好的效果。要进行科学的身体锻炼,不能盲目地去运动。因此,在进行抗阻训练时必须遵循以下基本原则。

(1) 超负荷原则。超负荷原则是运动训练的基本原则,是指对于运动量的要求要超出平时所适应的负荷,这样训练才有效果。这是一种为了提高肌肉力量和肌肉耐力所实施的超过自身平时最大能力的训练,使得肌肉系统功能因训练内容而获得相对的改善。肌肉力量、耐力训练的超负荷是通过在抗阻训练中增加重复次数、减少每组之间的休息时间、增加重量、增加练习组数、增加训练频率等方法实现的。

(2) 特殊性原则。不同的身体活动具有不同的效果,运动者期望获得什么样的运动效果,就应进行相应的运动。因此在运动计划中,不同的需求要采用不同的运动内容。例如,要增加胸肌、肱三头肌的力量,就要采取卧推练习,而不是坐姿划船练习。高强度的抗阻训练可增强肌肉的力量和体积;如果要获得最大的肌力就必须对抗最大的阻力;而要提高肌肉耐力则要采取低阻力、多次数的抗阻训练。

(3) 渐进性原则。实施运动计划要逐步增加运动量,从而使运动计划能够安全而有效地进行。在抗阻训练中,如果一时突然给予肌肉过大的负荷,就容易造成运动损伤。所以应采取渐进的方法增加强度、次数和组数。身体适应能力随着渐进的负荷而增加,肌肉力量、耐力和肌肉体积也随之增加。

2. 抗阻训练计划的制订依据与内容

(1) 抗阻训练计划的制订依据。选择正确的锻炼手段和确定适当的运动负荷是制订抗阻训练运动计划的关键。为了制订出个性化的抗阻训练运动计划,必须要以健康状况的调查评估和健康体适能的测试评估所获得的客户信息为依据。另外,还要了解客户目前的抗阻训练技术经验和训练水平。

确定客户训练经验与水平的简单方式是询问其参加训练的持续时间。对于以前没有训练经历的客户来说,参加训练少于3个月的属于初学者水平;训练时间为3~12个月的属于中级水平;超过1年持续训练的就属于高级水平。

制订抗阻训练运动计划的具体内容之前，要明确客户的锻炼目的。首先要明确客户需要重点增强锻炼哪些肌群，然后明确需要发展的是肌肉力量还是肌肉耐力，或是增加肌肉体积。

（2）抗阻训练计划的内容。抗阻训练运动计划的内容较为复杂，主要包括运动频率、运动时间、运动的选择、动作顺序、负荷和重复次数、完成组数、组间休息、训练方法等要点。运动频率受客户的抗阻训练水平、其他运动以及日常生活和工作时间安排的影响。

1）运动频率。体适能教练员应该主要以客户的抗阻训练水平来确定其运动频率。训练水平差的客户需要较多的休息时间，这就降低了训练频率。相反，训练水平较高的客户需要的休息时间较少，所以每周可以安排多次运动。但是，如果客户还有其他运动，而且总运动量很高，这种情况下就应该减少抗阻训练的频率。为了使客户获得充分的休息，应该在相同肌群的训练中间至少安排一天的休息日。还可以根据客户的训练水平作出更详细的指导。一般来说，初级者的训练频率通常为2~3次/周；中级者的训练频率通常是3~4次/周；高级者的训练频率通常是4~5次/周。初级者每周2~3次的训练应合理地平均分配，如可安排周一、周四训练或周一、周三和周五训练。中、高级者可以接受每周3次以上训练的运动频率，但不能每天都训练同一组肌肉群。这时就需要体适能教练员为其制订分化训练计划，如每周练4天可以这样安排，周一和周四训练上身肌肉，周二和周五训练下身肌肉。

2）运动时间。一般来说，运动时间也取决于客户的训练水平，但作为一般健身者来说，一次抗阻训练的时间一般不超过60 min。

3）运动的选择。运动的选择就是为客户选择抗阻训练计划中的练习项目，这主要取决于客户的个人情况。选择的练习项目应针对客户的需要。体适能教练员应该在特殊性原则指导下选择动作，为了训练某些特定的肌群，应该选择这些肌群的针对性练习。同时也应考虑客户的时间问题，这个因素不仅影响练习项目的数量，还影响练习的方式。例如，单臂哑铃弯举练习所用时间长于双臂哑铃弯举所用的时间。对于没有抗阻训练经验的客户先安排其进行器械练习，因为器械练习较自由重量练习（杠铃、哑铃练习）在训练技术方面较为简单，同时也较为安全。对于身体存在问题或某些关节柔韧性较差的客户，选择运动项目更应慎重。例如，对于肩关节柔韧性非常差的客户，就不应让其进行直立推举哑铃的练习，否则容易造成肩部压力过大而受伤。可根据客户的具体身体状况和需要为其选择基本练习、辅助练习、结构练习和功能性练习。对初级者可选择每个肌群采用一个动作的方法，以基础肌肉锻炼为主。而对中级者和高级者则可选择每个肌群采用两个或两个以上动作的方法,并采用大、小肌群或上肢、下肢肌群结合的方法进行练习。

4)运动顺序。运动顺序是指在一次抗阻训练中将练习动作排成一个特定的序列。运动顺序应该使前一次运动引起的疲劳对下一项运动的影响最小。在抗阻训练中,安排运动顺序的方法有很多,但是大部分可归纳为以下几个重要的方法。

①一般先进行基本练习、多关节练习,然后再进行辅助练习、单关节练习。或先进行大肌肉群的练习,然后再进行小肌肉群的练习。

②"推"和"拉"的交替进行。

③上肢练习和下肢练习交替进行。

5)负荷强度和重复次数。研究证明,高负荷(最大或接近最大用力)和低重复次数的训练可使力量得到有效增大,而低负荷和高重复的训练可使肌肉耐力获得良好的发展。在某种情况下,肌肉力量和耐力都可以得到发展,关键是哪种负荷方案更有利于其专门的神经肌肉类型。以发展肌肉力量为主的抗阻训练应采用1~6 RM的强度;以发展肌肉体积为主的抗阻训练应采用6~12 RM的强度;以发展肌肉耐力为主的抗阻训练应采用小于或等于12 RM的强度。对于初级水平的客户,开始阶段采用12~15 RM的强度较为合适。由于50岁以上的中老年人在抗阻训练中可能会发生骨骼肌损伤,一般应采用10~15 RM强度。

相关链接

RM(repetition maximum)中文翻译为最大重复次数,这里RM代表该负荷可能举起的最高重复次数,而不是指负荷的具体重量。同为8 RM,对体适能不同的人,承受的重量就可能不同。因此,采用RM做负荷指标,就可能使抗阻训练更加适应运动计划个性化的需要。

6)组数。每次训练课要完成的组数与每次训练课需要的时间有紧密联系。组数的安排不像运动次数的安排那样直接受到主要抗阻训练目标的影响,但组数也与训练目标有关。尽管研究显示,只进行一组训练就能使肌肉增粗并提高肌肉力量或耐力,但是中级者和高级者可能需要增加组数来获得进一步提高。初学者一般不能进行多组训练,开始训练的前几个月一般采用单组训练。随着训练水平的提高,可逐渐增加组数。

发展肌肉力量与体积一般3~6组为宜，发展肌肉耐力一般2~3组为宜。需要说明的是，以上的组数安排不包括热身组。

7）组间休息。客户的抗阻训练目标决定了组间休息时间。肌肉耐力训练，组间休息通常为30 s或更少。肌肉体积训练，组间休息通常为30~90 s。肌肉力量训练，组间休息较长，尤其是下肢或全身性运动，组间休息时间长达2~5 min。

8）训练方法的变化。为了帮助客户不断提高肌肉的力量、耐力或增大肌肉体积，降低过度负荷的危险，减少厌烦感并维持训练强度，需要在运动计划中应用多样化原则。可以通过周期性改变频率、负荷、训练量或休息时间来改变抗阻训练运动计划，使训练具有多样化。下面重点介绍一些常用方法。

①复合组训练法。两个不同的动作针对相同的目标肌肉，但两个动作从不同的角度和位置训练同一目标肌肉，两个动作之间没有休息。例如：肱二头肌哑铃弯举和斜板杠铃弯举。

②金字塔训练法。先确定个人1 RM的重量，然后依据这个重量的百分比来确定以下每组练习的重量。随着每组重量逐渐加重，每组次数逐渐减少。例如：

第一组：12次，70%1 RM。

第二组：10次，75%1 RM。

第三组：8次，80%1 RM。

也可以反过来，随着每组重量逐渐减轻，每组次数逐渐增加。

③预先疲劳训练法。进行大肌群训练时，会出现小肌群先疲劳的现象，可先进行孤立式动作（单关节），然后进行复合式动作（双关节），使大、小肌群同时力竭，提高训练效果，如先进行哑铃飞鸟练习，再进行杠铃卧推举练习。

④还原集中训练法。当练习者正常练习至疲劳后，可帮助其完成向心收缩动作，然后由其自己完成离心收缩动作，重复2~3次，直至完全力竭。

⑤超级组训练法。针对不同目标肌肉的两个动作连续做完，中间没有休息。两个不同的动作目标肌肉是一对拮抗肌。这种训练方法可以提高训练效率。例如肱二头肌弯举和肱三头肌钢线下压、宽握坐姿划船与杠铃卧推，坐姿腿屈伸和坐姿腿弯举。

9.1.4 伸展练习计划

1. 训练原则

超负荷原则、特殊性原则、渐进性原则同样也适用于改善柔韧性的伸展练习。

（1）超负荷原则。伸展练习必须达到一定的运动强度和运动量才能收到良好的效果，因此超负荷原则也是伸展练习的基本原则。对伸展练习运动量的要求同样是要超出平时所适应的负荷，从而使柔韧性获得改善。

（2）特殊性原则。要改善某一关节的柔韧性，就要伸展与其相关的特定的肌肉。例如，改善肩关节的柔韧性与改善膝关节的柔韧性所要伸展的肌肉是完全不同的。另外，由于每个部位肌肉的功能具有特殊性，因此其伸展方法也是不同的。例如，伸展肱三头肌与伸展肱二头肌的方法是完全不同的。

（3）渐进性原则。改善柔韧性要逐步增加运动量，从而使运动计划能够安全而有效。在改善柔韧性的练习中，如果突然给予肌肉过大的负荷，就容易造成锻炼者受伤。所以应采取渐进的方法使身体适应能力随着渐进的负荷而增加。

2．伸展练习计划的制订依据与内容

（1）伸展练习计划的制订依据。制订改善柔韧性伸展练习计划的主要依据是柔韧性测试的评估结果。身体各部位柔韧性基本正常者，可以以保持和提高柔韧性为目的，进行全身各部位的柔韧性练习。如果存在柔韧性较差，出现身体姿态和结构性问题时，应将柔韧性较差部位作为锻炼目标的重点。

（2）伸展练习计划的内容

1）运动形式。根据近期目标选择正确的运动形式，即手段方法，这是取得锻炼效果的关键。

对于一般健身锻炼者来说，如果关节本身没有活动障碍，影响柔韧性好坏的主要问题在于肌肉的伸展性。锻炼应以静力性伸展练习为主，可让客户主动完成，也可帮助其被动完成。如客户有特殊需要，也可进行本体感觉神经肌肉促进法（PNF）练习。

2）运动负荷

①静力性伸展练习的运动负荷。静力性伸展练习的运动负荷包括强度、持续时间、组数、间隔时间和运动频率五个方面。

a．强度。无论是进行主动伸展，还是进行被动伸展练习，都应逐渐加大动作幅度或逐渐加大给予的助力。让客户感到目标肌肉受到牵拉或略感不适，即为合适的负荷强度。没有牵拉的感觉，达不到锻炼效果。但也不能使负荷强度大到引起疼痛的程度。

b．持续时间。锻炼初期，当练习部位出现牵拉感觉时，停留 10~15 s，以后逐渐延长持续时间。几周后可以增加到每次停留时间为 20~30 s，一般不超过 30 s。

c．组数。重复 3~5 组。根据客户感觉，逐渐增大牵拉的程度。

d. 间隔时间。稍放松，等牵拉感觉缓解后，立即开始下一次练习。

e. 运动频率。柔韧性练习最好每天锻炼 1 次，如果时间不允许，至少隔天锻炼 1 次，否则不易获得牵拉运动效果。

②PNF 练习的运动负荷。PNF 练习的运动负荷同样包括强度、持续时间、组数、间隔时间和运动频率五个方面。

a. 强度。每次练习前，先让客户做静力性的等长收缩对抗，然后被动伸展客户目标肌肉至感到牵拉或略感不适。

b. 持续时间。肌肉静力性收缩持续 6 s，放松 6 s，被动伸展 15~30 s。

c. 组数。可重复 3~5 组。

d. 间隔时间。间隔时间短暂。

e. 运动频率。每周 3~4 次，最好达到 7 次。

3) 注意事项

①开始进行伸展练习之前，应先进行慢跑等热身活动，以提高锻炼效果并预防受伤。

②避免进行冲击性伸展练习，以防止在伸展练习过程中发生运动损伤。

③伸展练习应从大关节开始至小关节。

④进行被动伸展练习时，一定要避免用力过大，要及时地与客户交流，了解客户的感觉。

⑤伸展练习可以在准备活动、整理活动中进行。

⑥一般客户如无特殊的竞技运动需要，要避免进行某些竞技运动专项的柔韧性训练，以避免受伤。

⑦进行静力性伸展练习时，应保持呼吸顺畅。

⑧进行 PNF 练习时，应注意关节角度的极限，在静力性等长收缩阶段，要保持呼吸，并注意原动肌和对抗肌的配合。

9.1.5 有氧运动计划

1. 训练原则

（1）超负荷原则。有氧运动的超负荷原则是指要达到一定的锻炼效果，锻炼者所做的运动必须达到某个基本阈值，即运动量的最低要求要超出平常所习惯的负荷。通过运动增强和提高的生理功能是可逆的，它可在降低负荷或中断锻炼后下降。运动负荷的改变包括运动强度、持续时间和运动频率，三者综合作用的结果就是达到提高心肺系统功能。

(2) 特殊性原则。以有氧运动（如慢跑）作为主要运动方式的人，他的肌肉力量不会有多大变化；同样，只进行抗阻训练的人，他的心肺耐力水平也不会有较大的提高。另外，一种有氧运动方式与另一种有氧运动方式不一定能取得相同的锻炼结果。例如，一个经常进行长跑锻炼并达到较高水平的人，却不一定适应自行车运动并同样地表现出较高的水平。

(3) 渐进性原则。人体内脏器官系统的功能活动有一定的惰性，因此在制订有氧运动的计划时，一定要遵循渐进性原则。要针对锻炼者的身体情况和锻炼目标，运动量要由小到大，锻炼负荷应逐渐地提高。如果突然进行一次大强度、长时间的锻炼，则可能导致身体机能失调，使身体受到伤害。

2. 有氧运动计划的制订依据与内容

(1) 有氧运动计划的制订依据。有氧运动计划制订的依据同样来自于之前进行的健康状况调查评估和健康体适能测试评估中有关客户健康状况（特别是心血管系统的健康状况）的信息及心肺耐力的测试结果。有氧运动计划中的各个要素的确定都要适合客户目前的身体健康状况和心肺耐力水平。

制订有氧运动计划前，还应明确客户的运动目的。一般来说，客户进行有氧运动的目的主要有以下两个方面：一是为了提高或保持心肺耐力水平；二是为了消耗多余的脂肪，达到减肥的目的或维持合理体重。

(2) 有氧运动计划的内容

1) 运动频率。对于体适能水平较低的初级者来说，开始训练的时候，每周训练的次数应该少一些，并且平均分配，可每隔1天运动1次，每周3次。当训练水平提高时，可增加训练频率，一般每周3~5次。

2) 运动强度。运动强度是运动计划设计中最重要，也是最困难的部分，需要适当的监测以确定运动强度是否适当。在运动中所应达到和保持的心率为目标心率(THR)。目标心率可以通过卡式公式进行设定。

3) 运动持续时间。运动持续时间取决于客户的目标、现有的训练水平和运动强度。有氧运动强度越大，需要的摄氧量就越多，能够维持的运动时间就越少。低强度活动每次必须超过较长的时间（30 min以上），如果进行高强度训练，也需持续20 min或更长。不是为了参加运动比赛训练的客户可采用长时间中等强度的活动。

4) 运动形式。最好的运动就是客户所喜欢的并能长期有规律坚持的运动。现在大部分健身场所都拥有多种心肺耐力训练器械及一些有氧集体课程，选择一项客户喜欢的运动将会帮助他们完成训练计划。

(3) 有氧运动的训练方法

提高心肺耐力的有氧运动训练方法有持续训练、间歇训练、交叉训练、循环训练等。

1) 持续训练法。持续训练法是指强度较低、持续时间较长且不间歇地进行训练的方法。这是使用一种运动方式，一旦达到了指定运动强度，就一直坚持下去，直到不能够将心率维持在计划范围才停止。开始 4~6 min 为准备活动，此后至少有 20 min 以上运动强度应保持在目标心率之内，最后 5 min 左右为整理活动，降低运动强度。使心率逐渐恢复。持续训练法由于运动强度易控制，适合于所有人群。

2) 间歇训练法。间歇训练法是高强度和低强度运动的交替。如 3 min 高强度活动与 3 min 低强度活动交替进行。高强度和低强度的时间比可以是 1:1 或 1:3，这个根据锻炼者的水平决定。

3) 交叉训练法。交叉训练是一种结合几种有氧运动形式的训练。它有两种方式：每个训练阶段采用不同的运动形式，在一周内循环两种或更多运动；在一次训练中采用几种不同的运动形式。

4) 循环训练法。循环训练是一种新颖的力量训练方法，由 10~12 个不同部位的力量练习组成，各练习之间只有短暂休息或无间歇。目的是将心率控制在目标心率范围之内，以达到心肺耐力与肌肉耐力的同步提高。这种方法适用于有一定练习基础的减脂、塑形、保持健康的人员。

9.1.6 练后放松

训练后可以进行静态主动伸展或被动伸展，这样可以促进乳酸排出体外，减少迟发性肌肉酸痛，帮助恢复。

9.2 特殊人群的体适能课程

9.2.1 超重人士的健身运动

1. 超重人士定义

体重指数（BMI）为 25 或以上的人称为超重人士。

2. 超重人士运动注意事项

(1) 体重过重会增加关节压力，建议低冲击运动。

（2）腹部内脏脂肪增多，会增加下背痛的概述，需要核心训练。

（3）皮下脂肪百分比较高，运动时应穿宽松衣服，并要补充适当水分。

3. 超重人士训练心理注意事项

（1）超重人士往往自信心低下，体适能教练员可建议其参加互助组织，相互支持与鼓励。

（2）超重人士往往对运动的参与性较低，体适能教练员应选择客户比较喜欢的运动类型。

9.2.2 心血管系统疾病人士的健身运动

1. 高血压

高血压是最常见的心血管疾病之一。高血压与肥胖有密切的关系。研究表明，约75%的男性和65%的女性患者，直接由超重和肥胖而导致。有氧训练可使高血压患者收缩压降低 10~15 mmHg，舒张压降低 6~10 mmHg。高血压前期人群，收缩压在 120~139 mmHg、舒张压在 80~89 mmHg，通过改变生活方式可以预防心血管疾病。因此，有规律的健身运动和体重控制是现有预防和治疗高血压方案中的核心内容。

（1）病理病因及症状

1）病理病因。在神经信号、激素和其他生理因素共同作用下，通过影响血管壁的扩张和收缩来控制多少血液流向体内的各部位，这种血流量会给动脉壁造成一定的压力，这就是血压。血压随血流量、血流速率和动脉壁相对弹性的变化而变化。血压还受到体内压力感受器等血压调节系统的影响，血压调节系统不能正常工作，其可能结果就是发生高血压。

2）症状。高血压分为原发性和继发性两大类。原发性高血压是以血压升高为主要临床表现，伴有或不伴有多种心血管危险因素的综合征，约占所有高血压患者的95%。在某些疾病中（肾病、内分泌疾病、动脉炎症及狭窄、脑部病变），高血压只是其临床症状之一，称继发性高血压或症状性高血压。高血压病分三期，各期患者血压均高于正常水平，但第一期临床无心、脑、肾的异常表现；有左室肥大、眼底动脉狭窄、蛋白尿其中一项者即为第二期；第三期血压稳定性增高，同时出现内脏器官的病理改变（眼底、心脏、肾、脑、脑血管改变）。

高血压的症状因人而异。早期可能无症状或症状不明显，仅仅会在劳累、精神紧张、情绪波动后发生血压升高，并在休息后恢复正常。随着病程延长，血压明显持续升高，逐渐出现各种症状，此时称为缓进型高血压病。缓进型高血压病常见的临床症状有头痛、头晕、注意力不集中、记忆力减退、肢体麻木、夜尿增多、心悸、胸闷、乏力等。部分症状不是由高血压直接引起的，而是高级神经功能失调所致。

（2）运动的益处。运动不仅可以预防高血压、对于已经患有高血压病的人群也具有降低血压的作用，因此运动是高血压病重要的辅助治疗手段。研究表明，规律地保持40%~70%低强度的有氧锻炼可以降低高血压患者的收缩压大约11 mmHg，舒张压大约9 mmHg。而仅仅降低2 mmHg收缩压就可以降低60%中风引起的死亡和40%的心脏疾病。适当地运动，结合药物治疗可以大大降低高血压患者的死亡率。

美国运动医学协会对于锻炼与高血压的观点是：把耐力性锻炼作为减低高血压患者血压升高的非药物性治疗手段。为达到有效的锻炼，建议与那些想提高和维持心肺能力健康的人群采用同样的方式。

（3）运动处方

1）运动方式。主要运动形式应是有大肌肉群参与的有氧运动。运动过程中略感气喘，又不至于上气不接下气；稍微出汗，又不至于大汗淋漓；感到全身舒展，但不觉得肢体疲劳。这类运动主要有步行、慢跑、功率自行车、椭圆运动机、游泳、太极拳、太极剑、太极扇等。多种活动形式使训练者在技能和兴趣等方面增加了选择性。因此，他们长期坚持运动的可能性也将有所增加。对于力量训练对血压的影响，多数研究表明，渐进性抗阻运动对降低成年人安静时收缩压和舒张压均有效果。由于静力性运动能很快地降低迷走神经张力，升高外周血管阻力，使得血压和心率迅速上升，所以一般情况下静力运动在血压未很好控制以前，应加以限制。力量训练应该把重点放在将增加肌肉力量转变为增加肌肉耐力练习上，使有氧运动成为运动的主要代谢方式。

2）运动强度。40%~70%最大心率运动强度的降血压效果，可能优于更大强度运动的降压效果，并可防止运动中血压升高幅度过大。因此，高血压患者应采用中低强度的健身运动，这一点对于老年高血压和肥胖高血压患者有特别重要的意义。

运动强度也可用主观疲劳感觉来判断，一般以8~13为宜，即感觉很轻松、有点吃力或稍吃力，这相当于运动时心率为最大心率的50%~60%。

3）运动时间及频率。大多数研究表明，每天20~30 min的运动是引起心血管功能改善的适宜量，而且运动时间的长短与运动强度成反比。强度大，持续时间可以相应缩短；强度小，时间应延长。每次有氧运动持续时间为30~60 min。每周3~7次。有研究发现，每周7次的锻炼比每周3次降压效果更为明显。运动的降压效果至少在运动1~2周后才能出现。5周左右血压达到稳定状态，运动治疗则应长期坚持。

4）注意事项

①如果安静时收缩压大于180 mmHg或舒张压大于110 mmHg，应暂停健身运动，服药使血压小于180 mmHg/110 mmHg后，方可参加健身运动。运动过程中，收缩压大于200 mmHg或舒张压大于110 mmHg时要终止运动。

②对服用β-受体阻滞剂的高血压患者应使用RPE监测运动强度，β-受体阻滞剂可减弱大强度运动和次大强度运动中的心率反应，并减弱运动能力。用RPE来监控运动强度，费力等级不超过14。

③在热环境或湿热环境中运动时，β-受体阻滞剂、利尿剂可能会减弱高血压患者的体温调节能力。对服用β-受体阻滞剂的高血压患者，应明确告之其中暑症状和体征。为了预防中暑的发生，应缩短运动时间和降低运动强度。

④在运动健身时，动作要柔和、平稳，要有意识地放松全身肌肉，勿紧张用力，避免憋气等动作，在血压没有得到控制或对运动还不适应时，不要做弯腰低头的动作，头的位置不要低于心脏水平，以免头部充血发生意外。

⑤运动以中小强度为宜，在运动中要逐渐增加运动量和运动强度，对高血压患者来说，运动的时间比强度更重要。要高度重视准备活动，突然的大强度运动，可能引起血压爆发式增高而导致危险。

⑥对于血压明显升高的患者（血压≥160 mmHg/100 mmHg），采用药物治疗后应在其治疗方案中加入耐力运动。健身运动可在药物治疗的基础上进一步降低血压，进而减少服药量并降低高血压并发症的发生率。

⑦指导患者从地面位置站起时要慢，因为当开始服用降压药时，更加易受低血压或直立性低血压的影响。

⑧运动中，特别是运动后，应对机体的反应继续保持警惕。对高血压患者而言，在运动过程中和运动刚结束时更容易引起心血管意外，如心绞痛、心肌梗塞或中风。

（4）危急处理。高血压危象是一种极其危急的症候，常在不良诱因影响下，血压骤然升到200 mmHg/120 mmHg以上，出现心、脑、肾的急性损害危急症候。患者感到突然头痛、头晕、视物不清或失明、恶心、呕吐、心慌、气短、面色苍白或潮红，两手抖动、烦躁不安，严重的可出现暂时性瘫痪、失语、心绞痛、尿混浊，更严重的则抽搐、昏迷。

遇到上述状况，不要在患者面前惊慌失措，让患者安静休息，头部抬高，取半卧位，尽量避光，并尽快送患者到医院救治。在去医院的路上，行车尽量平稳，以免因过度颠簸而造成脑溢血。注意保持昏迷者呼吸道通畅，让其侧卧，将下颌拉前，以利呼吸。

2. 冠心病

（1）病理病因及症状

1）病理病因。冠心病是冠状动脉粥样硬化性心脏病的简称。由于冠状动脉粥样硬化，管腔变狭窄，血流量减少，致使心肌缺血、缺氧。

2）症状。心绞痛是冠心病的主要临床症状，但是不同人的心绞痛发作表现不一，多数人形容其为胸部压迫感、闷胀感、憋闷感，部分患者感觉其向双侧肩部、背部、颈部、咽喉部放射。

（2）运动的益处。运动可以改善冠状动脉的血液循环，缓解心肌缺血，提高心脏功能，预防心绞痛发作。体育锻炼还有利于降低血脂，因而有利于冠心病的防治。

（3）运动处方。冠心病的运动方式包括有氧运动、抗阻训练、伸展练习和医疗体操等。

1）有氧运动。有氧运动是冠心病运动处方中的主要部分。常用的有氧运动有步行、慢跑、游泳、骑功率自行车、登山等。理想的有氧运动强度为最大心率的 40% ~ 70%，一般每次 15 ~ 30 min，每周 3 ~ 4 次。

2）抗阻训练。强度一般为一次（40% ~ 50%）×1 RM，重复 15 ~ 20 次/组，2 ~ 3 组。每组运动之间休息 60 ~ 90 s。每周训练 2 ~ 3 次。训练应以大肌肉群为主。

3）注意事项

①参加训练前应进行身体检查，征得医生同意，运动时随身携带速效救心丸。

②只在身体状态良好时运动。感冒或发热时要在症状和体征消失两天以上才能恢复运动。

③注意周围环境因素对运动反应的影响，包括：寒冷和炎热时要相对降低运动量和运动强度；应该穿宽松、舒适、透气的衣服和鞋袜；上坡时要减慢速度；饭后不做剧烈运动。

④调整运动处方。患者要根据个人能力，定期检查和修正运动处方，避免过度训练。药物治疗改变时，要调整运动方案。除了目标心率外，运用 RPE 来监控运动强度，费力等级不超过 14。

⑤警惕症状。运动时如发现下列症状应停止运动，及时就医：上身不适（包括胸、臂、颈或下颌，表现为酸痛、烧灼感、紧缩感或胀痛）、无力、气短、骨关节不适（关节痛或背痛）。

⑥力量训练时不要屏气，避免头部频繁低于心脏的动作。

（4）危急处理。急性心肌梗塞是一种十分危急、病死率极高的病症。一旦发病，急救处理是否及时和妥当，对急性心肌梗塞的好转十分重要。

急救处理的第一步就是现场应急处理，这往往比医院急救还要重要。凡是疑有急性心肌梗塞者，应就地休息，争分夺秒抢救，切忌让患者行走或搬动患者，应立即平卧或半卧位，绝对休息，有条件者可高流量吸氧，含服硝酸甘油，及时与急救站和附近医院联系。

3. 中风

(1) 病理病因及症状

1) 病理病因。中风的病理基础主要是脑动脉的粥样硬化和脂肪透明变性、纤维素样坏死，以及其他有发育畸形、动脉瘤、炎症、淀粉样沉淀和动脉分层等。第二类为继发于脑外的病变，从心脏或颅外循环脱落的栓子堵塞脑动脉而致病。第三类原因为血液成分，血流动力或血压的异常。上述病理过程导致局部脑血流不足以维持脑功能和脑细胞存活时，发生缺血性中风（脑梗塞），导致脑内或蛛网膜下腔内血管破裂，发生出血性中风。

2) 症状

①突然口眼歪斜，口角流涎，说话不清，吐字困难，失语或语不达意，吞咽困难，一侧肢体乏力或活动不灵活，走路不稳或突然跌倒。这是由于脑血管供血不足，运动神经功能障碍引起的。

②突然出现剧烈的头痛、头晕，甚至恶心呕吐，或头痛头晕的形式和感觉与以往不同，程度加重，或由间断性变成持续性。这些征兆表示血压有波动，或脑功能障碍，是脑出血或蛛网膜下腔出血的预兆。

③面、舌、唇或肢体麻木，有的也表现为眼前发蒙或一时看不清东西、耳鸣或听力改变，这是由于脑血管供血不足而影响到脑的感觉功能。

④意识障碍，表现为精神萎靡不振，老想睡觉或整日昏昏沉沉，性格也一反常态，突然变得沉默寡言，表情淡漠，行动迟缓或多语易躁。

⑤全身疲乏无力、出虚汗、低热、胸闷、心悸或突然出现打嗝、呕吐等，这是植物神经功能障碍的表现。

(2) 运动的益处。脑中风后的开始数周，神经功能恢复最快，然后转为慢慢恢复。据统计，3个月内的恢复情况，前2周几乎占一半；6个月内仍可有持续稳定的恢复。卒中后6~12个月内功能恢复明显减慢，以后恢复则更少。因此，早期开始正式的康复十分必要。

(3) 运动康复。脑中风的康复阶段分为三个阶段。急性期康复阶段，指发病2~4

周内，主要以被动低强度的体育康复训练为主；恢复康复阶段，也称早期恢复阶段，是指发病3个月内，此时是实施各种康复措施的重要阶段；恢复后期或后遗症期康复阶段，主要是长期维持性康复阶段。近来有研究发现，强制性诱导运动训练对恢复后期患者改善功能仍有很大帮助。

体适能教练员所接触到的脑中风患者都是处于恢复康复阶段和后遗症期康复阶段，所以运动处方也都是为这个阶段所设计的。

1）步行训练。早期可在减重器下或泳池中强化步行训练，利用下肢支具辅助步行训练，促进恢复步行，增加步行速度和功能使用。

2）偏瘫上肢训练。可利用神经肌肉促通技术，进行辅助或自助上肢运动模式训练，训练上臂的稳定性、协调性和灵活性。手臂的灵巧、精细功能训练要结合治疗进行。上肢功能训练是日常生活活动的必要前提和条件。

3）协调性训练。在偏瘫功能恢复较好时，可利用各种器械和日常生活器具、体育活动进行协调性和全身肌肉耐力训练，如划船器练习、椭圆机练习、固定自行车练习、跑台练习等。

4）防治膝关节过伸的训练。可采用正确的体位摆放、伸髋练习、跪位行走、腘绳肌力量训练和应用支具并在步态中矫正训练来改善膝关节的过伸。

5）强制性诱导训练。强制性诱导训练是指限制患者受损较轻肢体或健肢，诱导患者集中、大量、强化使用患侧，避免习得性废用的产生。训练量为每天至少练习6 h，或清醒时间的90%，连续10~15天。主要训练内容包括运动功能性训练，即在实际生活环境中应用患肢。这种方法要求患者每周进行3天，每次半小时的集中强制性诱导运动训练，其余时间自行训练，持续10周，同时每周限制受损较轻或健肢时间5天，每天5 h。研究表明，强制性诱导训练效果显著，可明显改善患者的日常生活自理和生活质量。因此，脑中风康复训练的效果可能依赖于训练时间和强度。

6）康复锻炼的注意事项

①每学一个动作，务必了解其具体内容、功能和正确做法。每练一个动作，务必做到姿势正确并把意念集中在这个动作正在锻炼的主要身体部位上。

②每锻炼某一部位肌肉，就应该使该肌肉连续多次受到所需要的一定强度的刺激，并要它完成一定量的工作负荷，来促使人体的组织和力量为适应这种强度的刺激和负荷而发展起来。再者，要在人体的组织和力量已发展到能完全适应某种刺激强度和胜任该工作负荷后，就必须再逐步适当增大刺激强度和负荷量。

③切勿锻炼过度。锻炼过度往往导致疲劳过度，这不仅不能达到超量补偿，甚至

会影响康复进程。

④想产生良好的锻炼效果，必须规律锻炼，锻炼部位只有接受重复性刺激，才能产生锻炼效果。

⑤避免在康复锻炼中偏重多练某些部位，而忽视锻炼其他部位，要全面兼顾各关节、肌肉，以及各种不同功能。

（4）危急处理。不可随意推动和翻转患者，减少光和声的刺激。患者平卧位，不宜加垫枕头。需及时解开患者的衣领，用纱布固定患者头部，并把舌头拉出来，并及时消除其口腔黏液、分泌物和呕吐物，使呼吸道通畅，把冰块或冷毛巾放置患者前额，以利止血和降低颅内压。

4．心血管患者饮食指引

心血管病患者的饮食原则是低热量、低脂肪、低胆固醇、低糖、低盐、低蛋白质、高钾、高维生素C、纤维素含量多的清淡食物。宜少食多餐、不能过饱，以减少心脏的负担。

（1）改变不良的饮食习惯。多吃蔬菜、水果、粗粮、杂粮。少吃肥肉、荤油、油炸食品、糖果、甜点和含糖饮料。改变进食习惯，努力放慢吃饭速度，细嚼慢咽。不吃或少吃如巧克力、炸薯片、甜点等高热量食物。

（2）减少钠盐摄入。每日摄入食盐量不宜超过6 g。要注意并不只是食盐里含有钠，5 mL的酱油里也含有1 g的钠盐。尽量减少咸肉、罐头食品、火腿、加碱发酵食品等高钠食物的摄入。

（3）相对增加钾、钙的摄入。钾和钙在体内能够对抗钠的不利作用，应该在均衡的基础上多吃蘑菇、紫菜、土豆、海带、大豆、香蕉、柑橘等含钾高的食物和牛奶、芝麻酱、虾皮、豆制品等含钙高的食物。

（4）控制膳食脂类摄入。每日控制食油的摄入量在30 g以内，限制动物脂肪的摄入，尽量用植物油烹饪。在植物油的选择上宜选用橄榄油、茶树油、花生油、低芥酸的菜籽油、豆油、葵花子油、香油、玉米油等。避免使用猪油、牛羊油、黄油、奶油等。少食动物的内脏，如肝、肾、脑等组织。

（5）多吃新鲜绿色蔬菜和水果。蔬菜一天的量应该在400~500 g为宜，水果在100 g为宜。

（6）清晨饮水。高血压患者应注意清晨起床后，喝一杯水，这样做有利尿、帮助排便、预防高血压和动脉硬化的作用。

9.2.3 代谢性疾病人士的健身运动

糖尿病是由于胰腺胰岛素分泌减少或功能减退，或二者兼有而引起的一组代谢性疾病。2004 年，中国医学会糖尿病分会对糖尿病进行了病因分类，糖尿病主要分为Ⅰ型糖尿病和Ⅱ型糖尿病，糖尿病的诊断标准如下：

◇ 正常人空腹血糖：<6.1 mmol/L（110 mg/dL）。

◇ 糖尿病患者：空腹血糖≥9.0 mmol/L（126 mg/dL）。

◇ 糖尿病患者糖耐量试验（OGTT）：2 h 血糖≥11.1 mmol/L（200 mg/dL）

◇ 糖尿病患者糖调节受损：空腹血糖受损（IFG）为 6.1~9.0 mmol/L（110~126 mg/dL）。

◇ 糖尿病患者糖耐量受损（IGT）：OGTT 2 h 血糖为 9.8~11.1 mmol/L（140~200 mg/dL）。

1. 糖尿病的病变特点及患者的体适能现状

（1）Ⅰ型糖尿病多在青少年时期发病，为胰岛细胞自身免疫损伤所致。胰岛素分泌缺乏和酮症酸中毒高发是Ⅰ型糖尿病的基本特点。Ⅰ型糖尿病占糖尿病患病率5%左右。

（2）Ⅱ型糖尿病多在成年发病，近年来患病率快速攀升，已占我国总人口的4%以上，成为不可忽视的公共健康问题。Ⅱ型糖尿病的发生虽与遗传有一定关系，但其发病与生活方式关系密切（如缺乏体力活动、饮食过饱、过甜、过于油腻等），属于生活方式疾病。Ⅱ型糖尿病与肥胖也有关，但主要与身体脂肪在躯干部位分布过多有关，而不在于身体脂肪的总量。Ⅱ型糖尿病患者常伴有高胰岛素血症、脂代谢紊乱，并表现为胰岛素敏感性下降和胰岛素抵抗。Ⅱ型糖尿病占糖尿病患病率的90%~95%。

糖尿病患者体适能状态包括心肺耐力、身体成分、肌肉力量和耐力等，通常低于正常人群，这与其患病前后机体的代谢紊乱有密切关系。

2. 运动处方

运动是改善血糖的主要方法之一。运动可有效降低血糖，即便在胰岛素缺少的情况下运动对控制血糖仍很有效。糖尿病患者运动治疗的结果表现为糖耐量的改善，增加胰岛素敏感性，降低糖化血红蛋白及减少胰岛素需要量。此外，运动还有利于糖尿病患者改善血脂水平、降低血压、控制体重、增强体力和改善心境。

（1）运动方式。以有氧运动为主，适当结合力量训练。推荐采用那些容易控制强度、技能要求比较低的运动方式。健步走是糖尿病患者最常用的低冲击性的运动方式。

对于并发神经、血管病变的患者，可采用骑自行车、游泳等低负重的运动方式。

（2）运动频率。因糖尿病患者一次锻炼对血糖的良好调节作用持续时间小于72 h，所以至少隔天锻炼1次，每周3~4次。而每天锻炼可以更全面地调节血糖，增加胰岛素的敏感性，减少身体脂肪等。随着糖尿病患者对健身运动的适应性提高，应增加健身频率，最好每天在午餐和晚餐后1 h开始中低强度的有氧运动，持续时间20~30 min，可明显缓解餐后高血糖状态。

（3）每次锻炼持续时间。初始阶段每次运动时间为10~15 min，以后逐渐延长，每次运动时间至30 min，肥胖者应延长至60 min。

（4）运动强度。以最大心率的60%~90%进行低强度的运动。对于有心血管疾病并发症的糖尿病患者，运动最高强度应控制在最大心率的70%以下。

（5）抗阻训练。应采用较小负荷（最大负荷的40%~60%）、较低强度（避免屏息）的方式。

1) 在大肌群抗阻训练时，每组重复次数从10~15次逐渐增至15~20次。

2) 每周至少两次，每两次之间要有48 h的间歇。

3) 为了防止运动中的血压剧烈升高，应注意掌握正确的技术动作，包括缩短持续时间和静力工作时间，以及避免运动中屏息。

3. 运动注意事项

（1）糖尿病患者运动时的常见问题

1) 低血糖。由于运动中葡萄糖消耗增加，故运动中和运动后均存在发生低血糖的危险。血糖浓度低于2.8 mmol/L（50 mg/dL）称为低血糖。部分糖尿病患者基础血糖波动大，过快降血糖（血糖降至正常或接近正常）时，可能突然发生低血糖，称为低血糖反应。低血糖的常见症状有出汗、烦躁、手发抖、神志不清、头昏眼花、过度饥饿等。在高血糖状态下，血糖的快速下降也可能引起低血糖的症状和体征。运动所致的低血糖可能会持续到运动后48 h。

低血糖可能对人体产生以下较严重的影响：

①低血糖时，体内的肾上腺素、糖皮质激素、胰高血糖素、生长激素等升糖激素增加，导致反应性高血糖，造成血糖波动、病情加重。

②长期反复严重的低血糖发作，可导致中枢神经系统不可逆的损害。

③低血糖可促发心律失常、心肌梗塞、脑卒中等。

④严重的低血糖或低血糖昏迷者若不及时抢救，延误6 h以上会造成大脑严重损伤，甚至死亡。

2) 高血糖。运动中高血糖是危险的，尤其是对Ⅰ型糖尿病患者，因为他们血糖调节障碍更突出。高血糖可造成多尿、烦渴、体重降低（有时伴有多食）和视野模糊。高血糖的常见症状有口干、恶心、呕吐、身体虚弱、渴感增加、酮症呼吸（呼气中有烂苹果味道）等。

3) 其他。视网膜病变的糖尿病患者，运动所致的血压升高可增加视网膜剥离和玻璃体出血的危险。伴有明显肾脏病变的糖尿病患者经常出现运动能力减弱的表现。末梢神经病变者可引起运动中的平衡失调和步伐紊乱，以及足部溃疡和骨折。自主神经病变者可引起周期性无力，降低收缩压反应，摄氧能力下降和脱水。因此，对此类患者应根据RPE调节运动强度。糖尿病患者因多尿所致脱水会削弱体温调节能力，在湿热环境中运动，容易发生中暑等热病。

（2）糖尿病患者运动时的注意事项

1) 关注酮症酸中毒。糖尿病患者出现酮症酸中毒，如空腹血糖>13.3 mmol/L（250 mg/dL）时应避免运动，如血糖>16.7 mmol/L（300 mg/dL）而没有酮症出现，应谨慎使用运动处方。

2) 注意控制低血糖。糖尿病患者血糖不稳定时，在运动处方实施之前一定要控制血糖，以防运动诱发低血糖或高血糖。

①在运动处方实施前、中、后应注意检测血糖，低血糖反应可延迟至运动后的48 h，特别是开始实施或调整运动处方时更应注意。

②当注射胰岛素或口服促胰岛素分泌药物时，应及时检测血糖。为了减少运动诱发低血糖的危险性，应将胰岛素注射在活动幅度较小的腹部皮下组织。

③为了预防运动诱发低血糖，运动前应根据血糖水平、运动强度及运动时间调整碳水化合物的摄入量或胰岛素注射量。如运动前的血糖<5.6 mmol/L（100 mg/dL），应多摄入20~30 g的碳水化合物。

④为了最大限度地减少夜间低血糖的危险，晚上运动时应适当增加碳水化合物的摄入量。

⑤结伴运动或在医务人员监督下进行健身运动，可以减少低血糖带来的危险性。

3) 防止运动诱发高血糖。糖尿病患者在较大强度运动时可能会使血糖明显升高，应注意控制运动强度。对注射胰岛素或口服降糖药的患者，大强度的抗阻训练常会诱发急性高血糖，而抗阻训练后数小时内发生运动后低血糖危险性增加，应注意抗阻训练时采用低负荷多重复的方式。

4) 防止运动中的视网膜剥离和玻璃体出血

①伴有中等无增生视网膜病变的糖尿病患者，应避免引起血压大幅度升高的运动。

②伴有严重无增生视网膜病变的糖尿病患者，应避免运动中收缩压超过 170 mmHg 的活动。

③伴有增生视网膜病变的糖尿病患者，应避免大强度运动以及运动中屏息或冲击性运动，如跑步、跳跃、登山等。

5）伴有自主神经病变的糖尿病患者的注意事项

①由于患者不能识别低血糖的症状和体征，应注意监测低血糖反应。

②由于患者不能感知心绞痛，应监控无症状性心肌缺血的症状和体征。

③注意监测运动中的血压，以控制剧烈运动引起的高血压和低血压。

④当不方便监测运动中的血压和心率时，可运用 RPE 来监控运动强度，费力等级不超过 14。

⑤在冷环境和热环境中，对体温调节较差的糖尿病患者要特别注意安全措施。

6）伴有外周神经病变的糖尿病患者的注意事项

①采取正确的足部防护措施，预防足部溃疡。

②伴有严重外周神经病变的糖尿病患者应限制负重运动。

7）伴有严重肾脏病变的糖尿病患者的注意事项。应采用低中强度运动，不要采用高强度运动，避免运动造成肾血流量减少。

4. 糖尿病患者饮食注意事项

主张低热量、低糖、低盐、低胆固醇饮食。增加膳食纤维、维生素、微量元素摄入，反对精细加工及快餐食品，食物品种应多样化。主食多种粗杂粮比精制食品更好。

（1）肉类。只吃瘦肉、筋腱2个部位，其他部位均不宜食。水产品最优，禽类次之，牛、羊、狗、兔等畜肉类也宜。

（2）豆制品。如常人食量，重度肾病者宜限量。

（3）蛋类。只控制蛋黄食用量，以鸡蛋为例，每天应少于一个蛋黄。

（4）奶类。鲜奶每天250 g，饮用有降糖作用的奶最好。

（5）食油。以色拉油为佳，普通植物油用量每日不宜超过25 g。

（6）蔬菜类。与主食配合，不可取代主食。宜多食苦瓜、冬瓜、洋葱、芹菜、嫩南瓜、黄瓜、西红柿、豆芽、大蒜、菠菜（带根）、海带、紫菜及食用菌类。其他绿色蔬菜食量不限。

（7）甜食和水果。禁吃甜食和多种含糖量高的水果，因为葡萄糖、蔗糖消化吸收快，食用后将使血糖升高。

思 考 题

1. 简述运动计划的四要素。
2. 简述运动负荷量监控的常用方法。
3. 列举常用的抗阻训练方法。
4. 简述高血压人士运动时的注意事项。
5. 简述冠心病发作时的紧急处理步骤。
6. 简述糖尿病人日常饮食注意事项。

第 10 章

健身场所设计与管理

完成本章的学习后，您能够：

- ☑ 了解健身场所的设计方法
- ☑ 掌握健身场所设施的放置原则和方法
- ☑ 掌握健身场所的日常管理与维护

10.1　健身场所的设计

10.1.1　健身场所的类型和区别

1. 单项性健身场所

单项性健身场所提供的是单一的运动项目，如乒乓球、羽毛球、网球等，强调的是某一方面的运动技能，运动者参与其中追求的是在该项目上的技能提高。这些运动具有较强的娱乐功能和竞技功能，健身的效果主要体现在过程中的技术水平、动作熟练度及竞技能力等的提高，对体适能的改善是随之而来的附带效应。

2. 综合性健身场所

综合性健身场所目前主要提供的是健身器械和团操类运动，能达到提高身体各方面体适能的健身效果，而且可以在同一场所内自由选择要改善的健身效益。在综合性健身场所里，健身的效果主要体现在体适能的改善上。

3. 单项性和综合性健身场所的区别

从消费者参与健身的需求来分析，单项性健身场所和综合性健身场所存在两点不同：

（1）健身目的。前者追求技能的学习和提高，后者追求体适能的改善。

（2）健身过程。前者的娱乐性和竞技性明显高于后者，而后者可以通过选择性的调节得到全方位的健身效果。

10.1.2 健身场所的健身功能

健身场所主要能够提高人的健康体适能和技能体适能。

1. 健康体适能

健康体适能的组成主要有以下 5 个要素：

（1）身体成分。即人体内各种组成成分的百分比，身体成分保持在一个正常百分比范围对预防某些慢性病如糖尿病、高血压、心血管疾病等有重要意义。

（2）肌力。肌肉所能产生的最大力量，是机体正常工作的基础。

（3）肌肉耐力。肌肉持续收缩的能力，也是机体正常工作的基础。

（4）心肺耐力。又称有氧耐力，是机体持久工作的基础，是健康体适能中最重要的要素。

（5）柔软素质。是指在无疼痛的情况下，关节所能活动的最大范围。它能够保持人体运动能力，防止运动损伤。

2. 技能体适能

技能体适能的组成主要有以下 6 个要素：

（1）灵敏性。指身体或身体某部位能够迅速移动，并快速改变方向的能力。

（2）平衡感。指人体在静止或运动时能够维持身体稳定性的能力。

（3）协调性。指肌肉系统表现出准确、流畅的活动动作，主要表现为视觉、听觉和平衡感觉与熟练的动作技能相结合的能力。

（4）速度。指人体进行快速移动的能力，或最短时间完成某种运动的能力。

（5）肌肉爆发力。指肌肉在最短时间收缩时所产生的最大张力。

（6）反应时间。指对外部刺激做出生理反应的时间。

10.1.3 健身场所的规划设计过程

1. 规划前期

健身场所规划前期包括设计探索期（pre–design stage）与设计期（design stage），一般需 6~9 个月时间。

（1）设计探索期

1) 设计由设施使用者主导。

2) 期间需要评估目标顾客群体。

3) 预计目标顾客数量。

4）确定器材种类及数量。

（2）设计期

1）需要有健身专才参与规划。

2）环境设计需要配合健身设施。

3）健身器材的选择及下订单。

2．规划后期

健身场所规划后期包括建筑施工期（construction stage）与开业前预备期（pre-operation stage），一般需6~9个月时间。

（1）建筑施工期

1）需要持续完善设计以迎合实际需要。

2）定时与承办商会面商讨施工进度。

3）申请各种营业需要的证照。

（2）开业前预备期

1）招聘各岗位职员。

2）新员工培训。

3）复核已拟定的收费价目。

4）宣传资料印刷与广告策划。

5）试营业。

10.1.4 新场所设计的检查和评估

1．检查项目

新场所设计的检查项目如表10—1所示。

表10—1　　　　　健身场所设计检查表格

整体规划	建筑物楼层的承重，停车位，水电供应，建筑物的防水、渗水能力[1]，污水排放等
	防火设备、紧急照明系统以及紧急逃生路线
	窗户高度、隔音、安全、是否容易维护与采光
	电话系统与网络
室内场所	所有走道畅通无阻，能容双向行走
	各功能区域名称与警告标志要清楚标示
	仓库大小适中，空间利用充分

续表

室内场所	饮水机的位置以方便为原则
	为需要更换维护的建材提供库存
空调系统	场所内必须有空调系统（冷气、暖气、排风）
	空调系统按区域划分进行控制
	沐浴间的温度、湿度与排风量能符合特殊要求
电力系统	多采用自然光线，注意能耗控制，以绿色环保为原则
	有适当数量的电源插座，并考虑用电器械的布局
	公共区域使用可调节式的照明
墙壁	潮湿区域使用易清洁的防潮材料
	团操教室与自由力量区安装镜子
天花板	高度要合适，配合健身活动的进行
	潮湿区域使用防水材料
	除仓库外，使用隔音材料
地板	高度要一致
	地板根据功能区域不同，使用不同的材料
	材料选择以容易清洁及保养为原则
对行动不便者的设施	提供专用道，在需要的地方设置斜坡
	通道宽度能容轮椅进出，可考虑电动门
	淋浴、洗手间与休息区也应考虑行动不便人士的使用

注：1. 渗水能力：淋浴区在装修过程中，一般有至少 3 层防水防渗层，并做 24 h 以上的渗水检查和测试。

2. 评估需求

新健身场所有以下几个指标以评估客户需求，如表 10—2 所示。

表 10—2　　　　　　　　新健身场所评估需求

场所周边环境	0.5 km 范围以内办公室与商务楼的情况：商务楼的等级、楼层数量、人群主要职业性质
	3 km 以内社区情况：社区大小、住户数量、人口结构、消费能力、有无社区配套等
	周边同等消费水平的产品分析
交通情况	四周道路分析
	公交数量分析

续表

人流分析	新健身场所门面所对的道路的车流量、人流量分析
周边业态	开设健身场所是否会对其生活或营业造成影响,将来的不可预测和可预测的变数
竞争分析	300 m 以内同类产品分析:健身场所数量、规模、价格等,建立竞争系数分析表,找出主要的竞争对手并做重点分析,最好能有好的营销策略
	300 m 以内替代产品分析:其他健身、运动或休闲娱乐场所的分析,如 SPA 会所、按摩理疗、球类馆、游泳馆等
地块前景	城市未来的发展中该地块是否有预期发展价值

10.2 健身设施放置的原则与方法

10.2.1 健身设备的选择

1. 设备选择的原则

选择健身器材有四大原则:

(1) 配合人体肢体活动准则,合乎人体功学。

(2) 可以多角度调校,如跑步机的速度与坡度、力量器械的负荷与坐位、握位等。

(3) 坚固耐用。一般健身场所不应选择家用健身器材。

(4) 容易操作与使用。

2. 设备选择的考虑因素

选择健身器材应该考虑以下四大因素:

(1) 器材功能以多功能为先。

(2) 力量器械以大肌肉为先。

(3) 以配合日常活动的功能性为先。

(4) 种类以迎合科学发展为先。

10.2.2 健身场所功能区的布局

1. 空间规划的参考指标

(1) 每部力量训练器械占地 $4 \sim 10 \ m^2$。

(2) 每部有氧训练器械占地 $2 \sim 5 \ m^2$。

(3) 每位器械使用者的活动空间为 $3 \sim 4 \ m^2$。

（4）20%~30%的会员有定时使用健身设施的习惯。

因此，以一个 2 000 m² 的健身场所（不含游泳池）为例，各功能区面积建议可以做如下分布：有氧器械区15%，力量器械区50%，更衣室20%，走廊/前台大堂5%，多用途活动室10%。

2. 器械分布密度

器械分布密度需要考虑两方面问题：一是是否会使相邻器械的健身者在运动时彼此影响；二是健身过程中的安全问题。所以规划器械的布局与数量时，不仅要在有限的空间里最大可能地利用资源，还必须考虑到安全问题。

3. 建筑结构

（1）位置。健身场所理想中应设置在建筑物底层，以方便器械设备的进出；如设置在其他楼层上则必须考虑楼层的承重负荷能力，一般健身区域每平方米应能承受450~500 kg 的质量。此外，力量训练区切勿设置在对声音敏感的区域上方，如办公区域，否则在地板用料上应使用隔音材料。

（2）通道。根据人流走向设置适当的通道，通道门宽度在80 cm 以上；从载货升降机到健身区域的门必须是双门设计以便器械进出；根据消防条例规定必须有紧急出口，并保持畅通无阻。

（3）天花板高度。在团操教室讲台上方如有悬挂物，至少保持3.5~4.5 m 高；力量训练区上方如有悬挂物，也应把天花板高度适当提高。

（4）地板

1）地毯。优点是平价、颜色选择多；缺点是容易滋生细菌，踏步其上尘埃飞扬，影响空气质量。

2）组合式橡胶垫。优点是可并合图案、增加色彩变化，有较佳吸震力，耐用；缺点是价格较高，接缝容易藏灰尘及水。

3）一体成形的橡胶垫。优点是吸震力佳、耐用、表面稳定；缺点是价格最高。

（5）电力供应。根据场所内用电器械的布局与日常场所维护保洁的需要，在场所的墙壁与地面需安装适当数量的插座。因地面的插座有可能因沾水等原因短路，故需安装电路断流器。

4. 环境因素

（1）照明。力量训练区与有氧器械区的光线强度是75~100 cd（1 W 的白炽灯的发光强度为1 cd），其他区域最少在50 cd 以上。由于金属卤化灯可投射较强光线，可建议使用。可增加窗户，多采用自然光线，窗户应高于地板50 cm。仰卧运动区域应避免训练者的眼睛直接面对强光。

(2) 温度。力量训练区与有氧器械区的建议温度是 22~26℃，其他区域是 20~22℃，建议使用分区域的空调系统，可随人流多少而调整室内温度。注意保持室内恒温，因温度的大幅变动会导致空气的湿度变化及水珠的凝结，使器械的寿命缩短。

(3) 相对湿度。湿度应保持在 60% 或以下，如室内湿度太高，则需要使用除湿机。

(4) 室内空气循环。室内外空气循环交换次数为干爽区每小时 8~12 次，潮湿区每小时 12~15 次。如果天花板高度容许，运动区域可安装天花板吊扇，有助于空气循环交换。更衣室与淋浴区因较为潮湿，空气交换尤其重要。

(5) 声音。场所内声音水平不可超过 90 dB，虽然动感的音乐有助于增加训练动机，但应以不妨碍教练与训练者之间的交谈为宜。音响的控制应安装在前台，以便工作人员适时调整；音箱应放置在运动区域角落的较高之处。

10.2.3 功能区的划分

健身场所的功能区域合理划分，对日后的经营与管理至关重要。健身场所的功能区域分为必要功能区域和扩展功能区域。

必要功能区域有：有氧器械区、力量训练区和其他功能区三大部分。

扩展功能区域是指一些健身场所在必要健身项目基础上增加的健身服务。例如有氧操房、瑜伽室、动感单车房、游泳池、拳击台、乒乓球馆、羽毛球场、网球场、壁球馆、篮球场等。扩展区域还包括休闲娱乐区域，一般有儿童游戏室、电脑上网区等。营养餐厅也是很重要的一项，虽然还是作为扩展功能区的内容，但是现在已经为众多健身场所所采用。

有的健身场所还设置贵宾会员区，专门给某些贵宾会员使用，提供更私密的个人运动空间与服务。健身场所必要功能区域的设置可参考图 10—1。

1. 有氧器械区

主要用于放置自行车、台阶练习器、跑步机、椭圆机、划船器等有氧训练器材。这些器械的摆放按训练者使用器械时体位的高低从低往高摆放，较高器械靠墙壁放置，并且要尽可能摆放在对着窗外有景观的地方，区域内可安装独立的影音系统。

2. 力量训练区

力量训练区主要分为力量器械区与自由重量训练区。

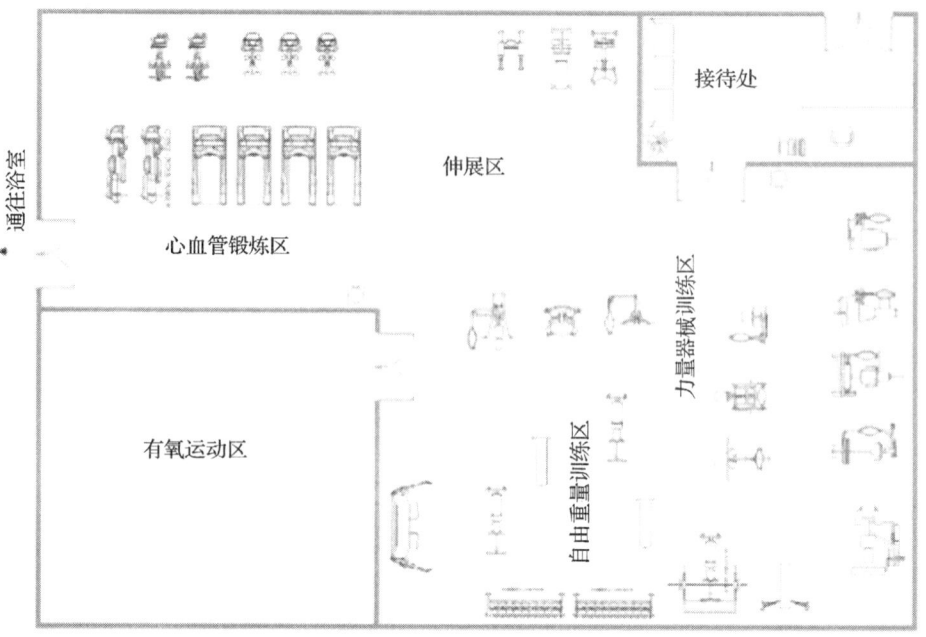

图 10—1 健身场所的必要功能区域的参考案例

力量器械区用于放置各种独立式或综合式、单功能或多功能的力量器械，可根据器械所针对的不同身体部位，同类的放置在同一区域内；大肌肉训练器械应摆放在小肌肉训练器械之前。

自由重量训练区是哑铃、杠铃等自由重量训练区域，和力量器械区应有明确分隔。所有训练爆发力的设备与较高的力量器械，都应靠墙壁放置，并需加固。

3. 其他功能区

（1）伸展及热身区。一般设置在近入口处，与其他区域分开，供健身前的体能热身伸展之用，人均空间 4.5 m²。

（2）前台/接待处。会员进退场时，工作人员在接待处检查证件有效期并派发储物柜钥匙、毛巾等，也是健身场所与会员之间的沟通平台。

（3）健康评估室。一个完善的健身场所，必须有体能测试设备，以便在训练前检验会员体格，并编排适合的运动方案。健康评估室的仪器应有：身体成分测试仪、肺功能测试仪、身体柔软度测试仪、肌肉力量测试仪、血压测量器、身高及体重量度器等，并应设电脑记录客人的活动及编印报告表。

（4）更衣室。更衣室面积一般情况下约占总面积 20%~30%。场地规划时需要考虑避免人流聚合,干爽及潮湿区域应分隔明确,避免使用推拉门,洗手间要靠近更衣室入口,以免影响空气质量。为提高私隐度,避免使用直接照明。淋浴间地面需铺设防滑地垫或做地面防滑处理。储物柜数量约为会员总人数的20%,并需预留长期租用的储物柜,每行相对的储物柜间距离应有2 m,中间置有长椅。

10.3 健身场地与设施管理

10.3.1 健身设备的维护

1. 健身设备的维护与保养的重要性

(1) 降低成本,增加盈利。

(2) 吸引新会员,挽留现有会员。

(3) 避免意外发生。

2. 设备的日常维护和保养

设备日常的维护和保养主要由健身场所的职员、教练与保洁员负责。在设备保固期内设备供应商应负责器械维修的具体实施。每天营业前教练必须检查所有健身设备操作是否正常,如发现故障,必须马上通知设备供应商进行维修,在故障设备上挂上待维修警示牌,并需把事件记录在设施保养记录簿上。健身设备日常保养的具体内容见表10—3。

表10—3　　　　　　　　　健身设备日常保养表

设备	步骤	标准
力量器械	1. 拿取湿抹布,将其对折两次拿于手掌中。干抹布的握法与其相同 2. 先将器械拿到地面后用湿抹布擦拭器械架子,风干 3. 拿取湿抹布将其拧干然后对折,再用其擦拭器械,要求从上到下,从左到右,从内到外 4. 擦拭完后要用相同的顺序用消毒过的拧干的抹布再次擦拭一遍,再用干抹布擦拭一遍 5. 最后将擦拭干净的器械正确地摆放在器械架上 (对于不宜经常湿擦,但干擦又难擦净的表面,可用半湿半干抹布擦拭)	所有器械无污渍、无汗渍、无锈斑,器械架无灰尘、无污渍、无异味

续表

设备	步骤	标准
有氧器械	1. 用消毒后拧干的抹布擦拭有氧器械表面及正反面 2. 再次用干的抹布擦拭有氧器械表面及正反面	所有有氧器械表面及正反面无灰尘、无污渍、无汗渍、无异味
显示屏	拿取干净棉布浸入酒精，挤干，擦拭显示屏正面。不可用浸水的湿抹布擦拭	显示屏表面无灰尘、无污渍、无汗渍
杠铃/哑铃	1. 用干净的半干抹布擦拭杠铃/哑铃的表面、侧面，去除灰尘、污迹、汗迹 2. 清洁干净后，用抹布浸取稀释后医用消毒水，拧干至不滴水，擦拭杠铃/哑铃的表面及侧面	表面无灰尘、无汗渍、无异味

3. 设备的定期维护和保养

设备的定期维护主要由保养承办商负责，每周、每月保养由教练部经理负责。保固期内每季度大保养由供应商负责。具体保养内容如表 10—4 所示。

表 10—4　　　　　　　　健身设备定期保养表

设备	每周	每月
力量器械	1. 轴承及重铁饼轴承：用润滑剂及棉布润滑 2. 检查钢索、螺钉及轴承	
跑步机	1. 跑带：用棉布及温和清洁济清洁 2. 清洁时必须开动跑步机，然后保持开动约 5 min	1. 检查电子控制板及所有螺钉 2. 清洁马达
椭圆机	检查螺钉	1. 检查运转马达及带动胶带 2. 清洁马达
直立/靠背自行车	检查脚踏、座位、手把	检查及润滑链子
划船器	1. 风阻网：除尘 2. 链子：润滑（用专用润滑剂） 3. 脚踏：检查螺钉	检查链子、座位滑轮
登山器	1. 链子：润滑（用专用润滑剂） 2. 脚踏：检查螺钉	检查链子、座位滑轮

10.3.2 场地维护

1. 场地保养清洁

5 个有效维持场地清洁的要点为：

（1）清洁是全体员工的职责。

（2）训练员工使用正确的清洁用品与清洁步骤。

（3）强调看不见的地点也要清洁。

（4）制定场地使用规则。

（5）建立投诉/意见提供渠道。

健身场所各区域清洁标准如表 10—5 所示。

表 10—5　　　　　　　　　各区域清洁标准

区域	具体内容	所要达成标准
前台	台面	表面、侧面、台脚无灰尘、无污迹、无污垢、无杂物
	陈列物	陈列物表面无灰尘、无污垢，陈列整齐
	地面	无灰尘、无杂物、无水迹
	垃圾桶	表面无灰尘、无污垢，垃圾不超过1/3，无异味，定位摆放
运动区域（有氧区、力量区、球室、操房、单车房）	地砖、PVC地板	直视表面平滑，无灰尘、无垃圾杂物、无水迹，光泽柔和，质感凝重，表面无划痕
	地毯	直视表面色彩一致，无污迹、无垃圾、无霉斑、无毛感、无绒面倒顺或破损现象
	天花板、栏杆、墙面、柱面	直视表面无灰尘、无污垢、无污迹、无水迹、无手印，用棉布擦拭表面无灰尘，用棉布擦拭缝隙无污垢；侧视表面光泽均匀，光亮一致
	玻璃及金属框架、镜面	直视玻璃表面、镜面无折光现象，无灰尘、无污垢、无污迹、无水迹、无手印；玻璃间周围的金属框架光泽明亮，表面无灰尘、无污迹、无污垢、无水迹、无手印；用棉布擦拭玻璃及金属框架的接缝无灰尘、无污垢；手摸玻璃及金属框架的接缝无溢缝、无残留硅胶
	有氧操房、瑜伽房	地板清洁无垃圾杂物，地面光滑，无污渍、汗渍；音响设备表面光洁无尘；杠铃、踏板、踏板垫、瑜伽球、瑜伽垫等物品表面清洁无尘，定时消毒，无异味；镜面、栏杆表面光亮无尘、无水渍污渍、无手印
	健身器械、设备	按照健身设备清洁步骤进行清洁

续表

区域	具体内容	所要达成标准
办公区	地面	无垃圾、无杂物、无污垢、无水迹
	墙面	无浮灰、尘网，清洁无污迹
	桌椅	摆放整齐，桌面椅面清洁无灰尘、无水渍、无污迹
	办公设备	用棉布擦拭表面无灰尘、无污渍
浴区（淋浴间、更衣间）	空间、洗脸盆、水龙头、化妆镜、更衣箱	内部空间无灰尘飞扬、无异味；直视化妆镜无污迹、无污垢、无水迹；用棉布擦拭化妆镜、台表面及四周外围，无灰尘、无污垢；用干净抹布擦拭洗脸盆、溢水孔，无污垢；洗脸盆、水龙头上下水通畅、无障碍；洗脸盆釉面光泽均匀，金属水龙头明亮、无水渍、无污垢；各纸架内卷筒纸有存量；更衣箱内及顶部无灰尘、无杂物、无异味
	地面	无杂物、无积水
	排水沟	无杂物、无满溢、无异味、无堵塞
	过滤挡板和防滑地毯	清洁无污垢
	给皂器	表面无皂液、无灰尘、无污垢，内装皂液不少于容积的1/3
休闲区（营养吧、接待室、休息室）	营养吧、接待室、休息室	空气清新、无异味，无灰尘飞扬；地面清洁、无垃圾杂物、无污渍水渍；墙面清洁无污渍，用棉布擦拭缝隙无灰尘、无污垢；物品摆放整齐；卖品及展台棉布擦拭表面无灰尘、无污渍
卫生间	空间、洗脸盆、水龙头、化妆镜	内部空间无灰尘飞扬、无异味，直视化妆镜无污迹、无污垢、无水迹；用棉布擦拭化妆镜、台表面及四周外围，无灰尘、无污垢；用干净抹布擦拭洗脸盆、溢水孔，无污垢；洗脸盆、水龙头上下水通畅、无障碍；洗脸盆釉面光泽均匀，金属水龙头明亮、无水迹、无污垢；各纸架内卷筒纸有存量
	马桶、小便池	外部表面无污垢，用棉布擦拭边角无灰尘、无污垢；直视马桶、小便池内部无污垢、无污迹、无锈迹，上下水通畅
公共区域	走道、楼梯	空气清新，无异味，无尘土飞扬；地面清洁无垃圾杂物，地面光滑、无污渍、无水渍；大理石地面需定期护理保持光洁度；墙面无灰尘污渍，用棉布擦拭缝隙无污垢；楼梯扶手无灰尘污渍，用棉布擦拭缝隙无污垢；楼梯扶手玻璃无灰尘污渍、无水迹，用棉布擦拭缝隙无污垢

续表

区域	具体内容	所要达成标准
公共区域	通风口、网架、天花板、管道	手扶天花板表面、通风口百叶窗、灯饰、网格等无灰尘；直视表面无污垢、尘网，无上次作业遗留的手印；仔细观察表面无缺损、无色差；仔细观察金属饰物表面有光泽感；通风口、管道等通畅
	垃圾桶	内置垃圾袋，垃圾不超过容积的1/3，无强烈异味，表面无污迹、无污渍
	灯具、饰物	棉布擦拭表面无灰尘，直视无手印、无破损
游泳池	地面	无垃圾杂物、无积水
	墙面	清洁无污渍
	躺椅及桌子	摆放整齐，桌面椅面清洁无水渍、无污渍
	救生用具	摆放整齐，无灰尘污渍
绿化带	绿化	各区域均有绿化植物，并保持绿叶表面光亮、无灰尘；盆内无烟灰杂物，盆外四周洁净，盆底无积水

2．场所安全清单

在健身市场迅猛发展的同时，部分健身场所存在着不容忽视的安全隐患：如消防通道及安全出口堵塞；健身器材存在安全隐患；缺乏必要的安全标志；服务人员配备不符合安全服务要求；缺乏对员工的安全知识教育培训；对健身设施和器械不能按规定消毒，使之成为传播疾病的载体；缺乏必要的巡查服务制度；缺乏突发事件应急预案及演练等，一旦出现意外情况，后果将不堪设想。

根据健身场所经营管理者及健身场所消费者的客观需要，通过"场所安全清单"的实施，能够全面、系统、深入排除安全隐患，降低经营风险，提高服务竞争力，规范健身场所安全服务，保障人民群众生命财产安全，促进社会和谐稳定。场所安全清单如表10—6所示。

表10—6　　　　　　　　　　场所安全清单

地板	1．每天检查维护
	2．检查木质地板是否裂开、破损
	3．检查瓷砖地板表面是否有水
	4．检查橡胶地板是否裂开、有缝隙
	5．检查组合式橡胶垫是否裂开、变形

续表

地板	6. 检查地毯是否撕裂、突起
	7. 定时清洁地板：扫地、拖地、吸尘、消毒（在清洁过程中，如地面湿滑，要有警示立牌）
	8. 地板必须保持固定、平滑，没有突出物
	9. 健身器械要牢固地固定在地板上
墙壁	1. 墙壁表面每周清洁 2~3 次
	2. 运动区域与主要通道应避免墙壁上有突出物
	3. 安装在墙上的物件要安全固定
	4. 镜子和窗户每天定时（或必要时）清洁
	5. 墙上镜子必须要高于地面 50 cm
	6. 镜子如有破裂，需挂上警示牌，并必须立即更换
天花板	1. 所有天花板装置每周吸尘清洁 1 次
	2. 损坏的天花板装置立即换掉
	3. 通风管及管线每周吸尘清理
环境因素	1. 所有音响的音量都该维持在 90 dB 内，让教练与训练者沟通时，能清楚听到对方说话
	2. 音响由场所工作人员控制
	3. 室内温度维持在 22~26℃（72~78 ℉）
	4. 通风系统正常运作（至少维持每小时 8~12 次或 12~15 次的空气交换或直到室内没有异味为止）
	5. 机器不能潮湿，湿度应控制在 60% 以下
	6. 设备使用时，灯光要充分，不要有黑暗的区域，电灯泡损坏时，必须立即更换
	7. 定期检查防火设备及紧急照明系统操作是否正常
	8. 保持紧急逃生通道畅通无阻
	9. 确保所有插座、电线要牢固安置在地板或墙上，且确定电路断流器操作正常
	10. 所有有关安全、规章及政策的告示，张贴在明显看得到的地方
有氧器械区	1. 螺栓螺钉都要锁紧
	2. 功能性的零件保持容易调整的状态
	3. 零件和表面上油清洁，保持容易使用的状态
	4. 检查脚部和身体部分的安全带，不可有被撕破的情形发生
	5. 测量仪器功能正常
	6. 接触到使用者皮肤表面的器械每天消毒和清理

10.3.2 场地维护

1. 场地保养清洁

5个有效维持场地清洁的要点为：

（1）清洁是全体员工的职责。
（2）训练员工使用正确的清洁用品与清洁步骤。
（3）强调看不见的地点也要清洁。
（4）制定场地使用规则。
（5）建立投诉/意见提供渠道。

健身场所各区域清洁标准如表10—5所示。

表10—5　　　　　　　　各区域清洁标准

区域	具体内容	所要达成标准
前台	台面	表面、侧面、台脚无灰尘、无污迹、无污垢、无杂物
	陈列物	陈列物表面无灰尘、无污垢，陈列整齐
	地面	无灰尘、无杂物、无水迹
	垃圾桶	表面无灰尘、无污垢，垃圾不超过1/3，无异味，定位摆放
运动区域（有氧区、力量区、球室、操房、单车房）	地砖、PVC地板	直视表面平滑，无灰尘、无垃圾杂物、无水迹，光泽柔和，质感凝重，表面无划痕
	地毯	直视表面色彩一致，无污迹、无垃圾、无霉斑、无毛感、无绒面倒顺或破损现象
	天花板、栏杆、墙面、柱面	直视表面无灰尘、无污垢、无污迹、无水迹、无手印，用棉布擦拭表面无灰尘，用棉布擦拭缝隙无污垢；侧视表面光泽均匀，光亮一致
	玻璃及金属框架、镜面	直视玻璃表面、镜面无折光现象，无灰尘、无污迹、无污垢、无水迹、无手印；玻璃间周围的金属框架光泽明亮，表面无灰尘、无污迹、无污垢、无水迹、无手印；用棉布擦拭玻璃及金属框架的接缝无灰尘、无污垢；手摸玻璃及金属框架的接缝无溢缝、无残留硅胶
	有氧操房、瑜伽房	地板清洁无垃圾杂物，地面光滑、无污渍、汗渍；音响设备表面光洁无尘；杠铃、踏板、踏板垫、瑜伽球、瑜伽垫等物品表面清洁无尘，定时消毒，无异味；镜面、栏杆表面光亮无尘、无水渍污渍、无手印
	健身器械、设备	按照健身设备清洁步骤进行清洁

续表

区域	具体内容	所要达成标准
办公区	地面	无垃圾、无杂物、无污垢、无水迹
	墙面	无浮灰、尘网，清洁无污迹
	桌椅	摆放整齐，桌面椅面清洁无灰尘、无水渍、无污迹
	办公设备	用棉布擦拭表面无灰尘、无污渍
浴区（淋浴间、更衣间）	空间、洗脸盆、水龙头、化妆镜、更衣箱	内部空间无灰尘飞扬、无异味；直视化妆镜无污迹、无污垢、无水迹；用棉布擦拭化妆镜、台表面及四周外围，无灰尘、无污垢；用干净抹布擦拭洗脸盆、溢水孔，无污垢；洗脸盆、水龙头上下水通畅、无障碍；洗脸盆釉面光泽均匀，金属水龙头明亮、无水渍、无污垢；各纸架内卷筒纸有存量；更衣箱内及顶部无灰尘、无杂物、无异味
	地面	无杂物、无积水
	排水沟	无杂物、无满溢、无异味、无堵塞
	过滤挡板和防滑地毯	清洁无污垢
	给皂器	表面无皂液、无灰尘、无污垢，内装皂液不少于容积的1/3
休闲区（营养吧、接待室、休息室）	营养吧、接待室、休息室	空气清新、无异味，无灰尘飞扬；地面清洁、无垃圾杂物、无污渍水渍；墙面清洁无污渍，用棉布擦拭缝隙无灰尘、无污垢；物品摆放整齐；卖品及展台棉布擦拭表面无灰尘、无污渍
卫生间	空间、洗脸盆、水龙头、化妆镜	内部空间无灰尘飞扬、无异味，直视化妆镜无污迹、无污垢、无水迹；用棉布擦拭化妆镜、台表面及四周外围，无灰尘、无污垢；用干净抹布擦拭洗脸盆、溢水孔，无污垢；洗脸盆、水龙头上下水通畅、无障碍；洗脸盆釉面光泽均匀，金属水龙头明亮、无水渍、无污垢；各纸架内卷筒纸有存量
	马桶、小便池	外部表面无污垢，用棉布擦拭边角无灰尘、无污垢；直视马桶、小便池内部无污垢、无污迹、无锈迹，上下水通畅
公共区域	走道、楼梯	空气清新，无异味，无尘土飞扬；地面清洁无垃圾杂物，地面光滑、无污渍、无水渍；大理石地面需定期护理保持光洁度；墙面无灰尘污渍，用棉布擦拭缝隙无污垢；楼梯扶手无灰尘污渍，用棉布擦拭缝隙无污垢；楼梯扶手玻璃无灰尘污渍、无水迹，用棉布擦拭缝隙无污垢

续表

区域	具体内容	所要达成标准
公共区域	通风口、网架、天花板、管道	手扶天花板表面、通风口百叶窗、灯饰、网格等无灰尘；直视表面无污垢、尘网，无上次作业遗留的手印；仔细观察表面无缺损、无色差；仔细观察金属饰物表面有光泽感；通风口、管道等通畅
	垃圾桶	内置垃圾袋，垃圾不超过容积的1/3，无强烈异味，表面无污迹、无污渍
	灯具、饰物	棉布擦拭表面无灰尘，直视无手印、无破损
游泳池	地面	无垃圾杂物、无积水
	墙面	清洁无污渍
	躺椅及桌子	摆放整齐，桌面椅面清洁无水渍、无污渍
	救生用具	摆放整齐，无灰尘污渍
绿化带	绿化	各区域均有绿化植物，并保持绿叶表面光亮、无灰尘；盆内无烟灰杂物，盆外四周洁净，盆底无积水

2. 场所安全清单

在健身市场迅猛发展的同时，部分健身场所存在着不容忽视的安全隐患：如消防通道及安全出口堵塞；健身器材存在安全隐患；缺乏必要的安全标志；服务人员配备不符合安全服务要求；缺乏对员工的安全知识教育培训；对健身设施和器械不能按规定消毒，使之成为传播疾病的载体；缺乏必要的巡查服务制度；缺乏突发事件应急预案及演练等，一旦出现意外情况，后果将不堪设想。

根据健身场所经营管理者及健身场所消费者的客观需要，通过"场所安全清单"的实施，能够全面、系统、深入排除安全隐患，降低经营风险，提高服务竞争力，规范健身场所安全服务，保障人民群众生命财产安全，促进社会和谐稳定。场所安全清单如表10—6所示。

表10—6　　　　　　　　　场所安全清单

地板	1. 每天检查维护
	2. 检查木质地板是否裂开、破损
	3. 检查瓷砖地板表面是否有水
	4. 检查橡胶地板是否裂开、有缝隙
	5. 检查组合式橡胶垫是否裂开、变形

续表

地板	6. 检查地毯是否撕裂、突起
	7. 定时清洁地板：扫地、拖地、吸尘、消毒（在清洁过程中，如地面湿滑，要有警示立牌）
	8. 地板必须保持固定、平滑，没有突出物
	9. 健身器械要牢固地固定在地板上
墙壁	1. 墙壁表面每周清洁 2~3 次
	2. 运动区域与主要通道应避免墙壁上有突出物
	3. 安装在墙上的物件要安全固定
	4. 镜子和窗户每天定时（或必要时）清洁
	5. 墙上镜子必须要高于地面 50 cm
	6. 镜子如有破裂，需挂上警示牌，并必须立即更换
天花板	1. 所有天花板装置每周吸尘清洁 1 次
	2. 损坏的天花板装置立即换掉
	3. 通风管及管线每周吸尘清理
环境因素	1. 所有音响的音量都该维持在 90 dB 内，让教练与训练者沟通时，能清楚听到对方说话
	2. 音响由场所工作人员控制
	3. 室内温度维持在 22~26℃（72~78°F）
	4. 通风系统正常运作（至少维持每小时 8~12 次或 12~15 次的空气交换或直到室内没有异味为止）
	5. 机器不能潮湿，湿度应控制在 60% 以下
	6. 设备使用时，灯光要充分，不要有黑暗的区域，电灯泡损坏时，必须立即更换
	7. 定期检查防火设备及紧急照明系统操作是否正常
	8. 保持紧急逃生通道畅通无阻
	9. 确保所有插座、电线要牢固安置在地板或墙上，且确定电路断流器操作正常
	10. 所有有关安全、规章及政策的告示，张贴在明显看得到的地方
有氧器械区	1. 螺栓螺钉都要锁紧
	2. 功能性的零件保持容易调整的状态
	3. 零件和表面上油清洁，保持容易使用的状态
	4. 检查脚部和身体部分的安全带，不可有被撕破的情形发生
	5. 测量仪器功能正常
	6. 接触到使用者皮肤表面的器械每天消毒和清理

10.3.2 场地维护

1. 场地保养清洁

5个有效维持场地清洁的要点为：

（1）清洁是全体员工的职责。
（2）训练员工使用正确的清洁用品与清洁步骤。
（3）强调看不见的地点也要清洁。
（4）制定场地使用规则。
（5）建立投诉/意见提供渠道。

健身场所各区域清洁标准如表10—5所示。

表10—5　　　　　　　　　　各区域清洁标准

区域	具体内容	所要达成标准
前台	台面	表面、侧面、台脚无灰尘、无污迹、无污垢、无杂物
	陈列物	陈列物表面无灰尘、无污垢，陈列整齐
	地面	无灰尘、无杂物、无水迹
	垃圾桶	表面无灰尘、无污垢，垃圾不超过1/3，无异味，定位摆放
运动区域（有氧区、力量区、球室、操房、单车房）	地砖、PVC地板	直视表面平滑、无灰尘、无垃圾杂物、无水迹，光泽柔和，质感凝重，表面无划痕
	地毯	直视表面色彩一致，无污迹、无垃圾、无霉斑、无毛感、无绒面倒顺或破损现象
	天花板、栏杆、墙面、柱面	直视表面无灰尘、无污垢、无污迹、无水迹、无手印，用棉布擦拭表面无灰尘，用棉布擦拭缝隙无污垢；侧视表面光泽均匀，光亮一致
	玻璃及金属框架、镜面	直视玻璃表面、镜面无折光现象，无灰尘、无污垢、无污迹、无水迹、无手印；玻璃间周围的金属框架光泽明亮，表面无灰尘、无污迹、无污垢、无水迹、无手印；用棉布擦拭玻璃及金属框架的接缝无灰尘、无污垢；手摸玻璃及金属框架的接缝无溢缝、无残留硅胶
	有氧操房、瑜伽房	地板清洁无垃圾杂物，地面光滑，无污渍、汗渍；音响设备表面光洁无尘；杠铃、踏板、踏板垫、瑜伽球、瑜伽垫等物品表面清洁无尘，定时消毒，无异味；镜面、栏杆表面光亮无尘、无水渍污渍、无手印
	健身器械、设备	按照健身设备清洁步骤进行清洁

续表

区域	具体内容	所要达成标准
办公区	地面	无垃圾、无杂物、无污垢、无水迹
	墙面	无浮灰、尘网、清洁无污迹
	桌椅	摆放整齐,桌面椅面清洁无灰尘、无水渍、无污迹
	办公设备	用棉布擦拭表面无灰尘、无污渍
浴区（淋浴间、更衣间）	空间、洗脸盆、水龙头、化妆镜、更衣箱	内部空间无灰尘飞扬、无异味；直视化妆镜无污迹、无污垢、无水迹；用棉布擦拭化妆镜、台表面及四周外围,无灰尘、无污垢；用干净抹布擦拭洗脸盆、溢水孔,无污垢；洗脸盆、水龙头上下水通畅、无障碍；洗脸盆釉面光泽均匀,金属水龙头明亮、无水渍、无污垢；各纸架内卷筒纸有存量；更衣箱内及顶部无灰尘、无杂物、无异味
	地面	无杂物、无积水
	排水沟	无杂物、无满溢、无异味、无堵塞
	过滤挡板和防滑地毯	清洁无污垢
	给皂器	表面无皂液、无灰尘、无污垢,内装皂液不少于容积的1/3
休闲区（营养吧、接待室、休息室）	营养吧、接待室、休息室	空气清新、无异味,无灰尘飞扬；地面清洁、无垃圾杂物、无污渍水渍；墙面清洁无污渍,用棉布擦拭缝隙无灰尘、无污垢；物品摆放整齐；卖品及展台棉布擦拭表面无灰尘、无污渍
卫生间	空间、洗脸盆、水龙头、化妆镜	内部空间无灰尘飞扬、无异味,直视化妆镜无污迹、无污垢、无水迹；用棉布擦拭化妆镜、台表面及四周外围,无灰尘、无污垢；用干净抹布擦拭洗脸盆、溢水孔,无污垢；洗脸盆、水龙头上下水通畅、无障碍；洗脸盆釉面光泽均匀,金属水龙头明亮、无水渍、无污垢；各纸架内卷筒纸有存量
	马桶、小便池	外部表面无污垢,用棉布擦拭边角无灰尘、无污垢；直视马桶、小便池内部无污垢、无污迹、无锈迹,上下水通畅
公共区域	走道、楼梯	空气清新,无异味,无尘土飞扬；地面清洁无垃圾杂物,地面光滑、无污渍、无水渍；大理石地面需定期护理保持光洁度；墙面无灰尘污渍,用棉布擦拭缝隙无污垢；楼梯扶手无灰尘污渍,用棉布擦拭缝隙无污垢；楼梯扶手玻璃无灰尘污渍、无水迹,用棉布擦拭缝隙无污垢

续表

区域	具体内容	所要达成标准
公共区域	通风口、网架、天花板、管道	手扶天花板表面、通风口百叶窗、灯饰、网格等无灰尘；直视表面无污垢、尘网，无上次作业遗留的手印；仔细观察表面无缺损、无色差；仔细观察金属饰物表面有光泽感；通风口、管道等通畅
	垃圾桶	内置垃圾袋，垃圾不超过容积的1/3，无强烈异味，表面无污迹、无污渍
	灯具、饰物	棉布擦拭表面无灰尘，直视无手印、无破损
游泳池	地面	无垃圾杂物、无积水
	墙面	清洁无污渍
	躺椅及桌子	摆放整齐，桌面椅面清洁无水渍、无污渍
	救生用具	摆放整齐，无灰尘污渍
绿化带	绿化	各区域均有绿化植物，并保持绿叶表面光亮、无灰尘；盆内无烟灰杂物，盆外四周洁净，盆底无积水

2. 场所安全清单

在健身市场迅猛发展的同时，部分健身场所存在着不容忽视的安全隐患：如消防通道及安全出口堵塞；健身器材存在安全隐患；缺乏必要的安全标志；服务人员配备不符合安全服务要求；缺乏对员工的安全知识教育培训；对健身设施和器械不能按规定消毒，使之成为传播疾病的载体；缺乏必要的巡查服务制度；缺乏突发事件应急预案及演练等，一旦出现意外情况，后果将不堪设想。

根据健身场所经营管理者及健身场所消费者的客观需要，通过"场所安全清单"的实施，能够全面、系统、深入排除安全隐患，降低经营风险，提高服务竞争力，规范健身场所安全服务，保障人民群众生命财产安全，促进社会和谐稳定。场所安全清单如表10—6所示。

表10—6　　　　　　　　　　场所安全清单

地板	1. 每天检查维护
	2. 检查木质地板是否裂开、破损
	3. 检查瓷砖地板表面是否有水
	4. 检查橡胶地板是否裂开、有缝隙
	5. 检查组合式橡胶垫是否裂开、变形

续表

地板	6. 检查地毯是否撕裂、突起
	7. 定时清洁地板：扫地、拖地、吸尘、消毒（在清洁过程中，如地面湿滑，要有警示立牌）
	8. 地板必须保持固定、平滑，没有突出物
	9. 健身器械要牢固地固定在地板上
墙壁	1. 墙壁表面每周清洁 2~3 次
	2. 运动区域与主要通道应避免墙壁上有突出物
	3. 安装在墙上的物件要安全固定
	4. 镜子和窗户每天定时（或必要时）清洁
	5. 墙上镜子必须要高于地面 50 cm
	6. 镜子如有破裂，需挂上警示牌，并必须立即更换
天花板	1. 所有天花板装置每周吸尘清洁 1 次
	2. 损坏的天花板装置立即换掉
	3. 通风管及管线每周吸尘清理
环境因素	1. 所有音响的音量都该维持在 90 dB 内，让教练与训练者沟通时，能清楚听到对方说话
	2. 音响由场所工作人员控制
	3. 室内温度维持在 22~26℃（72~78 ℉）
	4. 通风系统正常运作（至少维持每小时 8~12 次或 12~15 次的空气交换或直到室内没有异味为止）
	5. 机器不能潮湿，湿度应控制在 60% 以下
	6. 设备使用时，灯光要充分，不要有黑暗的区域，电灯泡损坏时，必须立即更换
	7. 定期检查防火设备及紧急照明系统操作是否正常
	8. 保持紧急逃生通道畅通无阻
	9. 确保所有插座、电线要牢固安置在地板或墙上，且确定电路断流器操作正常
	10. 所有有关安全、规章及政策的告示，张贴在明显看得到的地方
有氧器械区	1. 螺栓螺钉都要锁紧
	2. 功能性的零件保持容易调整的状态
	3. 零件和表面上油清洁，保持容易使用的状态
	4. 检查脚部和身体部分的安全带，不可有被撕破的情形发生
	5. 测量仪器功能正常
	6. 接触到使用者皮肤表面的器械每天消毒和清理

10.3.2 场地维护

1. 场地保养清洁

5个有效维持场地清洁的要点为：

（1）清洁是全体员工的职责。

（2）训练员工使用正确的清洁用品与清洁步骤。

（3）强调看不见的地点也要清洁。

（4）制定场地使用规则。

（5）建立投诉/意见提供渠道。

健身场所各区域清洁标准如表10—5所示。

表10—5　　　　　　　　　各区域清洁标准

区域	具体内容	所要达成标准
前台	台面	表面、侧面、台脚无灰尘、无污迹、无污垢、无杂物
	陈列物	陈列物表面无灰尘、无污垢，陈列整齐
	地面	无灰尘、无杂物、无水迹
	垃圾桶	表面无灰尘、无污垢，垃圾不超过1/3，无异味，定位摆放
运动区域（有氧区、力量区、球室、操房、单车房）	地砖、PVC地板	直视表面平滑，无灰尘、无垃圾杂物、无水迹，光泽柔和，质感凝重，表面无划痕
	地毯	直视表面色彩一致，无污迹、无垃圾、无霉斑、无毛感、无绒面倒顺或破损现象
	天花板、栏杆、墙面、柱面	直视表面无灰尘、无污垢、无污迹、无水迹、无手印，用棉布擦拭表面无灰尘，用棉布擦拭缝隙无污垢；侧视表面光泽均匀，光亮一致
	玻璃及金属框架、镜面	直视玻璃表面、镜面无折光现象，无灰尘、无污垢、无污迹、无水迹、无手印；玻璃间周围的金属框架光泽明亮，表面无灰尘、无污迹、无污垢、无水迹、无手印；用棉布擦拭玻璃及金属框架的接缝无灰尘、无污垢；手摸玻璃及金属框架的接缝无溢缝、无残留硅胶
	有氧操房、瑜伽房	地板清洁无垃圾杂物，地面光滑、无污渍、汗渍；音响设备表面光洁无尘；杠铃、踏板、踏板垫、瑜伽球、瑜伽垫等物品表面清洁无尘，定时消毒，无异味；镜面、栏杆表面光亮无尘、无水渍污渍、无手印
	健身器械、设备	按照健身设备清洁步骤进行清洁

续表

区域	具体内容	所要达成标准
办公区	地面	无垃圾、无杂物、无污垢、无水迹
	墙面	无浮灰、尘网，清洁无污迹
	桌椅	摆放整齐，桌面椅面清洁无灰尘、无水渍、无污迹
	办公设备	用棉布擦拭表面无灰尘、无污渍
浴区（淋浴间、更衣间）	空间、洗脸盆、水龙头、化妆镜、更衣箱	内部空间无灰尘飞扬、无异味；直视化妆镜无污迹、无污垢、无水迹；用棉布擦拭化妆镜、台表面及四周外围，无灰尘、无污垢；用干净抹布擦拭洗脸盆、溢水孔，无污垢；洗脸盆、水龙头上下水通畅、无障碍；洗脸盆釉面光泽均匀，金属水龙头明亮、无水渍、无污垢；各纸架内卷筒纸有存量；更衣箱内及顶部无灰尘、无杂物、无异味
	地面	无杂物、无积水
	排水沟	无杂物、无满溢、无异味、无堵塞
	过滤挡板和防滑地毯	清洁无污垢
	给皂器	表面无皂液、无灰尘、无污垢，内装皂液不少于容积的1/3
休闲区（营养吧、接待室、休息室）	营养吧、接待室、休息室	空气清新、无异味，无灰尘飞扬；地面清洁、无垃圾杂物、无污渍水渍；墙面清洁无污渍，用棉布擦拭缝隙无灰尘、无污垢；物品摆放整齐；卖品及展台棉布擦拭表面无灰尘、无污渍
卫生间	空间、洗脸盆、水龙头、化妆镜	内部空间无灰尘飞扬、无异味，直视化妆镜无污迹、无污垢、无水迹；用棉布擦拭化妆镜、台表面及四周外围，无灰尘、无污垢；用干净抹布擦拭洗脸盆、溢水孔，无污垢；洗脸盆、水龙头上下水通畅、无障碍；洗脸盆釉面光泽均匀，金属水龙头明亮、无水迹、无污垢；各纸架内卷筒纸有存量
	马桶、小便池	外部表面无污垢，用棉布擦拭边角无灰尘、无污垢；直视马桶、小便池内部无污垢、无污迹、无锈迹，上下水通畅
公共区域	走道、楼梯	空气清新，无异味，无尘土飞扬；地面清洁无垃圾杂物，地面光滑、无污渍、无水渍；大理石地面需定期护理保持光洁度；墙面无灰尘污渍，用棉布擦拭缝隙无污垢；楼梯扶手无灰尘污渍，用棉布擦拭缝隙无污垢；楼梯扶手玻璃无灰尘污渍、无水迹，用棉布擦拭缝隙无污垢

续表

区域	具体内容	所要达成标准
公共区域	通风口、网架、天花板、管道	手扶天花板表面、通风口百叶窗、灯饰、网格等无灰尘；直视表面无污垢、尘网，无上次作业遗留的手印；仔细观察表面无缺损、无色差；仔细观察金属饰物表面有光泽感；通风口、管道等通畅
	垃圾桶	内置垃圾袋，垃圾不超过容积的1/3，无强烈异味，表面无污迹、无污渍
	灯具、饰物	棉布擦拭表面无灰尘，直视无手印、无破损
游泳池	地面	无垃圾杂物、无积水
	墙面	清洁无污渍
	躺椅及桌子	摆放整齐，桌面椅面清洁无水渍、无污渍
	救生用具	摆放整齐，无灰尘污渍
绿化带	绿化	各区域均有绿化植物，并保持绿叶表面光亮、无灰尘；盆内无烟灰杂物，盆外四周洁净，盆底无积水

2. 场所安全清单

在健身市场迅猛发展的同时，部分健身场所存在着不容忽视的安全隐患：如消防通道及安全出口堵塞；健身器材存在安全隐患；缺乏必要的安全标志；服务人员配备不符合安全服务要求；缺乏对员工的安全知识教育培训；对健身设施和器械不能按规定消毒，使之成为传播疾病的载体；缺乏必要的巡查服务制度；缺乏突发事件应急预案及演练等，一旦出现意外情况，后果将不堪设想。

根据健身场所经营管理者及健身场所消费者的客观需要，通过"场所安全清单"的实施，能够全面、系统、深入排除安全隐患，降低经营风险，提高服务竞争力，规范健身场所安全服务，保障人民群众生命财产安全，促进社会和谐稳定。场所安全清单如表10—6所示。

表10—6　　　　　　　　　　场所安全清单

地板	1. 每天检查维护
	2. 检查木质地板是否裂开、破损
	3. 检查瓷砖地板表面是否有水
	4. 检查橡胶地板是否裂开、有缝隙
	5. 检查组合式橡胶垫是否裂开、变形

续表

地板	6. 检查地毯是否撕裂、突起
	7. 定时清洁地板：扫地、拖地、吸尘、消毒（在清洁过程中，如地面湿滑，要有警示立牌）
	8. 地板必须保持固定、平滑，没有突出物
	9. 健身器械要牢固地固定在地板上
墙壁	1. 墙壁表面每周清洁 2~3 次
	2. 运动区域与主要通道应避免墙壁上有突出物
	3. 安装在墙上的物件要安全固定
	4. 镜子和窗户每天定时（或必要时）清洁
	5. 墙上镜子必须要高于地面 50 cm
	6. 镜子如有破裂，需挂上警示牌，并必须立即更换
天花板	1. 所有天花板装置每周吸尘清洁 1 次
	2. 损坏的天花板装置立即换掉
	3. 通风管及管线每周吸尘清理
环境因素	1. 所有音响的音量都该维持在 90 dB 内，让教练与训练者沟通时，能清楚听到对方说话
	2. 音响由场所工作人员控制
	3. 室内温度维持在 22~26℃（72~78℉）
	4. 通风系统正常运作（至少维持每小时 8~12 次或 12~15 次的空气交换或直到室内没有异味为止）
	5. 机器不能潮湿，湿度应控制在 60% 以下
	6. 设备使用时，灯光要充分，不要有黑暗的区域，电灯泡损坏时，必须立即更换
	7. 定期检查防火设备及紧急照明系统操作是否正常
	8. 保持紧急逃生通道畅通无阻
	9. 确保所有插座、电线要牢固安置在地板或墙上，且确定电路断流器操作正常
	10. 所有有关安全、规章及政策的告示，张贴在明显看得到的地方
有氧器械区	1. 螺栓螺钉都要锁紧
	2. 功能性的零件保持容易调整的状态
	3. 零件和表面上油清洁，保持容易使用的状态
	4. 检查脚部和身体部分的安全带，不可有被撕破的情形发生
	5. 测量仪器功能正常
	6. 接触到使用者皮肤表面的器械每天消毒和清理

续表

力量器械区	1. 注意是否有螺栓、螺钉、钢索和铁链等松动
	2. 正确使用栓钉
	3. 安全带功能正常
	4. 零件和表面上油清洁,容易使用(分离器械上的导引杆需保持一周2~3次的清洁及润滑)
	5. 保护脚的踏板没有损坏
	6. 接触到使用者皮肤表面的器械每天消毒和清理
	7. 所有的零件运转顺畅,并且定期润滑
	8. 如有突出的螺钉或零件,需要被锁紧或移除
	9. 腰带、链条及钢索等能和器械零件结合良好
	10. 没有损坏的零件(钢索裂开、链子松了、螺栓坏了、螺钉坏了等)
自由重量训练区	1. 装置正确地上油
	2. 接触到使用者皮肤表面的器械每天消毒和清理
	3. 保护脚的踏板没有损坏
	4. 安全带及装置功能正常
	5. 攀爬装置固定放好在地上,不会移动
	6. 适当的护板,铺在增强式训练的箱子区域
	7. 止滑的质料,置于增强式训练的箱子上下方
	8. 仰卧起坐、伸背伸展装置等安全检查
	9. 安全配件(腰带、轴环、安全横杠等)用完归位
	10. 故障的仪器移走送修或标示警告
	11. 奥林匹克横杠旋转正常且适当地上油
	12. 损坏的奥林匹克横杠要换掉
	13. 轴环功能正常
	14. 手套、腰带、护膝功能正常可使用,并且用完要放回原处
	15. 长凳、椅子、盒子等要与举重区保持安全距离
	16. 地板上不能有裂缝、割开、破碎物
	17. 地板要定期拖干净
	18. 天花板高度要够高,确保不会碰到低的悬挂物(横梁、通风管、电灯、招牌等)
	19. 门栓装置零件(轴环、弯曲横杠)安全检查,确认锁紧
	20. 蹲举架子地板区域没有会移动的垫子
	21. 长凳、重量架子等安全地固定在地板或墙壁上

续表

伸展区	1. 垫子区不能放置重量训练的器材
	2. 垫子无裂缝
	3. 垫子无裂口
	4. 每天清洁和消毒
	5. 伸展棒及药球位置放好
	6. 弹力绳安全地放好

10.3.3 风险管理

1. 紧急事故处理计划的制订

紧急事故处理计划包括以下内容：

（1）各项事故的应变程序。

（2）急救用品库存记录与检查。

（3）场所使用的化学物品记录。

（4）训练员工急救、心肺复苏技术。

（5）训练全体员工了解上述项目，演习训练。

（6）与附近消防局、警察局和医院保持联系。

（7）与合约承办商合作。

2. 紧急事故处理的应用

（1）意外/病患事件

1）致电有关部门（警察局和医院），提供以下必需资料：事件详情、需要什么协助、伤者人数、正确位置。

2）了解预计到达时间。

3）由受训急救员提供必需的急救，直至救护人员到达。

4）如有血液或体液溢出，必须以屏风遮拦，以免引起其他会员不安。

5）可以通过广播系统找寻有专业医疗技术的会员协助。

6）向伤者的同行人士了解其病历。

7）控制人群。

8）事后跟进工作。由经训练的职员处理现场污迹，并检查急救品存货；致电医院或伤者家人了解伤者情况。

9）职员及当值主管填写事件详情，作为事后检讨及更新应变程序的依据。

（2）火警事件

1）派工作人员到达火警地点或警钟指示地点，确定是否误鸣。

2）如属误鸣，当值主管以广播系统通知所有职员及会员。

3）当火势不大能被控制时，工作人员要熟知灭火器的位置和使用要领并积极灭火。

4）如火势无法控制，致电119或邻近消防局，提供以下必需资料：姓名、会所名称、地址、联络电话。

5）了解消防员预计到达时间。

6）以广播系统通知职员及会员从最近紧急出口离开现场。

7）派遣职员在入口等候消防员。

8）在安全情况下，当值主管及另一名职员巡视是否全场人员都已经离开。

9）收集可协助检查人数的记录表，在集合地点检查人数。

思 考 题

1. 健身场所规划设计时包括哪些阶段和步骤？
2. 健身场所的安全清单一般包含哪些内容？

附录

各项测试数据量表

附录 各项测试数据量表

附表1　NCAA 一级大学女运动员 1RM 卧推、深蹲和高翻的百分比估值

%	篮球 1RM 卧推		篮球 1RM 深蹲		篮球 1RM 高翻		软球 1RM 卧推		软球 1RM 深蹲		软球 1RM 高翻		游泳 1RM 卧推		游泳 1RM 深蹲		排球 1RM 卧推		排球 1RM 深蹲	
	lb	kg	lb	kg	lb	kg	lb	kg	lb	kg	lb	kg	lb	kg	lb	kg	lb	kg	lb	kg
90	124	56	178	81	130	59	117	53	184	84	122	55	116	53	145	66	113	51	185	84
80	119	54	160	73	124	56	108	49	170	77	115	52	109	50	135	61	108	49	171	78
70	115	52	147	67	117	53	104	47	148	67	106	48	106	48	129	59	104	47	165	75
60	112	51	135	61	112	51	99	45	139	63	100	45	101	46	120	55	100	45	153	70
50	106	48	129	59	110	50	95	43	126	57	94	43	97	44	116	53	98	45	143	65
40	102	46	115	52	103	47	90	41	120	55	93	42	94	43	112	51	96	44	136	62
30	96	44	112	51	96	44	85	39	112	51	88	40	93	42	104	47	90	41	126	57
20	88	40	101	46	88	40	80	36	94	43	80	36	88	40	101	46	85	39	112	51
10	82	37	81	37	77	35	69	31	76	35	71	32	78	35	97	44	79	36	98	45
X	105	48	129	59	106	48	94	43	130	59	97	44	98	45	118	54	97	44	143	65

注：lb 为磅，X 为平均值。一般情况下，百分比等级的描述：90 为优秀；70 为高于平均；50 为平均；30 为低于评价；10 为差。以下所有表使用相同单位和百分比等级标准。

附表2　美国高中和大学橄榄球客户1RM卧推、深蹲和高翻的百分比估值

%	高中 14~15 岁							高中 16~18 岁							NCAA 三级							NCAA 一级					
	1 RM 卧推		1 RM 深蹲		1 RM 高翻		1 RM 卧推		1 RM 深蹲		1 RM 高翻		1 RM 卧推		1 RM 深蹲		1 RM 高翻		1 RM 卧推		1 RM 深蹲		1 RM 高翻	
	lb	kg	lb	kg	lb	kg	lb	kg	lb	kg	lb	kg	lb	kg	lb	kg	lb	kg	lb	kg	lb	kg	lb	kg
90	243	110	385	175	213	97	275	125	465	211	250	114	365	166	470	214	370	168	500	227	300	136
80	210	95	344	156	195	89	250	114	425	193	235	107	325	148	425	193	345	157	455	207	280	127
70	195	89	325	148	190	86	235	107	405	184	225	102	307	140	405	184	325	148	430	195	270	123
60	185	84	305	139	183	83	225	102	365	166	223	101	295	134	385	175	315	143	405	184	261	119
50	170	77	295	134	173	79	215	98	335	152	208	95	280	127	365	166	300	136	395	180	252	115
40	165	75	275	125	165	75	205	93	315	143	200	91	273	124	350	159	285	130	375	170	242	110
30	155	70	255	116	161	73	195	89	295	134	184	83	255	116	335	152	270	123	355	161	232	105
20	145	66	236	107	153	70	175	80	275	125	165	75	245	111	315	143	255	116	330	150	220	100
10	125	57	205	93	141	64	160	73	250	114	145	66	225	102	283	129	240	109	300	136	205	93
X	177	80	292	133	175	80	215	98	348	158	204	93	286	130	370	168	301	137	394	179	251	114

附表3　　　　　　　　优秀男女客户立定跳远的百分比等级

%等级	男客户		女客户	
	英寸（in）	厘米（cm）	英寸（in）	厘米（cm）
90	148	375	124	315
80	133	339	115	293
70	122	309	110	279
60	116	294	104	264
50	110	279	98	249
40	104	264	92	234
30	98	249	86	219
20	92	234	80	204
10	86	219	74	189

注：摘自《体能训练概论》表12.6。

附表4　　　　　　　　年龄组和性别对半幅度卷腹的百分比等级

年龄（岁）/性别/百分比	20~29		30~39		40~49		50~59		60~69	
	男	女	男	女	男	女	男	女	男	女
90	75	70	75	55	75	50	74	48	53	50
80	56	45	69	43	75	42	60	30	33	30
70	41	37	46	34	67	33	45	23	26	24
60	31	32	36	28	51	28	35	16	19	19
50	27	27	31	21	39	25	27	9	16	13
40	24	21	26	15	31	20	23	2	9	9
30	20	17	19	12	26	14	19	0	6	3
20	13	12	13	0	21	5	13	0	0	0
10	4	5	0	0	13	0	0	0	0	0

注：摘自《体能训练概论》表12.8。

附表5　　年龄组和性别对俯卧撑的适能分类等级

等级＼年龄（岁）性别	20~29 男	20~29 女	30~39 男	30~39 女	40~49 男	40~49 女	50~59 男	50~59 女	60~69 男	60~69 女
优秀	36	30	30	27	25	24	21	21	18	17
好	35	29	29	26	24	23	20	20	17	16
—	29	21	22	20	17	15	13	11	11	12
良好	28	20	21	19	16	14	12	10	10	11
—	22	15	17	13	13	11	10	7	8	5
较差	21	14	16	12	12	10	9	6	7	4
—	17	10	12	8	10	5	7	2	5	2
需要提高	16	9	11	7	9	4	6	1	4	1

注：摘自《体能训练概论》12.9。

附表6　　YMCA卧推标准

百分比等级＼年龄（岁）性别	18~25 男	18~25 女	26~35 男	26~35 女	36~45 男	36~45 女	46~55 男	46~55 女	56~66 男	56~66 女	>65 男	>65 女
90	44	42	41	40	36	33	28	29	24	24	20	18
80	37	34	33	32	29	28	22	22	20	20	14	14
70	33	28	29	28	25	24	20	18	14	14	10	10
60	29	25	26	24	22	21	16	14	12	12	10	8
50	26	21	22	21	20	17	13	12	10	10	8	6
40	22	18	20	17	17	14	11	9	8	8	5	4
30	20	16	17	14	14	12	9	7	5	5	4	3
20	16	12	13	12	12	8	6	5	3	3	2	1
10	10	6	9	6	6	4	2	1	1	1	1	0

注：摘自《体能训练概论》12.11。

附录 各项测试数据量表

附表7　　　　　2.4 km（1.5英里）跑步时间百分比等级

百分比等级	年龄（岁）性别	20~29		30~39	
		男	女	男	女
99		<7:29	<8:33	<7:11	<10:05
90		9:09	11:43	9:30	12:51
80		10:16	12:51	10:47	13:43
70		10:47	13:53	11:34	14:24
60		11:41	14:24	12:20	15:05
50		12:18	14:55	12:51	15:26
40		12:51	15:26	13:36	15:57
30		13:22	15:57	14:08	16:35
20		14:13	16:33	14:52	17:14
10		15:10	17:21	15:52	19:00
01		>17:48	19:25	>18:00	>19:27

注：摘自《体能训练概论》表12.2~表12.15。

附表8　　　　　12 min跑的百分比等级

百分比等级	年龄（岁）距离	20~29		30~39		40~49		50~59		60+	
		km	英里	km	英里	km	英里	km	英里	km	英里
					男性						
90		2.800	1.74	2.752	1.71	2.655	1.65	2.527	1.57	2.398	1.49
80		2.655	1.65	2.591	1.61	2.478	1.54	2.334	1.45	2.205	1.37
70		2.591	1.61	2.494	1.55	2.366	1.47	2.221	1.38	2.076	1.29
60		2.478	1.54	2.398	1.49	2.285	1.42	2.140	1.33	1.996	1.24
50		2.414	1.50	2.334	1.45	2.205	1.37	2.076	1.29	1.915	1.19
40		2.334	1.45	2.237	1.39	2.140	1.33	2.012	1.25	1.851	1.15
30		2.269	1.41	2.173	1.35	2.076	1.29	1.947	1.21	1.786	1.11
20		2.157	1.34	2.076	1.29	1.980	1.23	1.851	1.15	1.690	1.05
10		2.044	1.27	1.947	1.21	1.883	1.17	1.754	1.09	1.529	0.95

续表

百分比等级	年龄(岁)\距离	20~29		30~39		40~49		50~59		60+	
		km	英里	km	英里	km	英里	km	英里	km	英里
		女性									
90		2.478	1.54	2.334	1.45	2.269	1.41	2.076	1.29	2.076	1.29
80		2.334	1.45	2.221	1.38	2.124	1.32	1.947	1.21	1.899	1.18
70		2.205	1.37	2.140	1.33	2.012	1.25	1.883	1.17	1.819	1.13
60		2.140	1.33	2.044	1.27	1.947	1.21	1.819	1.13	1.722	1.07
50		2.076	1.29	2.012	1.25	1.883	1.17	1.770	1.10	1.658	1.03
40		2.012	1.25	1.947	1.21	1.819	1.13	1.706	1.06	1.593	0.99
30		1.947	1.21	1.867	1.16	1.770	1.10	1.642	1.02	1.561	0.97
20		1.867	1.16	1.786	1.11	1.690	1.05	1.577	0.98	1.513	0.94
10		1.770	1.10	1.690	1.05	1.625	1.01	1.497	0.93	1.432	0.89

注：摘自《体能训练概论》表12.17。

附表9　　　　坐位体前屈测试百分比等级

百分比等级	年龄（岁）\性别	20~29				30~39			
		男		女		男		女	
	单位	英寸	cm	英寸	cm	英寸	cm	英寸	cm
99		>23.0	>58	>24	>61	>22.0	>56	>24.0	>61
90		21.75	55	23.75	60	21.0	53	22.5	57
80		20.5	52	22.5	57	19.5	50	21.5	55
70		19.5	50	21.5	55	18.5	47	20.5	52
60		18.5	47	20.5	52	17.5	44	20.0	51
50		17.5	44	20.0	51	16.5	42	19.0	48
40		16.5	42	19.25	49	15.5	39	18.25	46
30		15.5	39	18.25	46	14.5	37	17.25	44
20		14.5	37	17.0	43	13.0	33	16.5	42
10		12.25	31	15.5	39	11.0	28	14.5	37
01		<10.5	<27	<14	<36	<9.25	<23	<12.0	<30

注：摘自《体能训练概论》表12.12~表12.15。

附表10　　　　　　　　　　　皮褶厚度推算身体密度的公式

年龄	男　性	女　性
成人	$D_b = 1.0913 - 0.00116X_1$	$D_b = 1.0897 - 0.00133X_1$
成人	$D_b = 1.0863 - 0.00176X_2$	$D_b = 1.0709 - 0.00105X_2$
成人	$D_b = 1.0872 - 0.00205X_3$	$D_b = 1.0711 - 0.00164X_3$

注：D_b表示体密度；X_1表示肩胛部与上臂部的皮褶厚度之和；X_2表示腹部皮褶厚度；X_3表示髂部皮褶厚度。

附表11　　　　　　　　　　　体脂百分比公式

公式名	计算方式
Brozek 公式	体脂（%）=（4.570/D_b - 4.142）×100%
Siri 公式	体脂（%）=（4.950/D_b - 4.500）×100%

附表12　　　　　　　　　　　身体成分百分比等级

百分比等级	年龄（岁） 性别	20~29		30~39	
		男	女	男	女
99		<2.4	<5.4	<5.2	<7.3
90		7.1	14.5	11.3	15.5
80		9.4	17.1	13.9	18.0
70		11.8	19.0	15.9	20.0
60		14.1	20.6	17.5	21.6
50		15.9	22.1	19.0	23.1
40		17.4	23.7	20.5	24.9
30		19.5	25.4	223	27.0
20		22.4	27.7	24.2	29.3
10		25.9	32.1	27.3	32.8
01		>36.4	>40.5	>35.6	>40.0

注：摘自《体能训练概论》表12.11。

附表13　　　　　　　　　男女体脂百分比的评分标准

男子等级（标准分） \ 年龄（岁）	6~17	18~25	26~35	36~45	46~55	56~65	66+
很瘦	<5	4~7	8~12	10~14	12~16	15~18	15~18
瘦（低）	5~10	8~10	13~15	16~18	18~20	19~21	19~21
低于平均		11~13	16~18	19~21	21~23	22~24	22~23
平均	11~25	14~16	19~21	22~24	24~25	24~26	24~25
高于平均		18~20	22~24	25~26	26~28	26~28	25~27
超重	26~31	22~26	25~28	29~31	29~31	29~31	28~30
肥胖	>31	28~37	30~37	32~38	32~38	32~38	31~38

男子百分比（标准参照） \ 年龄（岁）	20~29	30~39	40~49	50~59	60+
90	7.1	11.3	13.6	15.3	15.3
80	9.4	13.9	16.3	17.9	18.5
70	11.8	15.9	18.1	19.8	20.3
60	14.1	17.5	19.6	21.3	22.0
50	15.9	19.0	21.1	22.7	23.5
40	17.4	20.5	22.5	24.1	25.0
30	19.5	22.3	24.1	25.7	26.7
20	22.4	24.2	26.1	27.5	28.5
10	25.9	27.3	28.9	30.3	31.2

女子等级（标准分） \ 年龄（岁）	6~17	18~25	26~35	36~45	46~55	56~65	66+
很瘦	<12	13~17	13~18	15~19	18~22	18~23	16~18
瘦（低）	12~15	18~20	19~21	20~23	23~25	24~26	22~26
低于平均		21~23	22~23	24~26	26~28	28~30	27~29
平均	16~30	24~25	24~26	27~30	29~31	31~33	30~32
高于平均		26~28	27~30	31~32	32~34	34~36	33~35
超重	31~36	29~31	31~35	33~36	36~38	36~38	36~38
肥胖	>36	33~43	36~48	39~48	40~49	39~46	39~40

续表

女子 年龄（岁） 百分比（标准参照）	20~29	30~39	40~49	50~59	60+
90	14.5	15.5	18.5	21.6	21.1
80	17.1	18.0	21.3	25.0	25.1
70	19.0	20.0	23.5	26.6	27.5
60	20.6	21.6	24.9	28.5	29.3
50	22.1	23.1	26.4	30.1	30.9
40	23.7	24.9	28.1	31.6	32.5
30	25.4	27.0	30.1	33.5	34.3
20	27.7	29.3	32.1	35.6	36.6
10	32.1	32.8	35.0	37.9	39.3

注：摘自《体能训练概论》表12.22。